真宗の往生論

親鸞は「現世往生」を説いたか

小谷信千代

法藏館

はじめに

本書は、先に刊行した『世親浄土論の諸問題』(平成二十四年度安居講録)を大幅に改訂増補し、その作業と並行して行ってきた親鸞の往生論とそれに関連する大谷派の近代教学の諸問題とに関する考察を一書に纏めたものである。増補は、講録に収め得なかった『浄土論』の往生行に関する考察を補輯したものである。

親鸞の往生論は常に筆者の心底に潜む課題であった。かつて『岩波 仏教辞典』(初版)の「親鸞」と「教行信証」の項目の記事に端を発して、親鸞が現世での往生を説いたか否かを巡って議論がなされた折りに、櫻部建先生が「聖人が現世往生のような愚かなことを説かれるはずがない」と繰り返し話されていたことが心の奥深くに熏じつけられたのであろう。先生は「聖人においては往生は成仏と等しいから、現世で往生するのであれば、その人は仏になっていなければならないが、そんな人を見たことがありますか」と言われたこともあった。浄土や往生をいたずらに哲学的に解釈し衒学的に表現することを好まれなかった先生の信心は、「念仏成仏これ真宗」という親鸞の和讃の通りに念仏の生活を実行されるところにあった。

近代教学が主流を占めてきた大谷派には、しかしながら「現世往生説」の信奉者は今でも予想外に多く、僧侶を対象とした学習会で、『無量寿経』や親鸞の説く往生は臨終時に得られるとされるものに限られることを説明すると、自分たちはそのように教えられてこなかった、と強く反論されることが屢々あった。

中には死後に浄土に生まれるなどという非科学的なことを今の若い人が信じますかと言って反論される住職までおられた。

われわれの悩みや苦しみは自分では合理的で正しいと思っている考え（分別）によってこそ生ずる、というのが仏教の教えである。合理的に正しく考えているつもりの人生に様々な悩みや苦しみが生ずる。それゆえにこそ、自分では正しいと思っているその考え方を批判し、別の視点を与えるものとして宗教は生まれ、今も必要とされている。命終後の往生という教説も、現在の自己の生き方に反省を迫り、新たな生き方を教えるものである。死後の往生の教説に何の意味があるか、などと言うのはあまりに稚拙な考えである。それに、人生を考えるために死後の存在を考えることを教えない宗教などが存在するであろうか。死後、浄土に生まれることを信じない住職は、門徒の葬儀をどのように考えて勤めるのであろうか。

そもそも現世で往生するとは如何なることとか。浄土の風を感じることだなどと言う人がいる。それは聖道門の人々が「自性の弥陀、唯心の浄土」と言い、「この心を離れて別に浄土があると思うのは迷いである」などと言うのと大差はない。浄土の存在を感ずることと浄土に生まれることとが異なることは言うまでもない。「唯心の浄土」は、親鸞が「浄土の真証を貶める」（『教行信証』信巻序）ものとして退けている考え方である。「現世往生説」を、根拠を示して説明することはできない。

本山から安居本講を拝命して『浄土論』か『論註』を講本に選ぼうと考えたのも、「浄土往生」を一度根本から考えてみたいとの思いからであった。安居終了後、親鸞の仮名聖教を初め『教行信証』に至るまで、往生に関する記述を検討したが、どこにも「現世往生」を意図すると思われる言説は認められなかった。

来世往生（未来往生）を認められなかった曽我量深師も、晩年には金子大栄師の説かれる「未来往生」を認められた旨の記された文章を目にした折りに、曽我師から始まるとされる近代教学の終焉を予感した。なぜ近代教学は蹉跌したのか。その原因は、それを奉ずる人々に共通して認められる、実証的考察を重視せず、文献研究を軽視し、自己の領解のみを重視する傾向を帯びた学びの姿勢にある。そのことを本書ではできる限り平易に説明したつもりである。宗学に関心のある若い方々にそのことの大切さを理解してほしいと切に願うからである。

本書をお読みいただくに際してお願いしたいことがある。第一章「世親の往生論」は本来『浄土論』研究の序説を志向したものであり、従来の研究状況と問題点とを説明し、その上で『浄土論』の所説内容を概観したものである。したがって多分に研究書の色合いが濃い。親鸞の往生論の特性を理解していただくには、浄土教本来の往生思想の理解が不可欠であることは言うまでもないが、第二章「親鸞の往生論」を先にお読みいただいてから改めて世親の往生論に戻っていただく方が理解していただき易いかと思う。第二章の中でも第十節の「親鸞の説く「命終往生」の意義」は、「現世往生説」を主張する近代教学の矛盾点が典型的な形で展開された講演を論評したものであり、理解し易い内容となっているので、ここから本書を読み始めていただき、第二章の残り、序章、第一章の順にお読みいただくのが一番理解していただき易い道であろう。ここには金子大栄師が、来世の往生、命終往生を現在の人生にどのように資するものとして受け止めておられるかを、師のお言葉を援用して示した。そのお言葉は、私が往生を自分のこととして領解する上で大きな指針となった。亡くなった父母や師事した先生たちの念仏の生活と帰って行かれたお浄土のことを思うとき、他の事からは得られぬ安らぎと励ましとが与えられる。

第二章「親鸞の往生論」の最初の九節は、親鸞が現生における往生を述べたとする「現世往生説」の過ちであることを、親鸞の仮名聖教と主著『教行信証』とに基づいて論証したものである。「現世往生」という語は本願寺派の信楽峻麿師の用語であると思われる。大谷派近代教学の人々は、その用語を直接用いておられなくても、「親鸞の理解する他力念仏による往生・難思議往生は臨終往生ではない」とか、「現生で正定聚・不退転を得ることを親鸞は往生を得ると述べているのだ」などと言われることにおいて、要するに親鸞は現生での往生を説いたのだとする「現世往生説」に分類される。その人が現世往生を説いたか否かを云々する場合、近代教学の人々だけでなく親鸞の場合においても、解釈のしようでどちらとも取れるような表現を捉えて、説いたか説いていないかを議論することは、原則としてここでは行わない。

本書で試みようとする方法の一つは、親鸞の本願の念仏による成仏という思想が命終を介さなければ成立しないことを、インドの原始仏教において既に「彼岸」が現生で得られるとする思想と死後に得られるとする思想が生じていたこと、その二つの思想は大乗仏教においては般若経典と浄土経典とを産み出したこと等の思想史的な観点から論証することである。他の一つは、親鸞の往生論の中核を為す現生正定聚・不退転という独自の考え方が、どのような理論構築の経緯を経て成立したか、そしてその考え方も、もし親鸞が往生を現生において得られると考えたとすれば成立しなかったことを論証することにある。本章の目的は、このような方法によって、単に表現上「現世往生」を述べているとも理解し得るとか、理解し得ないというような枝葉末節に拘泥する議論をするのではなく、親鸞の「命終往生説」「来世往生説」の必然性を思想史的に且つ論理的に実証することを試みることにある。

第一章「世親の往生論」で主題とする『浄土論』に関しては、既に山口益博士が本論を用いて安居の講義をされている。その講録は『無量寿経優波提舎願生偈の試解』として安居事務所（一九六二年）より刊行され、さらに『世親の浄土論』（法藏館、同年）として一般の書肆からも出版された。それによって『浄土論』の思想は研究者に広く知られ、浅学非才の身に新たに考究すべき余地はないものと思われた。しかしながら山口博士の書を改めて読み直してみて、親鸞の往生思想の理解にも関わる、なお検討すべき課題のあることに気づいた。それが本論を講本に選んだ理由でもあった。

『浄土論』は容易に読むことを拒む書である。読解を阻む障壁の一つは、この書が極めて簡潔な記述によって為されていることにある。本章に取り上げた幾つかの課題もそのことに関係する。さらに読解を困難にするものに、本論のサンスクリット原典は散逸しチベット訳もなく、菩提流支の漢訳ただ一つしか現存しないという文献学的な状況がある。そういう中で山口博士は『浄土論』が瑜伽行者としての世親によって著された書であることを確認された。このことによって『浄土論』の研究に明確な指針が確立された。その指針に従って、瑜伽行の修習階梯の観点から『浄土論』の思想の解明を試みた幾つかの研究がなされた。『浄土論』の思想の解明を阻むもう一つの障壁は、その所依の経典たる無量寿経の往生思想の把握し難いことにある。幸い近年、大乗経典の成立過程に関する研究に著しい進展が見られ、諸経典間の新古や、同一の経典においても諸異本は言うに及ばず、その諸段落の間にさえ新古の層の存在することが明らかにされるに至った。

このような研究の進展の結果、今日われわれは、『浄土論』を文献学的および思想的に解明するに際して、山口博士の業績以降新たに為された幡谷明博士の業績を初め多くの研究業績を手にすることができる。それらを参考に『浄土論』を読み直してみるとき、改めて検討すべき課題の存在が見えてくる。本書ではそれらの課題を幾つか取り上げて考察した。

『浄土論』の思想を瑜伽行の修習法の観点から解明する試みは、まず、本論所説の止観を『大乗荘厳経論』述求品の世親釈に説かれる瑜伽行の上に跡づける研究へと展開された。そこでは『浄土論』に説かれる止観（五念門）

は資糧道・加行道・見道・修道・究竟道という瑜伽行の五道に基づくものとして考察が為された。しかし『浄土論』の五念門と瑜伽行の五道とを子細に比較検討するとき、五念門が究竟道ではなく初地（見道）に至る修習法として説かれていることが知られる。それゆえその後、五念門を初地に至る修習法として検討する研究がなされ、五念門の止観が見仏体験を目的とするものであること、およびそれが『大乗荘厳経論』教授品の所説に近似することが明らかにされた。

また近年、瑜伽行派の「法の修習」に関する研究の進展に伴って、瑜伽行派における法の修習が、正覚者世尊の説かれた一切法を、止観を行ずることを通して、経典に説かれた通りに如実に証得することを目指すものであることが明らかにされた。『浄土論』を読むときわれわれは、この論が瑜伽行派の「法の修習」の思想に基づいて著されていることを忘れてはならない。それゆえ本書では『荘厳経論』教授品に説かれる法の修習の仕方を、可能な限り具体的に把握するために、世親釈とさらにそれを注釈した安慧疏とを参考にして考察を進めた。瑜伽行派の「法の修習」に関する理解なしには、「一法句」とか「広・略」というような『浄土論』に説かれる重要な教説も、正確には把握し得ないと考えるからである。

先に述べたように、親鸞が「現世往生」を説いたか否かを巡って為された議論には、今なお明快な決着が得られていない（本書によって現世往生説の過ちはかなり認識されることと思うが）。それには『浄土論』に説かれる往生思想の解明が不充分であること、さらには無量寿経の往生思想の解明が不充分であることが関係していると思われる。近年、無量寿経のサンスクリット原典および異訳諸本の間に、時の経過に伴って生じた、般若経の影響による往生思想の変化が反映していることが指摘されている。往生思想の変化を如何に思想史的に正確に把握するか、それは今後の課題である。しかし近年の文献研究の進展によって、現在では『浄土論』に至る往生思想の展開を改めて検討する機会に恵まれるに至った。本章では般若経の影響による往生思想の変化を視野に入れつつ、「浄土往生」の問題を「不退転」「正定聚」の証得との関係において考察した。

不退転・正定聚は、原始経典では「三結を滅したことによって、来世には、預流となり、不退転となり、正定聚となって生まれ変わるであろう」と説かれるように、聖者の位に生まれ変わって得られる階位として説かれる。しかし、阿毘達磨論書においては、不退転も正定聚（正性決定）も生まれ変わりとは直接関連させずに説かれており、不退転は凡夫の最高の修行段階で得られる世第一法位に相当し、正定聚（正性決定）はその直後に聖者の見道位で得られるものとして説かれている。原始経典においても阿毘達磨論書においても、正定聚の方が不退転よりも上位に位置づけられている。大乗経典では、菩薩行の階位の名称として取り上げられるほどに、不退転の方が正定聚よりも重要視される。このように正定聚・不退転の教説は経論によって異なる。

龍樹が『十住毘婆沙論』に展開した無生法忍と不退転の教説は、往生思想の展開に大きな変化をもたらした。かれは不退転を初地に当て、「空」を悟ることによってそこに住することを「如来の家に生まれること（生如来家）」と呼んだ。それにより如来の家に生まれること即ち浄土への往生は、純粋に精神的な事象と考えられることになった。その結果、往生を現世における事として考え得ることとなった。曇鸞は、『十住毘婆沙論』に説かれる「無生法忍」に示唆を得て、往生を「無生の生」と解し、往生から身体性を剝奪し「現世往生」説を可能にする教説を打ち立てた。このようにして『無量寿経優波提舎願生偈註（論註）』において、〈無量寿経〉本来の命終後の往生と、別時意説を主張する世親には相応しくない〈般若経〉由来の現世往生との、二種の往生の教説が浄土経典に説かれているかのように誤解される危険性が生ずることとなった。曇鸞の般若経的な現世に往生を認める理解が、かれを高く評価する親鸞にそのまま継承されたかに思われ、それが、親鸞が「現世往生」を説いたとする説を生み出す原動力になったと考えられる。しかし親鸞は、不退転を臨終時から現生へと移し替えたが、往生までをも臨終時から現生へと移し替えはしなかった。曇鸞の思想はその「往生論」を除けば優れたものであり、特に「二種廻向論」は親鸞に大きな影響を与えたし、われわれ真宗門徒にとっても念仏往生の生活が本願力によって廻向されたものであることを明確に示した貴重な教説であることは言うまでもない。今回、準備不足のため曇鸞の二種廻向論、特に「還相廻向論」に踏み込めず、そのためその論の親鸞教学にとっての重要性を充分に考察できなかったことは残念であるが、現時点で理解し得たことは後述する。

第一章では先ず如上の教説に関わる事柄を考察し、それによって得られた理解を用いて『浄土論』に説かれる往生行を概観した。その後に第二章でその往生行を親鸞がどのように受容したかを考察し、その親鸞の往生理解を近代教学がどのように誤解し歪めたかを検証したのである。

幡谷明先生にはお体の不調にも拘わらず、電話を通じて安居講録の校正段階から何度も懇切なご指導をいただいた。先生の真摯で熱心な研究へのご関心にはお話を伺う度に頭の下がる思いがする。藤田宏達先生には安居講録の作成に際してご著書を通じて多大のご教示をいただき、さらに講録出版後はお手紙や口頭でのご指示によって数々のご指導をいただいた。両先生には今回の出版に際してもひとかたならぬご指導を忝なくしたことに衷心より御礼申し上げます。真宗大谷派教学研究所研究員の本明義樹博士には、講録の校正を初め今回の出版に際しても宗学関係の文献に関して数々のご教示をいただいたことにお礼を申し上げます。秋安居を聴講して下さった多くの方々からも、親鸞の往生論に関して様々なご助言や資料のご提供をいただいた。法藏館の戸城三千代編集長と拙著編集担当の満田みすず氏と丸山貴久氏には、原稿に丁寧に目を通していただき数々のご助言をいただいた。長男真樹と妻久子は自坊の法務と雑務を引き受けて筆者に研究の時間を与えてくれた。その外にも多くの方々にご協力やご助言をいただいた。皆様方に衷心よりお礼を申し上げます。今回も読者諸氏には真摯なるご批判、ご鞭撻をいただきたくお願い申し上げます。

二〇一四年九月二十五日

小谷　信千代

真宗の往生論——親鸞は「現世往生」を説いたか——＊目次

十　『浄土論』所説の往生行概観　134

真宗の往生論

――親鸞は「現世往生」を説いたか――

序章

本論を始めるに際して、第一章「世親の往生論」と第二章「親鸞の往生論」とのつながりを少し説明しておきたい。本書の目的は親鸞の往生思想を明らかにすることにある。有り体に言えば、親鸞の理解した往生が、現生での往生を意味する所謂「現世往生」ではなく、来生での往生を意味する「臨終往生」であることを明らかにすることにある。そのためには、親鸞の往生思想に最も直接的な影響を与えたとされる世親（天親）の『浄土論』と曇鸞の『浄土論註』に往生がどのように説かれ、それを親鸞がどのように領解したかを検証することが必須のことと考えられる。このように言えば、それでは曇鸞にも一章を割くべきではないかと言われるかも知れない。しかし現在の筆者にはそのための充分な準備もなく、曇鸞の往生理解を正確に整理するには大きな困難がある。というのは、曇鸞の往生理解には、かれが信奉する龍樹の『十住毘婆沙論』の基づく〈般若経〉の諸仏の国土への往生と、世親の『浄土論』の基づく〈無量寿経〉の弥陀の浄土への往生という異質なもの（両者が異質であることは第一章第五節等を参照）が混在しており、前者に立つ場合には現世往生の理解を示し、後者に立つ場合には命終後の往生の理解を示しているように見える。しかしそのどちらとも判断し難い場合も屢々ある。それが曇鸞の往生論を考察するために一章を設けるに至らなかった理由である。

しかし『浄土論』に説かれる往生思想を検討する場合、世親の簡潔な説明を理解するためには『浄土論註』（以下、『論註』と略称）の注釈が必要とされるので、その注釈を検討する際に曇鸞の往生論について考察しないわけにはいかない。『浄土論』を理解する上で『論註』が必要とされることは、親鸞によって、

天親菩薩のみことをも　鸞師ときのべたまわずは
他力広大威徳の　心行いかでかさとらまし

と和讃に詠まれた通りである。曇鸞の存在は、筆者には、世親の往生思想と親鸞の往生思想との間に懸けられた橋

梁のように映ずる。

本書が親鸞の往生思想を明らかにすることを目的とするのは先述の通りであるが、それをただ自己の領解を述べるに過ぎないような書にはしたくない。できる限り、典拠を明示し実証的かつ論理的に説明することに心がけたいと思う。それゆえ親鸞思想を解説する従来の書の多くがそうであるような、法話や講義録の類とはかなり趣を異にするであろう。殊に『浄土論』を主題とする第一章はかたい感じを与えるであろうと思われる。それは筆者の研究の未熟さに依ることは言うまでもないが、『浄土論』研究という研究分野の未熟さに依るものでもある。この度『浄土論』を勉強してみて、金子大栄師と山口益博士の業績以外に見るべき書のないことに驚いたほどである。それゆえ第一章は、敢えて論述が生硬になることを恐れず、「『浄土論』研究序説」と称し得るほどのものを作って将来に期したいという願いから生まれたものである。読者諸賢はその願いを諒とされたい。

第一章の内容がそのような生硬なものなので、世親から曇鸞、そして親鸞へと展開する往生論の推移をここに簡単に紹介して（詳細な検討は第一章の末尾に行う）、第一章の論述の向かおうとしている方向を示して道標にしたいと思う。その推移の過程の中にも、〈無量寿経〉本来の往生論が「臨終往生」「来世往生」を説くものであり、その本来の往生論は親鸞に確実に継承されていることが看取される。

『浄土論』は浄土に生まれるための行法である「五念門」を主題とする書である。「五念門」とは、阿弥陀仏を身体をもって礼拝する身業としての礼拝門と、阿弥陀仏を口によって讃嘆する口業としての讃嘆門、必ず浄土に往生することを常にひたすら心に願う意業としての作願門、浄土を智慧によって観察する観察門、一切の苦悩の衆生を捨てずにすべてが浄土に往生するようにと願う廻向門との五つの行法である。本論の著者世親は瑜伽行唯識学派の学僧であり、それゆえかれの説く五念門が自力の行法であることは言うまでもない。その自力の行である五念門がどのようにして他力の念仏の行へと転じていったのか。ここではその経緯を見ておきたい。

親鸞が五念門を他力の念仏の行へと解釈を転ずるについては、曇鸞が『論註』で行った『浄土論』の一文に対する注釈が大きな影響を与えている。

『浄土論』の「利行満足」と命名される第十節には、現生で修した五念門の行によって、その結果として命終後に浄土において近門、大会衆門、宅門、屋門、園林遊戯地門という五種の功徳（五功徳門）の得られることが示される。近門は礼拝門の行の結果として安楽世界に生ずることであり、大会衆門は讃嘆門の行の結果として阿弥陀仏を取り巻く聖衆の数に入ることであり、宅門は作願門の行の結果として蓮華蔵世界に入ることであり、屋門は観察門の行の結果として種々の法味楽を受用することであり、園林遊戯地門は廻向門の行の結果として、本願力の廻向を以て、苦悩の衆生を救済するために応化身を示し、輪廻流転の世界に回入し、教化に趣くことである。

そしてこの「利行満足」の節の末尾に、五念門と五功徳門とによって往相と還相との「自利利他」行の成就されることが語られる。その「利他」の語について、曇鸞は「利他」と「他利」という用語の違いを説明して、衆生に関する場合には「他利（他すなわち弥陀によって利益されること）」と言うべきであり、「利他（他を利益する）」は仏に関して言われる語である、と述べる。そして「利他」が成就されるのは仏力によることを述べる。このように述べた上でかれは、往相と還相のすべてが成就されるのは「阿弥陀如来の本願力に縁るからである」と明言する。

親鸞はこの「他利利他」の語義解釈を、廻向門の行を曇鸞が弥陀因位の法蔵菩薩の行であることを暗に示したものと解して、『教行信証』証巻の総結文に、

宗師は大悲往還の廻向を顕示して、慇懃に他利利他の深義を弘宣したまえり。(1)

と述べる。

また、往相還相のすべてが本願力によって成就されるものであることを曇鸞は第十八、十一、二十二の三願を引文して証明する。その引文も親鸞に五念門を法蔵菩薩の行を意味するものとして理解することを促したものと考えられる。山辺・赤沼両師の解説を参考にすれば、曇鸞は次のように論証する。すなわち、第十八願には三信十念によって浄土往生が完成されることが誓われている。三信十念は『浄土論』の五念門に相当する。ゆえに五念門は本願力によって廻向されたものであるから、それは現生における往相の行となる。第十一願には正定聚と滅度とが誓われている。その正定聚は五功徳門の中の近門と大会衆門に相当し、滅度は宅門と屋門に相当する。それゆえそれら五功徳門中の四つの門は命終後の往相の行となる。ここでは曇鸞は往生を〈無量寿経〉所説の命終後の往生と理解し、そこにおいて正定聚は得られると理解していると考えられる。第二十二願は還相廻向の願であるから、五功徳門中の最後の園林遊戯地門に相当する。このように五念門と五功徳門とが本願に誓われているから、これら三つの願によって浄土に往相することも穢土に還相することも成就されるのである、と。

曇鸞が往相・還相のすべてが本願力によって成就されるものであることを三願を引文して論証していることの中に、世親が自力の行として述べた五念門の行が、曇鸞によって本願力廻向による三信十念という他力の念仏という他力の行に転換されていることが明らかに看取される。曇鸞が行った「往相の行を自力行から本願力廻向の念仏の行へ」というこの注目すべき転換が、親鸞の往生論に大きな影響を及ぼしたのである。

親鸞は、曇鸞がそこに説かれる「利他」の語を仏の廻向を示すものと解釈した『浄土論』「利行満足」の節の、

菩薩如是修五門行自利利他速得成就阿耨多羅三藐三菩提故(3)

という語を、敬意を示す送りがなを付して、

菩薩は是の如き五門の行を修して自利利他して速に阿耨多羅三藐三菩提を成就することを得たまえるが故に。(4)

と読んで、五念門を行ずる行者が凡夫ではなく、法蔵菩薩であるとする独自の解釈を示している。親鸞がそう解釈したのは、先述のように、曇鸞の「利他」を仏の廻向を示す語とする語義解釈と、それを教証するために『論註』に引文された第十八、十一、二十二の三願に依るものと考えられる。五念門・五功徳門の行は三願に誓われた内容であるから、それを修するのは法蔵菩薩であるとするのが親鸞の解釈である。親鸞が『浄土論』の先述の文章に出る「菩薩」を法蔵菩薩と解したことは、親鸞が『入出二門偈』に、

菩薩は五種門を入出して、自利利他の行成就し、不可思議兆載劫に、漸次に五種の門成就したまえり。(5)

と述べる語によって決定的となる。というのは、『無量寿経』勝行段に次のように説かれているからである。

欲覺・瞋覺・害覺を生ぜず。欲想・瞋想・害想を起さず。色・声・香・味・觸・法に着せず。忍力成就して衆苦を計らず。小欲知足にして染・恚・癡なし。三昧常寂にして智慧無礙なり。虚僞諂曲の心有ることなし。和顔愛語にして意を先にして承問す。勇猛精進にして志願倦むことなし。専ら清白の法を求めて以て群生を恵利しき。三寶を恭敬し師長に奉事す。大荘嚴を以て衆行を具足し諸の衆生をして功徳を成就せしむ。空・無相・無願の法に住して作なく起なし。法は化の如しと觀ず。麤言の自害と害彼と彼此俱害するを遠離して、善言の自利し利人し人我兼利するを修習しき。國を棄て王を捐て、財色を絶去し、自ら六波羅蜜を行じ、人を教えて行ぜしむ。無央數劫に功を積み徳を累ぬ。(6)

つまり、ここに法蔵菩薩の永劫の行として説かれる「不生欲覚」から「以恵理群生」までは意業であり、それは五念門の作願門と観察門とに相当し、「恭敬三宝」以下は身業であり礼拝門に相当し、「遠離麁言」以下は口業であり讃嘆門に相当し、「棄国捐王」以下は自利利他であり廻向門に相当し、五念門に相当する行が法蔵菩薩によって修せられることが説かれていると理解されるからである。(7)

親鸞が五念門を法蔵菩薩の行を意味するものと理解したことは、『教行信証』行巻に引文される『論註』の廻向門を注釈する語に付された送りがなからも知られる。そこには本来なら、凡夫の行である廻向が説かれており、したがって、

云何が廻向する。一切苦悩の衆生を捨てずして心に常に作願するなり。廻向を首と為して大悲心を成就することを得るが故に。

と送りがなが付されてしかるべき文章が、

云何が廻向したまえる。一切苦悩の衆生を捨てずして心に常に作願すらく、廻向を首と為して大悲心を成就することを得たまえるが故に(8)。

と敬意を示す送りがなが付されている。そのことからも親鸞が五念門を法蔵菩薩の行と理解したことは明らかである。

五念門の行者を法蔵菩薩とするとき、親鸞の胸中には五念門の行と念仏の行との間には次のような関連が想定されていたのであろう。すなわち、法蔵菩薩は三願に基づいて、五念門の行と五功徳門の近門大会衆門の行とを修して仏国土に往生し、宅門・屋門で涅槃を得て阿弥陀仏となる。仏となるや直ちに園林遊戯地門によって還相行のために教化地に至る。その教化のために阿弥陀如来は、自ら法蔵菩薩として修した五念門の行を、第十八願に摂めて三信十念すなわち念仏の行として凡夫に廻向したのである、と(9)。

以上のように、世親の自力の往生行は、曇鸞がそれを弥陀の本願力によるものと解したことを経て、親鸞の本願力回向の他力の往生行としての念仏へと転換されたのである。しかし、自力の往生行が曇鸞の解釈によって弥陀の本願力廻向の行とされたことは理解し易いが、その往生行である五念門が親鸞によって法蔵菩薩の行と解釈される

については理解に困難を感ずる点がある。なぜなら、その場合には法蔵菩薩の廻向門の行が弥陀の本願力廻向によって成就されるという奇妙なことになるからである。つまり法蔵菩薩の行が、かれ自身がそうなるはずの弥陀の本願力によって完成される、という矛盾したことになることが考えられる。しかし親鸞がそのような矛盾した奇妙なことを考えたとは思えない。この問題は第一章第十節2c⑥「利行満足」の箇所で改めて考察したい。

以下、世親の『浄土論』が如何なる書であり、そこに説かれる〈無量寿経〉本来の命終後の往生とはどのようなものであるか等を第一章で考察し、〈無量寿経〉本来の命終後の往生の教説を親鸞がどのように正しく受け止め、その上で命終後の往生を確かなものとするための現生における往生行を如何なるものであるべきと考えていたか、にもかかわらず親鸞が「現世往生」を説いたと主張する人々の誤解は何に起因するのか等のことを第二章において考察する。

註

（1）『真宗聖教全書　二　宗祖部』（真宗聖教全書編纂所、二〇〇九年、再版）一一八頁参照。
（2）山辺習学・赤沼智善『教行信証講義』（教行巻）（法藏館、一九八四年、一一刷）九五頁参照。
（3）五門行は『浄土論』（早島鏡正・大谷光真『浄土論註』、以下、早島・大谷本と略記。大蔵出版、二〇〇三年、新装初版、四一六頁）では五念門行となっている。
（4）『真宗聖教全書　二』三六頁参照。
（5）同書四八一頁。
（6）『真宗聖教全書　一　三経七祖部』（真宗聖教全書編纂所、一九七八年、再版）一四―一五頁参照。
（7）香月院『浄土三部経講義①　無量寿経講義』（法藏館、二〇一一年）四九二頁参照。山辺・赤沼『教行信証講義』九六頁参照。
（8）『真宗聖教全書　二』六六頁。ただし行巻（同、一六頁）の引文では「云何が廻向する。一切苦悩の衆生を捨てずして心に常に作願すらく、廻向を首と為して大悲心を成就することを得たまえるが故にとのたまえり」と送りがなのふり方が若干異なる。

(9) 早島・大谷本(四二一頁)は、「親鸞の加点本やその著『入出二門偈頌』によれば、五念門の行は法蔵菩薩因位の行とし、その法蔵菩薩所修の五念門の行をもって、衆生往生の果の五功徳門を成就したもうことを明かしている。つまり因行は法蔵菩薩が修せられ、果徳は衆生に得せしめたもうとされたのである」と註解する。

第一章　世親の往生論

一　論題「無量寿経優波提舎願生偈」について

先ず初めに世親の『浄土論』の書名について考察しておきたい。その正式の書名『無量寿経優波提舎願生偈』は無量寿経と優波提舎と願生偈という三語から成る合成語であり、「無量寿経を優波提舎（教示）する願生偈」を意味する。しかしこの論は偈頌だけでなくそれに続く散文をも備えている。そのことについて大竹晋博士は、現行の『無量寿経優波提舎願生偈』は『無量寿経優波提舎願生偈』である「願偈」が、無題の注釈である「論」を伴って、全体として『無量寿経優波提舎願生偈』と通称されている、と言われる。(10)

題名中の無量寿経が具体的にいかなる経典を指すかということに関しては、これまで『浄土論』がいわゆる三経通申論と呼ばれるところから三部経を指すとされたり、所説内容からそうではないと考えられたり、種々に考えられてきた。近年では大竹博士が、願生偈の内容と合致する記述を『仏説無量寿経』の梵文のうちに求める作業を行い、願生偈の大部分の内容は『仏説無量寿経』の梵文の記述と合致し、稀に合致しない箇所のいくつかは『仏説阿弥陀経』の梵文の記述と合致するという調査結果から、『浄土論』における無量寿経をこれら二つの経を指すものとする結論を導き出しておられる。(11)論の注釈者曇鸞も二経を併せて指すものと見ており、(12)そう見るのが妥当だと思われるので、ここでは博士の結論に従うこととする。

優波提舎（教示、upadeśa）については山口益博士がこの語の用例を挙げて説明されているので、(13)それを参考にして以下に予備的な考察をしておきたい。世親は『釈軌論』において十二部経中の優波提舎（upadeśa）を次のように解釈している。

upadeśaとは、そこにおいて、真実を見る者たちと他の〔凡夫〕たちとによって、経典の意味を法に準じて確定するために説かれたものである。それのみがそ〔の経典〕の意味を解説するからマートリカー（論母、mātṛkā）と呼ばれる。なぜなら、それとは異なる経典の意味を説明する拠り所だからである。[14]（〔 〕内、小谷付記、以下同じ）

ここでは詳細に及ぶことは差し控えるが、世親が優波提舎を「経典の意味を法に準じて確定するために説かれたもの」であり、「経典の意味を説明する拠り所」となるものとしていることに注意しておきたい。さらに山口博士は、弥勒が作った偈頌に世親が注釈した『大乗荘厳経論』に対する利他賢の釈疏の中に「優波提舎」の語が用いられていることを紹介しておられる。それは五濁の時が来て経の意味が理解し難くなった折りに、弥勒が経の意味を解り易く解説する論を作ったことを述べる次のような文中に現れる。

五濁時の鬼神のゆえに有情の〔智慧と福徳との〕資量の精髄がなくなってきたその最後のときには、そ〔の経〕の意味が理解し難いがために意味なきものの如きものになることをご覧になって、それ（経）を理解し易くするために、聖者無著を介して軌範師世親に与えて、一切〔の有情〕を摂取しようとして、それ（経）を解説（優波提舎）する『荘厳経』というこの論を、世尊弥勒は解説（優波提舎）されたのである。[15]

この注釈から優波提舎が経を理解しやすくするための解説を意味する語として用いられていることが分かる。『大乗荘厳経論』と呼ばれるこの弥勒の論書は偈頌で著されている。世親の『浄土論』は、先に大竹博士の説を援用して述べたように、『無量寿経優波提舎願生偈』と呼ばれる偈頌と無題の注釈である論とから成るが、主たるものが偈頌の部分であることは言うまでもない。『浄土論』も『大乗荘厳経論』も共に偈頌で説かれた優波提舎である。世親が『釈軌論』で「経典の意味を法に準じて確定するために説かれたもの」と規定した「優波提舎」を自己の著書『浄土論』の書名の一部としていること、および、かれと所属学派を共にしたと考えられる利他賢も同様に「優波提舎」を「経を理解し易くするため」のものと述べていることが、かれらの学派において「経を理解すること」の困難さと重要さとが強く意識されていたことを示唆している。

二　『浄土論』の著者世親

千部の論主と呼ばれて、倶舎論・成業論・唯識二十論・唯識三十頌を著し、中辺分別論・大乗荘厳経論・摂大乗論等の論書に注釈を施し、十地経・法華経・無量寿経等の大乗経典に対する釈経を行ったとされる世親が同一人物であるか否かに関しては、これまで種々議論がなされてきた。現在では右に上げたような主要な著作は、同一人物によるものと考えられるに至っているように思われる[16]。しかしこれらの著作には、著者性が問題となったことから察せられるように、思想の系統に差異が認められる。

そこで、いま、世親がどのような思想的立場から『浄土論』を著したかを確認しておきたい。それについては、既に山口博士が指摘しておられるように[17]、先に取り上げた世親が『釈軌論』で行った優波提舎に関する解釈が『瑜伽師地論』にも見られることや[18]、長谷岡一也氏によって指摘されているように[19]、『浄土論』の内容が『解深密経』や『仏地経』や『十地経』を多く素材としていること、さらに大竹博士が『浄土論』と他の世親の著作との並行箇所を逐一検出して示されたことからして決定的となったように[20]、『浄土論』は「瑜伽唯識の思想家であった世親が、その教学の立場で、瑜伽唯識の思想を素材にして浄土の法門をウパデーシャ[21]」したものと理解してよいと考えられ

る。(22)

『浄土論』を読むに際して著者世親には、「別時意」説という見逃すことのできない思想のあることを念頭に置かねばならない。世親の「別時意」説については向井亮教授に優れた論文がある。以下にそれに基づいて考察しておきたい。(23)「別時意」説とは、ある仏陀の言葉が何かを意図して説かれたものである場合、その言葉が、即刻ではなく、やがて別な時にそれが実現されることを意趣して説かれたものである、とする仏語に対する解釈である。例えば『摂大乗論』〔所知相分〕には次のように説かれる。

> 別時意趣の〔仏語〕とは次の如くである。すなわち「多宝如来の名号を誦持することによって、無上正等菩提を得ることに決定するであろう」と説かれたり〔仏説A〕、また「誓願をなすことのみによって極楽世界に往生する」と説かれたり〔仏説B〕する如くである。(24)

この一節を世親は注釈して次のように述べる。〔チベット訳からの向井教授の和訳を引用させていただく〕

> 「別時意趣」と称するものにおいては、懈怠の性質の多い者たちすべてをして、その〔仏説の〕仕方をもって、その〔如来の〕教法に対して努力せしめるのである。〔すなわち、仏説Aでは〕「如来の名号を誦持する」ことに基づいて〔懈怠なる者に〕善根が増長するというそのことから、それら〔善根〕が勝れた位への向上の因〔rgyur : kāraṇa, hetu〕となるということこそを意趣しているのであり、ただ名号を誦持することのみで〔ただちに〕決定し確定して無上なる菩提を得るということではないのである。次の例の如くである。すなわち、「一パナの金銭は千パナの金銭を成す」という慣用的言い表しでは、〔千パナを成すのは〕一日によってであろうか〔そうではない〕。別の時に〔gshan du : kālāntaram〕という意味なのである。一パナとはそれがまさに千パナ〔を成すため〕の因となるということである。〔また、仏説B〕『誓願をなすことのみによって極楽世界に

往生する』というのも、この例の如くに解すべきである。（*Tib. Trip.*, Vol. 112, pp. 290-1-1ff.）[25]

向井教授は仏説Aを《誦持名号（称名）―決定菩提》と呼び、仏説Bを《発願―往生極楽》の教説と呼んで世親の理解していた両教説における「別時意」を次のように説明する。

「別時意」とは、要約すれば〈誦持名号〉および〈発願〉とは、別の時に（kālāntaram）得らるべき〈決定菩提〉および〈往生極楽〉という仏果へと進むための因（kāraṇa, hetu）となるというところにこそ真の意味があり、〈誦持名号〉即〈決定菩提〉、および〈発願〉即〈往生極楽〉のように説かれるのは、怠惰な者をして仏道に勧め励ますという特別の意図をもった方便誘引の説法である、ということになる。[26]

向井教授は、このような仏説を「別時意趣」とする考えは、『大乗荘厳経論』（XII、18）の世親釈[27]にも見られ、無著の『阿毘達磨集論』に対する注釈『阿毘達磨雑集論』[28]にも見られるところから、「瑜伽唯識学派に一般的であったと見られる」と述べておられる。安慧もその世親釈を復釈して「誓願を立てるや直ちに、まさしくその生涯において極楽に往生するであろうとか、あるいは命終わるや直ちに往生するであろうというのではない[29]」と述べている。また、先ほど世親の注釈によって考察した『摂大乗論』（所知相分）の「別時意趣」の仏説に関する無性の注釈においても、殆ど同様の説明がなされている。[30]

さらに向井教授は二種の教説の中から《発願―往生極楽》の教説を取り上げて、「三輩往生」説を初期の『大阿弥陀経』のものから後期のサンスクリット本のものへと辿って検討し、〈発願〉（因）と〈往生極楽〉（果）を結ぶ「行」として「持戒」などの初期大乗経典一般に通ずる諸行から、浄土教の往生行に基本となった「念仏」が明確にされていく過程を明らかにしておられる。その過程を経て「後期無量寿経」の下輩往生では、往生の要件として〈発願〉（因）以外には「信」を前提とした「念仏」の行のみが取り上げられることになり、その「念仏」もただ十念ないし一念の「念仏」となった、と推定しておられる。往生行がこのように単純化し内面化する流れは《発願―往生極楽》という形で直截に発揚する教説を生み、それが〈阿弥陀経〉の「およそいかなる善男子あるいは善女人たちであっても、かの世尊無量寿如来の仏国土〔すなわち極楽〕に対して、心をもって誓願をなすであろう者、あるいはすでになした者、現になしている者は、すべて、無上なる正等菩提に対して退転しない者となり、かしこの仏国土に往生するであろうし、あるいはすでに往生し、現に往生している。（傍点・サンスクリット付記を除く。小谷[31]）」という一節へと展開したことを想定しておられる。[32] 教授のこれらの想定は筆者には極めて妥当なものであると思われる。

このように見るとき、無著・世親の所属した瑜伽行派においては《誦持名号〔称名〕―決定菩提》という教説と《発願―往生極楽》の教説は未了義であり、了義なるものより劣った教説として見られていた可能性が生ずる。無量寿経を未了義のものと見る世親と、造論の目的を《発願―往生極楽》に置き五念門をその修習法として『浄土論』を著した世親と、その間には齟齬はないのか。その問題をどのように理解すればよいのか、そのことは後に改めて検討したい。

三　浄土と荘厳仏土

『浄土論』を解読するために、浄土の「浄」と、功徳荘厳などの「荘厳」という語は、理解せずには済ますことのできない概念である。既に藤田宏達博士に「浄土の原語と意義」「極楽の荘厳」に言及された優れた論攷がある。[33]

それに依ってこれらの語の意味を考察しておきたい。

博士は、浄土という語が、無量寿経・阿弥陀経のみならず法華経等の他の大乗経典においてもサンスクリット本に現れないこと、およびそれが鳩摩羅什によって漢語として成語化され術語化された語であることを、明らかにしておられる。その上で、博士は、漢語としての「浄土」という語が表出する「土を浄む」と「浄らかな土」という思想そのものはインドの初期大乗仏教において成立していたので、大乗の経論を翻訳するに当たって、仮りに原文に「浄土」に直接相当する語がない場合でも、そこに「浄土」の語を当てて訳すことは、必ずしも不当とは言えない旨を述べておられる(34)。

原文に直接それに相当する語がないのに「浄土」の語を当てて訳された例として、博士は魏訳『無量寿経』巻上の嘆仏偈の直後に出る、「浄土之行」を挙げておられる。サンスクリット本ではそこには「仏国土の功徳の荘厳と厳飾の完成」という語がある。このサンスクリット文の漢訳「浄土之行」が不当でない理由を、博士は「仏国土の荘厳の完成を語ることは、浄仏国土の実践を具体的に示したものにほかならぬからである」と述べておられる(35)。また、この場合、荘厳（vyūha）と厳飾（alaṃkāra）とは同義語(36)として用いられており、また、仏国土の功徳の荘厳以外に仏国土の荘厳はあり得ないから、「仏国土の荘厳の完成」が「浄土之行」と漢訳者には考えられていたのである。

「浄土之行」という語は、世饒王仏に「修行せんところのごとく、荘厳の仏土、汝自ら当に知るべし（如所修行、荘厳仏土、汝自当知）」と言われて法蔵比丘が答えた言葉の中に出る。この世饒王仏の言葉はサンスクリット本では「そなたはみずから仏国土の功徳の厳飾と荘厳の成就をおさめとるがよい」となっており、「仏国土の功徳の厳飾と荘厳の成就」に相当する漢訳は「荘厳仏土」である。世饒王仏にこう言われて法蔵比丘が、「斯の義は弘深にして、我が境界には非ず。唯だ願わくば世尊、広く為に諸仏如来の浄土の行を敷演したまえ（斯義弘深、非我境界。唯願世尊、広為敷演諸仏如来浄土之行）」と答えたときの「浄土之行」は、サンスクリット本ではやはり「仏国土の功徳の厳飾と荘厳の成就」となっている。このように漢訳では、「荘厳仏土」と「浄土之行」は同義語として用いられている。

それゆえ『無量寿経』では荘厳は浄と同義に用いられていることが分かる。この場合、「浄」は、清浄にする、浄化する、を意味する。これらが同義であることが龍樹の『大智度論』に「仏土の荘厳を名づけて仏土を浄むるとなす。阿弥陀等の諸経の中に説くが如し（仏土荘厳名為浄仏土。如阿弥陀等諸経中説）」と説かれている[37]ことから、それが漢訳のみでなく、インドの初期大乗経典にも通ずる思想であったことが理解される。

博士はまた、〈般若経〉〈法華経〉〈華厳経〉などの初期大乗経典の随所に、「仏国土を浄める」という意味を表すサンスクリット表現（buddhakṣetrapariśuddhi; kṣetraṃ pariśodhayati, etc.）が用いられ、「浄められた国土」（pariśuddhakṣetra; kṣetraṃ viśuddham, etc.）という表現のあることを挙げておられる[38]。このことから「浄土」が、国土を浄化することと、浄化された国土との両義を表す概念であることが分かる。「浄」がそうであれば、それと同義に用いられる「荘厳」の場合も同様に、国土を荘厳することと、荘厳された国土とを表すものと考えられる。荘厳（vyūha）には種々の意味があるが、仏国土について用いる場合には、「見事な配列・光景」を意味するとされる[39]。菩薩は自己の行によって国土を見事な光景にするのであり、それが完成したとき、見事な国土とされた光景が顕現する。それを漢訳者は「荘厳」と呼んだのである。

四　『浄土論』に説かれる五念門

『浄土論』は、長行釈の冒頭に「彼の安楽世界を観じて、阿弥陀仏に見え、彼の国に生ぜんことを願う」と造論の趣旨が述べられ、その末尾に「五念門の行を修めて、自利利他して、速やかに阿耨多羅三藐三菩提を成就することを得る」のを究極の目的とすることが述べられているように、浄土に生まれるために修習しなければならない「五念門」を主題とする書である。「五念門」とは浄土に往生するための五つの方法である。阿弥陀仏を身体をもって礼拝するのが「礼拝門」である。それは、それによって浄土に生まれたいという思いを生ずるため、である。阿弥陀仏を口によって讃嘆するのが「讃嘆門」である。如来の名を称することによって、仏がその名の如く具有し給う無量の光明と寿命との徳に相応するように、如実修行したいと欲するように、である。必ず浄土に往生することを常にひたすら心に願うのが「作願門」である。それによって奢摩他を如実修行したいと欲するように、である。浄土を智慧によって観察するのが「観察門」である。それによって毘婆舎那を如実修行したいと欲するように、である。一切の苦悩の衆生を捨てずにすべてが浄土に往生するようにと願うのが「廻向門」である。それによって仏の大慈悲心が一切衆生の上に廻し向けられて成就するように、である。「五念門」という教義は、先に見たように著者の世親が瑜伽行唯識学派の人であること、およびその教義自体が止観（奢摩他・毗婆舎那）の行によって修習されることから、瑜伽行思想から生じたものと考えられる。武内紹晃博士は、『大乗荘厳経論』覚分品第四九偈の世親釈に「止観と呼ばれる瑜伽行」と説かれて、奢摩他（止）・毘婆舎那（観）が瑜伽行そのものとされていることと、五念門の根幹が作願・観察つまり奢摩他・毘婆舎那であることから、作願・観察の二門を「阿弥陀仏の浄土

に往生することを願っての瑜伽行の浄土教的説述である」と述べておられる。(40)

「五念門」の起源に関しては、その行道が世親以前の論書にはまったく見られないところから、世親の創説と考えられ、(41)この学派所属の論書としては最も成立が早いとされる『瑜伽師地論』本地分菩薩地力種姓品に説かれる修学七行にその起源を求める説がなされたり、(42)あるいは十波羅蜜の五つと対応するところから『十地経』に起源を求められたこともあった。(43)また、四十巻『華厳経』「普賢行願品」に説かれる普賢の十大願の組織を、瑜伽行の中心である奢摩他・毘婆舎那を中心に体系づけたものと考えられることもある。(44)しかし五念門の源流に関する考察として、筆者に妥当性があると考えられる先行研究としては、幡谷博士と大竹博士の論考がある。以下にそれを検討することとする。それが世親の『浄土論』に説かれる「五念門」の起源を確認する作業であることは言うまでもないが、そうすることを通じて『浄土論』の基盤となっている唯識学者世親の瑜伽行思想を確認する作業でもある。それゆえ両氏の典拠とされている『大乗荘厳経論』の当該箇所を、多少の煩はいとわず、その注釈書をも参照しつつ詳細に検討することにしたい。

1　幡谷説――『大乗荘厳経論』述求品所説の五瑜伽地に基づく――

幡谷明博士は、『浄土論』が瑜伽行唯識学派の世親によって作られたとする山口博士の考えに基づいて、『浄土論』の修道法を瑜伽行派の修道体系との対応関係から理解しようとされた。瑜伽行派の修道体系は、迷いの世界の根拠であるアーラヤ識の上に、法界等流の教法を聞熏習することによって、清浄法の種子を熏習し、究極的には金剛喩定においてその根拠を転換して、法身を獲得することを目指すものである。その修道体系を述べるものとして幡谷博士は、『大乗荘厳経論』述求品第四二・四三偈の記述を上げておられる。(45)以下にそれらの偈と世親の注釈とを拙訳によって示し、それを安慧疏に依って解説する。
先ず第四二偈には五瑜伽地（五道）の修習が説かれる。

【荘厳経論偈[46]】

等流の法を所縁として、如理作意と、心が〔自〕界に住することと、有と無との対象を見ることとがある。（42）

【世親釈】

ところで示相とは五種の瑜伽地である。能持と任持と鏡と明と所依とである。その中、能持とは等流の法である。仏が〔その〕証得を説かれたもの、それがその証得の等流である。任持とは如理作意である。鏡とは心が〔自〕界に住すること、すなわち静慮であり、それは先に「名に住すること」と言われたものである。明とは有と無との対象を見ること、即ち有を有として、無を無として、正しく見る出世間智である。所依とは転依である。

安慧は世親の注釈をさらに詳細に解説している。安慧の解説に依って世親の趣旨を明らかにしたい[47]。

この偈に先立つ第三六偈中の「示相（lakṣaṇā）」という聞き慣れない専門用語は、これも聞き慣れない詮称であるが、能持・任持・鏡・明・所依と呼ばれる五瑜伽地を指す、と安慧は言う。五瑜伽地とは唯識学派の行法における五段階である。偈はそれらの各段階においてどのような修習がなされるかを述べるものである。その各段階（地）は次のように説明される。

五種の瑜伽地の最初の地である能持（ādhāra）とは「支持するもの」を意味し、世親はそれを注釈して「等流の法」を指すと言い、安慧はさらにそれを注釈して「人法二無我を証得して説かれた法である十二部経」であると言う。仏陀所説の十二部経は、仏陀の証得からそのまま等流したものである。凡夫位において聞・思・習された等流の法は、以後、瑜伽行を支持するものとなるので「能持」と呼ばれる。それは資糧道に相当する。

第二地の任持（ādhāna）とは「置くこと」を意味し、世親は「如理作意」を指すものと解し、安慧は出世間の法を証悟する習気を心に「置くこと」であると注釈する。これは、暖位で「名は幻なり」と理解し、頂位で「対象は幻なり」と理解し、忍位で所取を断じ、世第一法位で能取を断ずる、信解行地に相当する。

第三地の鏡（ādarśa）とは文字通り「鏡」を意味する。世親はそれを「心が〔自〕界に住すること」と注釈する。安慧はそれをさらに注釈して「初地の分位において三界が心のみであると証悟することに住すること」であると言い、その初地の智が「鏡」と呼ばれる理由を、「鏡がその中に影像を生ずるように、その智（初地の智）は一切の所知を不顛倒に理解するから」であると説明している。これは初地に悟入した見道位の修習に相当する。

第四地の明（āloka）とは「光明」を意味する。世親はそれを「有を有として無を無として正しく見る出世間智である」と言い、安慧は「第二地から十地までの出世間智」を指し「その智によって、依他〔起性〕と円成〔実性〕とを有と見、遍計所執〔性〕を無と見る」と言う。それゆえこれは第二地から十地に至る修道位の修習に相当する。

第五地の所依（āśraya）とは「依り所」を意味する。世親はそれを「転依である」と注釈し、安慧は「仏地において転依を獲得することである」と言う。

これら「能持」等の五瑜伽師地は、順次、資糧道・加行道・見道・修道・究竟道の五道に相当する。

次の第四三偈では仏地において獲得される転依の内容が、次のように五種の卓越性として説明される。(48)

【荘厳経論偈(49)】

その聖なる家系において(50)平等性に到達することは、無垢であり、平等であり、殊勝であり、不減・不増である。

〔これらが〕示相であると考えられる。(43)

【世親釈】

「平等性に到達すること」とは、聖なる家系という無漏界において、その他の聖者たちとの〔平等性に到達すること〕である。そしてそれは諸仏の聖なる家系が「無垢」なることである。「平等」とは、声聞・独覚と解脱が平等だからである。

「殊勝」とは、五つの殊勝の故に〔殊勝なの〕である。即ち①清浄が殊勝なるが故に。つまり煩悩が習気と共に浄化されているからである。②完全に清浄であることが殊勝なるが故に。つまり国土が完全に清浄だからである。③身の殊勝の故に。つまり法身だからである。④受用の殊勝の故に。つまり大集会の中で法の受用が絶えず生起するからである。⑤業の殊勝の故に。つまり兜率天に住するなどの変化によって衆生を利益する業を行うからである。そしてそれには雑染品が滅しても減退することがなく、清浄品が生じても増大することがない。

以上これら五種の瑜伽地が示相である。何故なら、それらによってその所相と能相とが示されるからである。これも安慧の解説に依って偈と世親の注釈の意図を考察してみよう。(51) 偈の「聖なる家系」は無漏なる清浄法界を指す。「平等性に到達する」と言うのは、無漏界に入るとき、すべての仏と平等なる身・語・意を獲得するからである。あるいは、「平等性に到達すること」とは、所縁と能縁との二が平等となることである。清浄法界においては所取と能取との一切法が空であると証悟されるからである。そしてそのとき、煩悩障と所知障とが断ぜられるから「無垢」と言われる。また、そこでは声聞と独覚と諸仏の解脱身とに違いがないから「平等」と言われる。さらに、五種の殊勝のゆえに声聞より殊勝であるから「殊勝」と言われる。五種の殊勝とは、清浄の殊勝、完全に清浄であることの殊勝、法身の殊勝、受用の殊勝、業の殊勝である。そして、雑染品が断ぜられても法界には滅がないから「不滅」と言われ、清浄品が生じても法界には生がないから「不増」と言われる。無漏界にはこのような五種の卓越した相がある。五種の殊勝を安慧はさらに詳細に解説して次のように言う。

清浄の殊勝については、清浄法界は、煩悩が習気と共に浄化されているがゆえに、清浄であることが声聞より勝れている、と言う。聖なる声聞たちは微細な習気をも断ってしまっていないが、如来は煩悩の習気を微細なものまでも断じているので清浄が勝れているからである。完全に清浄であることの殊勝、つまり国土が完全に清浄であることの殊勝については、声聞は仏国土を浄化していないから、地が水晶や瑠璃などのようであると言うことはできないが、如来は仏国土を浄化しているから、水晶や瑠璃などのようであると言うことができるので、完全に清浄であることが殊勝である、と言う。身の殊勝については、声聞は法無我を証得していないので、解脱身があるだけで法身はない。如来は法無我を証得しているので法身がある。それゆえ、法身の獲得という点で殊勝である、と言う。受用の殊勝については、声聞は受用身によって菩薩の大集会において大乗法の受用を断絶させないようにすることはできないが、如来は菩薩の大集会において大乗法の受用を断絶させないようにすることができるので、受用に関して殊勝である、と言う。行為の殊勝については、聖なる声聞は変化身によって、兜率天に住すること・死を示現すること・現等覚などを示現することによって衆生を利益することができないが、如来は、兜率天に住すること・入胎・現等覚など種々様々に化作を示現するがゆえに、行為の殊勝に関して殊勝である、と言う。

以上のように、第四二偈に幡谷博士の言われる五種の瑜伽地（行の階梯）が説かれ、第四三偈にその最後の仏地における転依が詳しく説明されている。五種の瑜伽地は総称して示相と呼ばれる。示相（lakṣaṇā）とは「特徴づけること」を意味するが、ここで用いられている意味を正確に把握するのは困難である。瑜伽地が示相と呼ばれることを安慧は、「瑜伽のそれらの五法が示相と呼ばれる。なぜ示相と呼ばれるかと云えば、その智慧を相とする五つは五種の所相と三種の能相とを知らしめるから示相と呼ばれる」と解説する。五位百法という所相（lakṣya）と、遍計所執性・依他起性・円成実性という能相（lakṣaṇa）とを、特徴づけ知らしめる智慧が示相（lakṣaṇā）であり、それは五種の瑜伽地である。五種の瑜伽地は先に見たように聞・思・習の三慧を本質としている。そうすればここには、五位百法なる一切法を、遍計所執性・依他起性・円成実性、すなわち三性という在り方で特徴づけ知らしめるものが示相であり、それは智慧を本質とする五種の瑜伽地であることが説かれていることになる。そうであれば、幡谷博士が『浄土論』の五念門の源流と想定された、『大乗荘厳経論』のこの箇所に説かれる五種の瑜伽地（行の階梯）は、凡夫の段階（遍計所執性）から仏地（円成実性）に至るまでの、瑜伽行の全体に及ぶことになる。

2　大竹説――『大乗荘厳経論』教授品所説の止観の修習法に基づく――

大竹博士は、先に紹介したような『瑜伽師地論』本地分菩薩地や、あるいは『十地経』に説かれる修習法が「五念門」の目的である見仏体験と無関係であることから、「五念門」をそれらと関係づけることはせずに、それが『大乗荘厳経論』教授品の所説に近似すると見る説を提示しておられる。大竹博士は幡谷博士の説には直接言及されていないが、見仏体験は述求品第四二・四三偈には述べられていないから、幡谷博士の説は容れられない。幡谷博士のように「五念門」を五種の瑜伽地に基づくものと考えるか、あるいは大竹博士のように教授品に説かれる見仏体験を目的とする修習法を起源とするものと考えるか、その判断は「五念門」を浄土論の文脈において考察するときにするとして、先ずは教授品の所説を検討しておきたい。博士によればそれは「仏からの教授を得て初地に進む様子を描く」説明の中に認められる。そこでは十一種類の作意をなし終えて、九種心住を修習した菩薩が根本定を得ることによって得られる功徳が次のように説かれる。

【荘厳経論偈(52)】

その〔九種心住を得た〕後に、かれが身心において微細な軽やかさ（軽安、praśrabdhi）を得る時には、作意が身に備わっていることを知るべきである。かれは更にそれを増大させ、(15)

増大がはるか遠くにまで至ることによって、かれは根本住を得る。神通を求めてその〔根本住〕を浄める時、最高の適応性（堪任性、karmaṇyatā）に(16)

静慮において到達する。神通を成就することによって、かれは無量の諸仏を供養し聞法せんがために諸世界に趣く。(17)

かれは無数劫にわたって無量の諸仏に仕え、かれらに仕えることを思念することによって最高の適応性を獲得する。(18)

このようにして最高の適応性が獲得された後に、止観の五種の勝徳が得られる。その五種の勝徳が得られて浄勝意楽地（初地）に至る過程においてなされる止・観（奢摩他・毘婆舎那）の修習に、『浄土論』の五念門の修習と共通する構造が見られるとするのが大竹博士の考えである。その過程を述べる偈を世親の注釈と共に示せば次の如くである。

【荘厳経論偈(53)】

その後にかれは清浄（śuddhi）に先立って五種の勝徳を得る。そうして完全な清浄（viśuddhi）のための無上の器となる。(19)

即ち、かれの一切の麁重身が各刹那に消滅し、身心はことごとく軽やかさによって満たされる。(20)

諸法が不断に現前することを遍く経験し、清浄における相を分別されないものとして観想する。(21)このように、智慧ある者は、法身が円満で完全に清浄となるために、あらゆる仕方で恒に〔その〕因を保持する。(22)

【世親釈】

その後に清浄に先立つ五種の勝徳を得る。「清浄（śuddhi）」とは浄勝意楽地（śuddhyāśayabhūmi）のことである。それら〔五種の勝徳〕を得ることによって「完全な清浄の器」となる。「無上」とは乗が無上だからである。「法身が円満で完全に清浄となるために」とは、〔法身は〕第十地において円満になり、仏地において完全に清浄になる。これら五種の勝徳の中、三は止分（śamatha-pakṣa）であり、二は観分（vipaśyanā-pakṣa）である。ここまでは世間的な証得である。

ここでも先と同様に、安慧の解説に依って偈と世親釈との趣旨を考察しよう。(54)安慧は、世親釈の「清浄に先立って五種の勝徳を得る」という語を、身心の適応性を得、静慮と神通を円満にし、如来に無量の供養を為し終えた菩薩は、浄勝意楽〔地〕即ち初地を未だ得ない前に、初地を得るに至る兆相である五種の勝徳を得るという意味である、と説明する。つまり菩薩は、五種の勝徳を得て、完全な清浄の器となり、無上の所依となる。「無上」というのは、初地を得んがためには、声聞乗や独覚乗によってではなく、大乗によって悟入するから、「無上の器」と言われる。

その五種の勝徳が、第二〇偈と第二一偈とに示されている。麁重身（dauṣṭhulya-kāya）には、身の不適応性と心の不適応性との二つがある。身の不適応性とは、身が鈍重で快くないことである。心の不適応性とは、心が快くなく善を行わないことである。譬えば、沐浴する人が、石鹸で衣や綿布などについた垢を各刹那に洗い浄めるように、水に相当する止（śamatha）によって、身の不適応性を各刹那に洗い浄める。これが第一の勝徳である。第二の勝徳は身の軽やかさ（身軽安）であり、第三の勝徳は心の軽やかさ（心軽安）である。「軽やかさ」とは適応性（堪任性）のことである。以上三つの勝徳は止の部類（śamatha-pakṣa）である。

第四の勝徳は、十二部経というすべての法が恒に理解され、ありありと現前することである。第五の勝徳は、初地を得るに至る相（nimitta）即ち兆相（liṅga）が分別されず、思惟されずに、夢中に見られるものが分別の対象とならないのと同様の仕方で、観想されることである。これら二つの勝徳は観の部類（vipaśyanā-pakṣa）である。

菩薩は以上の止観の修習の後に、法身の円満の因と完全な清浄の因とを保持する。それゆえ「完全な清浄のための無上の器となる」(19) と言われる。このような教授教誡の門より始めて五種の勝徳を獲得するに至るまでを、安慧は信解行地の凡夫の止観の段階としている。

以上が大竹博士が『浄土論』の「五念門」の修習と近似すると考えられる文脈である。大竹博士が『浄土論』と『大乗荘厳経論』教授品とに認められる近似性は、

第一には、世親・安慧の注釈が共に示すように、ここに説かれる五種の勝徳の中、三つが奢摩他分（止分、śamatha-pakṣa）、二つが毘婆舎那分（観分、vipaśyanā-pakṣa）とされていることである。

第二に挙げられるのは、『浄土論』の五念門の内の作願門において奢摩他によって極楽への往生を作願することとして説かれ、観察門において毘婆舎那によって極楽を観察することが説かれることが、『大乗荘厳経論』の教授品では静慮において諸仏を供養し聞法することが説かれることと符合することである。

第三には、『浄土論』の廻向門に次のような説明の為されていることが注意されると言われる。大竹博士の和訳によればそこには次のように説かれている。

このようにして菩薩は奢摩他によって、毘婆舎那によって、広・略に修行し、karmaṇyatā（適応性）を成就し、心は如実に広・略の諸法を知るのである。(55)

ここに大竹博士が karmaṇyatā と仮に原語を想定したのは菩提流支訳では「柔軟」とされている語である。博士がその「柔軟」を karmaṇyatā と想定されたのは、同じ菩提流支が訳した『法集経』巻五に「修行禅定、成就身心柔軟」(56)とある語が、チベット訳では「諸静慮によって身心の parikarmaṇyatā（適応性）を成就するのである」(57)（bsam gtan rnams kyis lus dang sems yongs su las su rung bas grub ba）となっていることに依っている。それゆえ大竹博士は、『浄土論』の廻向門に「柔軟」が説かれることが『大乗荘厳経論』教授品に karmaṇyatā（適応性）の説かれることと符合する、と言われる。

第四には、『大乗荘厳経論』では菩薩がこの後に浄勝意楽地（初地）に入って真如を証得することが述べられていたが、『浄土論』の観察門でも「観察阿弥陀仏功徳荘厳」の最後の「不虚作住持荘厳」に対する論に浄勝意楽の菩薩のことが述べられている点を指摘しておられる。博士の和訳では次の如くである。

虚しからざる所作の成就（abandhyakṛtyānuṣṭhāna, 不虚作住持、小谷注記）という荘厳とは何か。偈に「〔誰かが〕仏を観察したならば、〔仏の〕本願の力は〔彼に〕到達し、倦むことなく、すみやかに功徳大宝海を満足させる」といわれている。つまり、〔毘婆舎那によって〕かの仏を見（＝観察し）たならば、未だ浄勝意楽に至らない菩薩は絶対に、〔他の〕浄勝意楽の諸菩薩の〔証得した平等法身〕と区別ない平等法身を証得する〔ことによって浄勝意楽の菩薩となる〕。浄勝意楽の菩薩と、それより上の地の諸菩薩とが絶対に同じく寂滅を証得することは平等だからである。(58)

以上のように大竹博士は、『大乗荘厳経論』教授品と『浄土論』との間には、奢摩他と毘婆舎那とによって

karmaṇyatā（適応性）を得て諸法を知り、浄勝意楽地に至る、という似通った構造の見られることを指摘されている。

3　幡谷・大竹説の相違点と共通点

以上に見たように、幡谷博士は「五念門」の修習法は『大乗荘厳経論』述求品所説の五瑜伽地に基づくと考えられるのに対して、大竹博士は同論の教授品に説かれる止観の修習法に基づくとされる。その場合の最大の相違点は、幡谷博士は五念門と五瑜伽地とのそれぞれを対応するものと明言されてはいないが、五念門が五瑜伽地全体を通して修習されるものと受け止められるように説明がなされているのに対して、大竹博士の場合は、五念門が浄勝意楽地（初地）に至るまでの菩薩の修習法を述べるものと解せられる点である。この点に関しては、先に大竹博士の訳文によって引用したように、『浄土論』の観察門を説く「不虚作住持荘厳」の説明の中に浄勝意楽の菩薩のことが述べられて、五念門が初地に至る修習であることが示されていることからすれば、この時点では大竹博士の説が妥当であると筆者には思われるが、それは論を詳細に考察した上で判断したい。

両博士の論考とそこに援用された前掲のような『大乗荘厳経論』述求品・教授品の安慧の詳細な注釈を読んでいる内に、われわれはその両者に共通して、瑜伽行派が「法の修習」に関して重要な提案をしていることに気づく。

先ず大竹博士の援用された教授品に説かれる初地に至る修習を見てみよう。安慧は資糧道において毘婆舎那によって「諸法がすべての方面から不断に現前することを経験する」ために修習する場合の「諸法」を、「経等の十二部経を指す」と注釈していた。そして「十二部経というすべての法が恒に理解され、ありありと現前するようになる」という勝徳が得られることを述べていた。ここに「諸法」が「経等の十二部経」を指すものであることが明瞭に指示されていることは重要である。安慧のこの注釈を、大竹博士は、世親が『摂大乗論釈』において、『摂大乗論』で初地の毘婆舎那の対象とされる「一切法」を「契経等」「経等法」つまり「経等の十二部経」と注釈していることに基づいていることを注記しておられる(59)。この注記は『浄土論』を理解するために極めて重要である。つまりこの論の所属する瑜伽行派における「法の修習」を理解する上で極めて重要である。安慧がここで世親の『摂大乗論釈』に基づいて「諸法」が「経等の十二部経」を指すものと注釈しているのは、単に安慧の知識の該博さを示すものでもなく、また世親一人の見解を意味するものでもない。それは「法の修習」とは止観による「教法の修習」であるとする瑜伽行派の伝統を示すものである。それは幡谷博士の援用された述求品の記述からも確認される。そこでは「等流の法を所縁として」という偈の「等流の法」という語を安慧は「諸仏が人法二無我を証得して説かれた法である十二部経」と注釈し、「凡夫の分位において十二部経を聞・思・習する」ことであると解説していた。

瑜伽行の意味は、瑜伽行派の名称の由来を説明する覚賢 Bodhibhadra の次のような言葉によく示されている。それは山口博士の和訳では次の如くである。

彼等（瑜伽行派）は「勝者子よ、三界は唯心なり」と説く聖教の義を、法（bhāva）と相応（anurūpya）する如く如理作意を以て行ずるが故に、瑜伽行者 yogācārin にして、ヨニショマナシカラ・ヨガ（yonisomanasikara-yoga, 如理作意瑜伽）と説かれたり(60)。

ここでは阿含の意味を、法と相応するように如理作意によって行ずることが瑜伽行と呼ばれている。如理作意によって行う行は随法行とも呼ばれる。安慧は『中辺分別論釈疏』において随法行を定義して次のように言う。

静慮せられるべき所知の法に随行し随入すべき止観の修習を体とする行が随法行である(61)。

随法行は正確には法随法行と呼ばれる。野澤靜證博士によれば、「法随法行」の一つ目の「法」の語は十二部経・等流の法を意味し、その法に随行する法とは、教法によって説かれる色等の内外一切の雑染・清浄の法（一切法）を指す。それゆえ、それら一切法を止観の修習によって、十二部経が世尊によって説かれた通りに現証することが法随法行（随法行）であると理解すべきである、と言われる。(62)

「法随法行」dharma-anudharma-pratipatti という複合語は、その使用されている文脈によって異なる意味で使用されており、その合成法について種々に解説のなされてきたことが早島理博士によって報告されている。(63) その論文の「大乗仏典における法随法行」の節の中に幾つか興味深い記述が認められる。以下にそれを見てみたい。

博士は『摂大乗論』の著者・時代共に不明の注釈書（『秘義分別摂疏』）(64) に、法随法行が次のように注釈されていると言う。(65)

「法随法行」というち、「法」とは〔四〕聖諦を観じることであり、「随法」とはそれを加行する道である。〔もう〕一つ〔別の解釈〕では、「法」とは無学道であり、「随法」とは有学道である。〔もう〕一つ〔別の解釈〕では、「法」とは勝義涅槃であり、「随法」とは一切の無漏道である。

このことから、法随法行の「法」と「随法行」とが種々異なった意味で用いられることが分かる。おそらくこの場合は修習の段階が進むに応じて、それぞれ右記のように異なった意味を持つに至ることが述べられたものと考えられる。そのことは『摂大乗論』の無性の注釈でも、

法随法行とは、所証を法と名づけ、道を随法と名づく。彼に随順するが故なり。又、出世間道を法と名づけ、世間道を随法と名づく。行とは、かれの自身相続を行ずるなり。(66)

と解釈されていることからも理解される。修習によって獲得されるべきものが「法」と呼ばれ、それに資益し随順する行が「随法行」と呼ばれる。したがって瑜伽行においては「法」は究極的には涅槃に至る一切法を意味し、涅

槃から等流した十二部経が「随法」を意味することとなる。

また、早島博士は大乗仏教においては、「法随法行」が「聞（聴聞）―思（如理作意）」というプロセスを踏んで行じられる「修」の段階における修習に相当することを示し、それが有部系統で説かれる「四預流支 srota-āpatty-aṅga（親近善士・聴聞正法・如理作意・法随法行）」の内容とも等しいと述べて、次のような『法蘊足論』の文章を挙げておられる[67]。

四種の法あり。若し正しく勤脩すれば、是の人を名づけて、多く所作有ると為す。何等を四となすや。謂く、善士に親近し、正法を聴聞し、如理に作意し、法随法行するなり[68]。

以上のように見てくるときわれわれは、瑜伽行派における「法の修習」は、その修習の為される段階に応じて瑜伽行とも呼ばれ、如理作意による行とも呼ばれ、随法行とも呼ばれるものの、そのいずれの場合においても、涅槃を証得された世尊によって説かれた雑染・清浄のすべての法（一切法）を、経典に説かれた通りに、止観を行ずることを通して、如実に修習することを意味するものと理解するに至るのである。『浄土論』を読むときわれわれは、この論が右記のような瑜伽行派の「法の修習」の思想に基づいて著されていることを忘れてはならない。それは大乗においてのみならず、「法随法行」が『法蘊足論』にも説かれているように、小乗の有部においても実践される修習法であった。と言うよりはむしろ、小乗の部派で実践されていた修習法を大乗の瑜伽行派が踏襲したものと考えるべきであろう。ただし、瑜伽行派の法の修習には次に述べるような革新性の存在することに注意しなければならない。

五　瑜伽行唯識派の修習法

以下に世親の所属する学派である瑜伽行唯識派の法の修習法の特徴を見ておきたい。この学派の法の修習法である法随法行の修習は、『荘厳経論』随修品の第一偈およびその世親釈に次のように説かれる。

【荘厳経論偈[69]】

智者は、二通りに人と法とを無我であると知って、三〔三昧〕によって、正しいとし・誤りとする二〔つの執着〕を除去すべきである。

【世親釈】

〔本偈は〕いかにして、意味を知り、法を知って、法を随法に行じ、正しく理解し、随法行者となるか、そのことを示すものである。その中で、「二通りに人と法とを無我であると知る」のは、所取・能取がないことによって、である。「正しいとし・誤りとする二〔つの執着〕」を「除去すべき」「三〔三昧〕」とは、遍計所執性の無に対する空性三昧と、依他起性と円成実〔性〕との有に対する無願〔三昧〕と無相〔三昧〕とである。この三つの世間的な三昧は、出世間智をもたらすという点では誤りではない。〔しかし〕出世間的でないという点では正しいわけでもない。

以下に偈と世親釈との意味を安慧の注釈[70]を参考に考察しよう。大乗仏教では、人無我（自己の無我）のみを覚って得られる阿羅漢の解脱を目指す小乗の声聞や独覚とは異なって、一切知者たる仏の正覚を目指す菩薩は、法無我（一切法の無我）をも理解すべく法の修習をしなければならないとされる。瑜伽行派の独自性は、その「人無我」と

「法無我」とを、人と法とが能取（主観としての実体）・所取（客観としての実体）として実在しないことを意味する語として理解する点にある。人無我とは、「私」とか「自己」として実在するものと思い込まれ（仮説）、当然存在するものと考えられ（構想）ている主観的存在（人）は、真実には、所取としても能取としても実在しないという点で「無我」であることを意味する。法無我とは、色や声などの外界に実在するものとして仮説され構想された客観的存在（法）も、所取としても能取としても実在しないという点で「無我」であることを意味する。

その無我であることは、瑜伽行派によれば、遍計所執性と依他起性と円成実性との三性を、空性と無願と無相との三三昧によって修習することを通じて証得される。瑜伽行派は、世界を三層から成るものと見る三性説を構築し、その三性説によって凡夫の迷いの世界と仏の悟りの世界の構造を説明する。それによれば、遍計所執性は、凡夫の迷いの現象世界である。依他起性はその迷いの世界の根底にあって、その世界を現象させる世界である。円成実性は仏の悟りの世界である。この三種の世界の真相を三昧中に直証し、それによって人と法との無我を証得するのが、瑜伽行派の行法である。

瑜伽行派の三層構造の世界観（三性説）は概略以下のようである。この学派は現象世界を、心の奥底に潜在する深層意識であるアーラヤ識の現し出したものと考える。アーラヤ識にはわれわれが経てきた無始時来の輪廻において行った経験がすべて種子として蓄積されており、それが縁を得て活動することにより一瞬一瞬われわれの享受する現象世界が立ち現れる、と考える。依他起性とは、そのアーラヤ識中の種子から立ち現れたばかりの、まだ意識によって把握されずに無意識裏に存在する、いわば純粋経験された世界を指す。それが意識によって所取（客観的実在）・能取（主観的実在）として捉えられ分節されるとき、外界と自己とに二分化された遍計所執性なる迷いの現象世界が現れる。他方、瑜伽行によって所取・能取の分別を離れるとき、円成実性なる仏の悟りの世界が現成する。

瑜伽行派はこのように、アーラヤ識から生起したばかりの、意識化されない純粋経験の世界（依他起性）が、所取・能取に分別する意識の働きと結びつくときに迷いの世界（遍計所執性）が生起し、その働きを離れたときに悟りの世界（円成実性）が現成する、と主張する。したがって瑜伽行派では、仏の世界を求めてなされる法の修習は、迷いの世界を生起せしめる、所取・能取に分別する意識の働きを制止することを行の中心において為される。

右記の『荘厳経論』の世親の注釈から、三層からなる世界（三性）が、三種の三昧によってその真相の理解されるものであることが知られる。凡夫の迷いの現象世界（遍計所執性）は、人と法とを無我であり空であると修習する三昧・空性三昧によって、所取・能取として実在するものでなく無であることが証得される。純粋経験の世界（依他起性）は、無願三昧によって、虚妄分別なる種々の苦を伴うものであり、貪等の過失を伴う煩悩を生ずるものなので、自性有なるものであるが、願われるべき対象ではないことが証得される。仏の悟りの世界（円成実性）は、無相三昧によって、言語や思惟や戯論を本質とする理解を超えており、その相を捉えることのできない有なるものとして証得される。

これらの三三昧は信解行地の段階において修習される世間的な道である。世間的な道の観点からすれば、誤りでないと言われ、出世間道の観点からすれば、誤りと言われる三三昧である。信解行地においてこれらの三三昧を修習することによって初地に至り、出世間智（無分別智）が証得される。しかし三三昧はまだ出世間的なものではないから「正しいものでもない」ものとされ、それによって法を証得しても、その証得に固執することは否定される。

先に述べたように、法随法行という法の修習は、『法蘊足論』に説かれるように部派仏教においても実践された修習法である。瑜伽行派は部派仏教が実践していたその修習法を採用したのであるが、いま右に見たように三三昧の修習による証得を世間的なものとすることによって、(71)部派仏教が陥っていたその三昧で証得された法に対する固執、「法有の執着」を乗り越える新たな視点を導入した。あるいはむしろ、既成の正統派仏教教団の、自らの法の学習こそ正当なるものとする法有の執着を克服しなければならないと考えた人々によって導き出されたものこそ、その新たな視点であったと言うべきである。ただし、瑜伽行派が乗り越えなければならないのは、正統部派の停滞した仏教だけではなかった。かれらよりも先に部派の停滞を乗り越えようとして起こった大乗の中観派も「法無の執着」に陥っていた。世親は、それらの「法有」と「法無」の執着を、右記のように三性説を導入して「遍計所執性の無」と「依他起性と円成実性との有」とを提起することによって批判的に乗り越えようとしたのである。

また、人法の二無我という大乗仏教の重要な課題を「所取・能取」の無として提示したことも、瑜伽行派独自の思想である。人無我の修習は煩悩障を断つためであり、それは解脱のみを求める声聞や独覚たちにも必要とされるが、法無我の修習は所知障を断ずるためであり、それは一切知者となることを求める菩薩にのみ要求される。その所知障は所取・能取に対する執着の習気を体とするとされる。[72] 調伏天（Vinitadeva, 七〇〇年頃）は『三十論疏』において「唯識」という真実を初地において証得するに至る次第を「所取・能取を破壊する次第」として次のように説明する。

先ず最初に、所取・能取を破壊する手段となる『三十論』等を聞く。聞いた後に不顚倒に正しく思惟する。思惟してからその後に所取の破壊を、最初に〔四〕念処を初めとして忍に至るまで修習する。それから所取を破壊して、所取が無なるがゆえに能取も無であると〔世〕第一法の分位において能取をも破壊する。瑜伽行者はこのように所取・能取を破壊するがゆえに、法界の障礙を一つ一つ遠離することによって歓喜地等に至るのである。[73]

ここにはこれまで見てきた信解行地（資糧道・加行道）における聞（聴聞正法）・思（如理作意）・修（法随法行）と

いう修習が、さらにその詳細に立ち至って「所取・能取の破壊の修習」として説明されている。それは世親によって「入無相方便相」（asallakṣaṇānupraveśopāyalakṣaṇa）[74]と呼ばれる瑜伽行派独自の修習法である。その修習は例えば世親の『三十論』とその安慧の注釈では次のように説明される。

【三十論偈[75]】

しかし、識が所縁をまったく取得しないとき、所取が〔なく、所取が〕ないときにはそれを能取することがないから、〔識は〕唯識であることに定まる。（28）

【安慧疏】

教説（deśanā）という所縁であれ、あるいは教誡（avavāda）という所縁であれ、あるいは通常の色や声（rūpaśabda）などという所縁であれ、識が〔それらを〕心の外にあるものとして取得しない、〔即ち〕見ず、捉えず、執着しないときには、対象をあるがままに見るから、生来の盲目の人のように〔見ないわけでは〕ない、そのときには、識が〔所縁を〕捉えることは断じられ、自らの心の法性に安住することになる。まさしくこのことに対する因を「所取がないときにはそれを能取することがないから」と言うのである。所取があるとき能取がある。しかし所取がないときには〔能取は〕ない、と言うのである。所取がないとき能取のないことも理解される。ただ単に所取がないことだけが〔理解されるの〕ではない。

このようにして所縁と能縁とがそれぞれ平等で無分別な出世間智が生ずる。〔このようにして〕所取・能取の執着の随眠が断じられ、心は自らの心の法性に安住することになる。

瑜伽行に着手する場合、行者はそれぞれの資質に応じて瞑想（止、奢摩他）の対象を選ぶ。この初歩的な段階の瞑想は後に「五停心観」と呼ばれるようになるものであるが[76]、情欲の強い者であればその欲望を抑えるために屍や骨鎖等を対象として選んで「不浄観」を修習し、愚痴の多い者は十二因縁を対象に選んで「縁起観」を修習する。例えば不浄観を修習する場合には、行者は死体の置かれている場所（塚間）に連れて行かれる。そこでかれは青黒く膨張した屍が腐乱して動物や虫に食われ、やがて白骨となっていく様子を目のあたりに観察し、それを僧坊に帰って想い出し、その様子を瞑想によって現し出し、その影像を対象として止観を修習する。安慧が「通常の色や声などという所縁であれ」と述べているのは、「不浄観」において所縁とされる屍や骨鎖等に相当する。屍や骨鎖という形のあるものの影像が瞑想の対象とされるのは理解し易いが、「縁起観」における十二因縁等の教説が、あるいは安慧の言う「教説という所縁」が、どのようにイメージされ瞑想の対象とされるかについては理解し難い点がある。それはおそらく、次に述べる『大乗荘厳経論』教授品第四偈から第六偈に説かれる六種類の心によって行われるような「経を所縁とする止観」を意味するものと考えられる。

先に考察した、大竹博士によれば「五念門」の修習と近似すると考えられる文脈が現れる、五種の勝徳を説く『大乗荘厳経論』教授品の十数偈先の第四偈から第六偈には、菩薩が瑜伽行の資糧道にとりかかろうとするときに、六種類の心を起こして瞑想の対象に心を集中させなければならないことが述べられる。それら六種類の心の修習は「経を所縁とする止観」として行われるものであり、それに対する世親の注釈は、『浄土論』の止観がどのような仕方で実践されていたかを具体的に理解する上で有益な示唆を与えると思われる。それゆえ多少長くなるが、煩を厭わず六種の心に関する世親釈の全文を引用して考察したい。

【荘厳経論偈】(77)

しかる後にかの行者はまず初めに、無二の意味を明らかにする経等の法において、経等の題名に心を結びつけなければならない。(4)

その後にかれは順次、種々の句（pada）を随観し、その意味を自ら正しく伺察すべきである。（5）

そうしてかれは、それらの意味を決定し、更に法に総聚すべきである。それからその意味を証得せんがために希求をなさねばならない。（6）

【世親釈】

まず初めに、経や応頌等の法（十二部経）において、『十地〔経〕』等の経を初めとする〔十二部経の〕題名に心を結びつけなければならない。この三偈には、根本心、随観心、伺察心、決定心、総聚心、希求心の六心が示されている。

この中、根本心とは、経等の法の題名を所縁とする〔心である〕。即ち、〔師や菩薩・仏から〕教授教誡を聞いて、あるいは自ら無常・苦・空・無我を如理もしくは非如理に思惟して、〔題名を所縁とするの〕である。

随観心とは、先にその題名を所縁とした経等の種々の句（pada）に随行する〔心である〕。

伺察心とは、それによって意味と文字とを伺察する〔心である〕。その場合、意味の方は、数え上げること（gaṇanā）と計量すること（tulaṇā）と考慮すること（mīmāṃsā）と観察すること（pratyavekṣaṇā）という四種の仕方で伺察する。

その中、数え上げるとは、寄せ集めること（saṃgrahaṇa）である。例えば、色は〔五内処と五外処との〕十処と及び一〔法処〕の一部（無表）とであり、受は六受身である等というように。計量するとは、数え上げた法を、減じもせず増加もせずに、公正に把握することである。考慮するとは、量（pramāṇa, 論理）によって考究することである。観察するとは、数え上げ計量し考慮した意味を観ずること（avalokana）である。

文字の方は二通りの仕方で、即ち、幾つかの文字が集まれば意味を成し、ばらばらのままでは意味を成さないというように伺察する。

決定心とは、先に伺察したところのその相を、それによって決定する〔ところの心である〕。

総聚心とは、先に伺察した意味を根本心の上に集約して、一まとめにしたものをその行相として生ずる〔心である〕。

希求心とは、三昧〔を得る〕ためであれ、あるいはそれを完成せんがためであれ、あるいは〔四〕沙門果のためであれ、あるいは〔十〕地に悟入せんがためであれ、あるいは〔神通などの〕殊勝〔な果〕に至らんがためであれ、ともかくも何らかのために勤める場合、そのことへの願いと共に生ずる〔心である〕。

世親はこのように六心によって経を所縁とすることを説明した後に、六心とその所縁（対象）との関係を次のように説明する。

実にただ心が所縁として顕現するに過ぎず、心と別に所縁が存在するわけではない。そういう「唯心」ということを理解するにしろしないにしろ、所縁はまさしく心そのものであり別のものではない。それ故、六心が所縁として立てられるのである。

ここには瑜伽行の準備段階である資糧道においてどのように心を傾注（作意）するかが説明されている。[78] 瑜伽行者は学ぶべき対象である法に心を傾注し、心にそれらを鮮明に表象し観察することによって、対象を如実に理解しようとする。このように学ぶべき対象に心を傾注して観察することによって対象を理解しようとするのは、小乗の部派仏教における法の修習を援用したものであり、それと異なるものではない。それは例えば『倶舎論』賢聖品に説かれる不浄観・数息観の修習から始まる順解脱分（三賢位）から、煖・頂・忍・世第一法の位における順決択分（四善根位）に至る凡夫位の修習と大きく変わるものではない。[79]

瑜伽行派の修習法を部派のそれとまったく異質なものとしたのは、「心が所縁として顕現するに過ぎない」という世親の言葉に示される「唯識観」である。「唯識観」の目的は、前掲の第四偈に示唆されているように、「無二の意味を明らかにする経等の法」の趣旨を正しく聞き取ることにある。安慧はこの偈に対する注釈の中で「経等の法は、所取・能取を離れ有と無とを離れた意味を誤りなく説く(80)」ものであると説明する。つまり安慧は、仏陀所説の一切法を学ぶには、それらが所取・能取を離れ有と無とを離れた意味を誤りなく説くものであることを念頭に置かねばならないことに注意を促しているのである。仏陀の教説が所取・能取を離れ有と無とを離れた意味を説くものである限り、それを学ぼうとする者は所取・能取を離れ、有と無とを離れることが要求される。所取・能取を離れた「無相」の真如に悟入する手段（方便）として生み出されたものを瑜伽行派は「入無相方便」と呼ぶ。世親は「入無相方便」を『中辺分別論』の注釈において次のように説明する。

【中辺分別論偈】

認識することに依って認識しないことが生じる。
認識しないことに依って認識しないことが生じる。（I、6）

【世親釈(81)】

唯識であると認識することによって対象物を認識しないことが生じる。対象物を認識しないことによって唯識であるとも認識しないことが生じる。このようにして所取・能取の無相に悟入する。

安慧(82)は「入無相方便」の「無相」を、虚妄分別において「所取・能取がただただ無であること」であると注釈する。そしてそれを覚知（悟入）するための方便とは、「法界の遍在する意味を理解するための加行において優れた所依となる二種の熟達（善巧、kuśala）である」と述べる。そして世親の「唯識であると認識することによって対象物を認識しないことが生じる」という語を次のように注釈する。

所縁が対象物を欠いているということが「唯識」ということである。それ自体の種子が成熟することによって、識が色などとして顕現するのであって、色などの対象物が存在するのではない、とそのように能取を認識することによって所取を認識しないことに悟入する。(83)

ここでは安慧は、「唯識」ということを「所縁が対象物を欠いていること（ālambanārtharahitam）である」と注釈している。眼で見られる色や形、耳で聞かれる音や声（所縁）は、それらに対応する対象物を外界にもつわけではない。なぜならそれらの所縁はアーラヤ識がそういう色や声として現れ出たものに過ぎないからである。このように色や声（所縁・所取）はアーラヤ識（識・能取）の顕現にすぎない（唯識）と止観し、能取の働きを理解することによって、所取を実体として捉えなくなる。ここには色や声が所縁の例として挙げられているが、それが五蘊を初め涅槃に至る、菩薩が如来の教法に依って学ばねばならないあらゆる物事（一切法）を指していることは言うまでもない。それらの物事、つまり所取を実体として捉えないことに習熟（熟達）するに応じて、唯識であるとの分別も次第に起こさないことに習熟（熟達）するようになる、という唯識観の実践法がここには説かれている。

先にも一言したが、瑜伽行派のこのような唯識観を理解しようとするとき、われわれはこの学派の出現するに至った仏教教団の思想史的背景に思いを致さなければならない。最勝子等諸菩薩造の『瑜伽師地論釋』には、この学派の事実上の創始者と目される無著について述べた次のような一節がある。

諸有情、無始時来、一切法処中の実相に於て無知疑惑し、顚倒僻執し、諸々の煩悩を起こし、有漏業を発し、五趣に輪廻し、三大苦を受く。如来出世して其の所宜に随いて方便し、為に種々の妙法処中の実相を説き、諸々の有情をして、一切法は是の如く是の如く空なるが故に有に非ず。是の如く是の如く有なるが故に空に非ずと知りて、諸法の非空非有を了達し、疑惑顚倒僻執を遠離し、其の種姓に随いて処中の行を起こして漸次に修満し、其の所応に随いて永く諸障を滅し、三菩提を得て寂滅楽を証せしむ。

仏、涅槃して後、魔事紛起し、部執競い興りて多く有見に著す。龍猛菩薩極喜地を証し、大乗無相の空教を採集し、『中論』等を造て真要を究暢し、彼の有見を除く。聖提婆等の諸大論師『百論』等を造り大義を弘闡す。是に由て衆生復た空見に著す。無著菩薩位初地に至り法光定を証し、大神通を得て大慈尊に事え、この論を説んことを請うに、理の窮めざるなく事の尽くさざる無し。[84]

ここには無著の出現を、中観派の龍樹が部派の有見を退けた後に、その学派の陥った無見を退けるために生じたものの如くに述べるが、実際には『三十論』や『中辺分別論』に対する安慧の注釈からも窺えるように、[85] 瑜伽行派は有見と無見とのどちらの過ちにも陥ることなく如来所説の教法を理解する方法を「唯識観」として確立したのである。如来の教法は最勝子らの言葉を借りれば「諸法の非空非有」を説くものである。つまり「無でもなく有でもない」諸法の実相を説くものである。有部のように、仏陀の説かれた教法のすべてを「説かれた通りにその真実は実在するもの」と理解する場合には、法に対する固執に陥ることになり、中観派のように「説かれた通りにはその真実は実在しないもの」と理解する場合には、法に対する虚無主義に陥ることになり、共に教法の学習が歪められる危険性がある。いずれの過失をも犯さずに法を学ぶ方法として瑜伽行派の考え出したのが、所取・能取への執着を離れることによって、一切法をあるがままに修習しようとする「唯識観」である。

六　別時意説再考

先にわれわれは、世親の所属した瑜伽行派においては《誦持名号（称名）―決定菩提》という教説と《発願―往生極楽》という教説を説く無量寿経が未了義とされ、劣った教説として見られていた可能性のあることを指摘した。しかしそう考えることは、造論の目的を《発願―往生極楽》に置き五念門をその修習法として『浄土論』を著した世親との間に齟齬をきたすことにならないか、という疑問を生ずる。以下にその問題を検討したい。そのために向井教授がされたように、われわれもその未了義とされる《発願―往生極楽》の教説が説かれる無量寿経の当該箇所を改めて検討することとする。筆者は別時意説を、魏訳『無量寿経』のいわゆる三輩往生段に対して立てられたものと考えてきた。(86) そこで、三輩往生段に説かれる往生行を検討し直してみたい。

藤田博士は無量寿経の諸異本を比較検討された結果、「三輩の叙述や理解に異なる点があるが、しかしいずれも極楽浄土へ往生する者を三種に分けて説く点は一致しており、三輩往生説はこの経典の原初形態から一貫した特徴的な教説である」と言われる。藤田博士の書き下しを以下に引用させていただく。

仏、阿難に告げたもう、――十方世界のもろもろの天・人民にして、それ、至心に彼の国に生まれんと願うものあらんに、およそ三種あり。

それ上輩の者は、家を捨て欲を棄てて沙門となり、菩提心を発し、一向に専ら無量寿仏を念じ（一向専念無量寿仏）、もろもろの功徳を修めて、彼の国に生まれんと願う。これらの衆生、寿終る時に臨みて、無量寿仏、もろもろの大衆とともに、その人の前に現れたもう。すなわちかの仏に随いて、その国に往生せん。すなわち七宝の華の中において、自然に化生し、不退転に住し、智慧勇猛にして、神通自在ならん。このゆえに、阿難よ、それ、衆生ありて、今世において無量寿仏を見んと欲せば、まさに無上菩提において心を発し、功徳を修行して、彼の国に生まれんと願うべし。

仏、阿難に語りたもう、――それ中輩の者は、十方世界のもろもろの天・人民にして、それ、至心に彼の国に生まれんと願うものあらんに、行じて沙門となりて、大きに功徳を修すること能わずといえども、まさに無上菩提の心を発し、一向に専ら無量寿仏を念じ（一向専念無量寿仏）、多少に善を修し、斎戒を奉持し、塔像を起立し、沙門に飯食せしめ、繒を懸け、灯をともし、華を散じ、香を焼き、これをもって廻向して、彼の国に生まれんと願うべし。その人終わりに臨みて、無量寿仏、その身を化現したもう。光明・相好つぶさに真仏のごとくにして、もろもろの大衆とともに、その人の前に現れたもう。すなわち化仏に随いて、その国に往生し、不退転に住せん。功徳・智慧は、次ぐに上輩の者のごときなり。

仏、阿難に告げたもう、――それ下輩の者は、十方世界のもろもろの天・人民にして、それ、至心に彼の国に生まれんと欲するものあらんに、たといもろもろの功徳を作ること能わずとも、まさに無上菩提の心を発し、一向に意を専らにして、乃至十念、無量寿仏を念じて（一向専意乃至十念無量寿仏）、その国に生まれんと願うべし。もし深法を聞き、歓喜信楽して、疑惑を生ぜず、乃至一念、かの仏を念じて、至誠心をもって、その国に生まれんと願わば、この人終わりに臨みて、夢にかの仏を見て、また往生するを得ん。功徳・智慧は、次ぐに中輩の者のごときなり。(87)

藤田博士によれば、上輩は出家者、中輩は在家者で功徳（善行）を修める者、下輩は在家者で功徳を修めることができない者を指している。ここには三者に共通して、臨終時において、ひたすら仏を念ずることと、往生を発願することによって、それが叶うことが述べられている。しかしそれは、上輩・中輩の場合には、発願することのみによって叶うとはされていない。もろもろの善行功徳を修めることが要求されている。それに対して、下輩の場合には「至誠心」以外には何も必要とされていない。そのことからここに説かれる下輩の往生が《発願―往生極楽》の教説とされた可能性が考えられる。

しかし厳密に言えば、かれらが浄土に往生するのは、臨終時に夢中に仏を見ることによってであるから、発願と臨終時と往生極楽とを「同時」の事象と解するのはいささか無理があるように思える。むしろ古くは迦才（初唐）によって指摘され、近年になって改めて向井教授が《発願―往生極楽》の教説に相当する経文として挙げておられる[88]『阿弥陀経』の一節（第十七章後半）こそ、発願と往生極楽とが同時に起こり得ることを示すものであり、「別時意説」によって批判される対象となった教説に相当するものと考えられる。そこには以下のように説かれている。向井教授のサンスクリット原典からの和訳を引用させていただく。

およそいかなる善男子あるいは善女子たちであっても、かの世尊無量寿如来の仏国土〔すなわち極楽〕に対して、心をもって誓願をなすであろう者、あるいはすでになした者、現になしているものは、すべて、無上なる正等菩提に対して退転しない者となり、かしこの仏国土に往生するであろうし、あるいはすでに往生し、現に往生している。（Smaller Sukhāvatīvyūha, ed.F.Max Müller and B.Nanjo, §. 17: p. 99, ll.7ff.）[89]

ここには「誓願を現になしつつある者が、現に往生しつつある」ということを意味するものと理解し得る内容が述べられており、それは発願と往生極楽とが同時に起こると考えられた可能性を示唆するように見える。また発願以外に何ら往生の要件は示されていない。このような表現が「別時意説であり、未了義であるから、そのままに了解すべきではない教説」として批判の対象となったものと考えられる。このような教説は魏訳『無量寿経』の「もし、われ仏を得んに、十方の衆生、至心に信楽して、わが国に生まれんと欲して、乃至十念せん。もし生まれずんば、正覚を取らじ。ただ五逆と正法を誹謗するとを除く」という第十八願にも見られる。しかし、他の諸異本にはこれと部分的に類似する願文は見出されるが、この文にそのまま相当する願文はないことが知られており、また、三輩往生の思想とほとんど無関係に成立したものと考えられている。[90] それゆえ、向井教授の言われるように、前掲の『阿弥陀経』の第十七章後半の一節を「別時意説」によって批判された教説に相当するものと考えるのが妥当であろう。

藤田博士は、この第十七章を含む「証誠勧信」の段と呼ばれる『阿弥陀経』の後半部（第十一―第十九章）が、前半部と成立の事情を異にする旨を述べておられる。後半部の冒頭部においては阿弥陀仏ないしその極楽の功徳が讃嘆の対象とされていたのが、次には阿弥陀仏と諸仏とが同格に扱われ、やがて阿弥陀仏ないしその極楽の功徳は説かれなくなる、というように、経典の主題が変わっている。そうなった理由を博士は「本来、阿弥陀仏思想に関係のなかった経説を結合した[91]」からであると想定し、羅什訳『阿弥陀経』の六方の諸仏の名が『仏名経』からの転用であることを検証し、その上で、「羅什訳の原本は、元来『仏名経』等で示されるような諸仏名を讃嘆する経説の影響を受けて、その後半の部分を構成したものと推定することが可能である[92]」と述べておられる。そして博士は、経の成立事情をそのように想定するときには、「〈阿弥陀経〉の後半部分は〈無量寿経〉より発達した思想を含み、したがってそれよりも成立が遅いと言わなければならぬことになろう[93]」と言われる。

藤田博士の〈無量寿経〉という表示法は、それらの諸異本のもとになった種々の原本の全体を総称して用いられており、例えば、康僧鎧[94]（伝）訳を指すときは『無量寿経』と表示される。[95] また博士はチベット訳をも含むそれらの諸異本を比較検討して、その成立順序を考察し、「初期無量寿経」と「後期無量寿経」とに分類し、成立順に、前者には『大阿弥陀経』、『平等覚経』を配し、後者には『無量寿経』、『如来会』、『荘厳経』サンスクリット本・チベット訳を配しておられる[96]。われわれも以下、博士の表示法を使用させていただく[97]。

藤田博士の「〈阿弥陀経〉の後半部分は〈無量寿経〉より成立が遅い」という検証結果は、向井教授の「この〔往生行の単純化・内面化という〕往生思想の展開は、上輩往生から下輩往生へと教説の重点が移っていく流れにある（取意）[98]」という見解を思い出させて、大変興味深い。なぜなら、藤田博士の検証によれば、〈阿弥陀経〉の後半部はその前半部や〈無量寿経〉の三輩往生段よりも遅くに成立したものであり、向井教授の見解からすれば、〈阿弥陀経〉の前半部と後半部に説かれる往生行の変化は、上輩往生から下輩往生へと教説の重点が移っていく流れの跡を示すものと考えられるからである。前半部末尾の第十章には次のように説かれる。

また、実に、舎利弗よ、衆生はかの仏国土に誓願をすべきである。それは何故か。そこにおいてそのような善き人々と倶に一処に会するからである。

舎利弗よ、少しばかりの善根によっては、無量寿如来の仏国土に生まれはしない。舎利弗よ、いかなる善男子や善女人であれ、かの世尊無量寿如来の名を聞き、聞いて思念するなら、あるいは一夜、あるいは二夜、あるいは三夜、あるいは四夜、あるいは五夜、あるいは六夜、あるいは七夜、心を乱すことなく思念するならば、その善男子あるいは善女人が命を終える時、その無量寿如来が、声聞僧にとり囲まれ、菩薩衆に恭敬されて、その命終わろうとする人の前に立たれるであろう。そしてその人は心を乱すことなく命を終えるであろう。命を終えた後、その人はまさしくかの無量寿如来の仏国土である極楽世界に往生する[99]。

ここには、誓願をなすこと、多くの善根を修すること、思念をなすこと（念仏）、臨終に見仏をすること、死後に往生すること、が述べられ、上輩往生に求められる要件をすべて満たしている往生行が説かれている[100]。それに対して、先に見たように、第十七章後半には、誓願と仏国土への往生が説かれるのみで、善根を修することも、念仏も、臨終に見仏することも説かれていない。つまりそこには下輩往生においてすら求められた、念仏も、臨終に夢中に見仏することも、説かれていないのである。向井教授は先に述べたように、往生思想の展開が上輩往生から下輩往生へと教説の重点が移っていく流れにあることを指摘しておられるが、『阿弥陀経』第十七章後半に説かれる往生行はその流れを越えて、さらに単純化された往生行となっている。それが無著・世親の時代の往生思想の基調をなしていたものと考えられる。[101] さらに興味深いのは、この第十七章の前半には、

> 舎利弗よ、いかなる善男子や善女人であれ、この法門の名を聞き、またこれらの仏・世尊たちの名を憶持するならば、かれらはすべて仏におさめとられる者となり、また阿耨多羅三藐三菩提に対して退転しない者となるであろう。

と説かれていることである。「名を憶持する」(nāmadheyaṃ dhārayiṣyanti) とは、文字通りには名を保つことを意味するが、実際は「名を称える(称名)」を意味するものであることが藤田博士によって検証されている。[102] そうするとここには本書の「二 『浄土論』の著者世親」の項で述べた、向井教授が「別時意説」の仏説Aと名づけた《誦持名号(称名)—決定菩提》の教説が説かれていることになる。[103]

以上、われわれは向井教授の研究を参考に、世親が「別時意説」として批判した《誦持名号(称名)—決定菩提》と《発願—往生極楽》との二種の教説が共に『阿弥陀経』第十七章に説かれていることを確認した。それでは、世親はなぜこれら二種の教説を批判したのであろうか。

われわれは、これら二種の教説と非常によく似ているものの、微妙に異なる教説が、魏訳『無量寿経』の第十八願の成就文に、「あらゆる衆生、その名号を聞き、信心歓喜して、乃至一念せん。至心に廻向して、彼の国に生ま

れんと願わば、すなわち往生を得て、不退転に住す。ただ五逆と正法を誹謗するを除く。[104]（諸有衆生、聞其名号、信心歓喜、乃至一念、至心廻向、願生彼国、即得往生、住不退転。唯除五逆誹謗正法）」と説かれているのを知っている。この経文も、藤田博士によって、『大阿弥陀経』『平等覚経』には見出されないところから、「後期無量寿経」の発達段階になって説かれたことが明らかであるとされる。そのサンスクリット本は藤田博士の和訳では次のようである。[105]

およそいかなる衆生たちであっても、かの世尊アミターバ如来の名を聞き、聞きおわって、たとえ一たび心を起こすだけでも、浄信にともなわれた深い志向をもって心を起こすならば、かれらはすべて、無上なる正等覚より退転しない状態に安住する。

それに相当する『如来会』は、同じく藤田博士の和訳では次の如くである。

他方の仏国のあらゆる衆生、無量寿如来の名号を聞きて、乃至よく一念の浄信を発して、歓喜愛楽し、あらゆる善根をば廻向して、無量寿国に生まれんと願わば、願に随いてみな生まれ、不退転乃至無上正等菩提を得ん。五無間と正法を誹毀し及び聖者を謗るとを除く。

これら魏訳の願成就文と、それに対応するサンスクリット本、および『如来会』を対照して見るとき、われわれは魏訳にある「即得往生」に相当する語が、サンスクリット本にも『如来会』にもないことに気づく。もしそれがあれば、それはまさしく世親が「別時意説」として批判した《発願―往生極楽》の教説に相当するものとなったであろう。逆に、それゆえにこそ、藤田博士の言われるように、魏訳はサンスクリット本、および『如来会』より遅れて成立したことを示すものであり、向井教授の言われる「往生行の変化が上輩往生から下輩往生へと教説の重点が移っていく流れ」にあることを示すものであり、世親によって批判される《発願―往生極楽》の教説に相当するものと言える。しかし「別時意説」として批判される二種の教説を、『阿弥陀経』第十七章に典型的な形で既に確認した今では、われわれの関心は、世親がそれら二種の教説を批判した理由を追究することにある。世親はなぜ往生行が単純化されることを批判したのか。

これら魏訳に見られる第十八願の成就文と、それに対応するサンスクリット本、および『如来会』の三者に説かれる往生行を、三輩往生段の下輩の往生行と比較して気づくことは、それら三者に説かれる往生行には、念仏も臨終見仏（夢中見仏）も説かれていないことである。それは「別時意説」として世親によって批判された教説を説く『阿弥陀経』第十七章においても説かれていなかった。臨終見仏（夢中見仏）は念仏という往生行の結果である。また念仏は下輩の者においてすら求められていた往生行であった。世親が批判したのは、その最低限の往生行として課せられている念仏をすら省略し、簡略化しようとする往生思想の流れであったと考えられる。

念仏が省略されていく流れは『阿弥陀経』第十章と第十七章との間にもはっきりと現れている。前述のように『阿弥陀経』第十章においては、

舎利弗よ、いかなる善男子や善女人であれ、かの世尊無量寿如来の名を聞き、聞いて思念するなら、あるいは一夜、……あるいは七夜、心を乱すことなく思念するならば、その善男子あるいは善女人が命を終える時、その無量寿如来が、声聞僧にとり囲まれ、菩薩衆に恭敬されて、その命終わろうとする人の前に立たれるであろう。[106]

と「無量寿如来の名を聞いて思念する」ことが説かれていたものが、第十七章においては、

舎利弗よ、いかなる善男子や善女人であれ、この法門の名を聞き、またこれらの仏・世尊たちの名を憶持するならば、かれらはすべて仏におさめとられる者となり、また阿耨多羅三藐三菩提に対して退転しない者となる

であろう。

と「仏・世尊たちの名を憶持する」ことに変えられている。前者では「名を思念する（念仏）」こととされていたものが、後者では「名を憶持する（称名）」こととされ、念仏が省略されている。

三輩往生段において念仏が説かれる場合、その「念」の語源に、「思念」を意味する manasi-√kṛ と、「随念」を意味する sam-anu-√smṛ とがあることが知られる。上輩往生段の「菩提心を起こし、一向に専ら無量寿仏を念じ」は、サンスクリット本では「かの如来を形相の上からいくたびも思念し（manasikariṣyanti）……無上なる正等覚に対して心を起こし……」とあり、中輩往生段の「まさに無上菩提の心を発し、一向に専ら無量寿仏を念じ」は、サンスクリット本では「かの如来を（上輩ほど）多くは思念せず（na bhūyo manasikariṣyanti）……かしこの仏国土に心をかけるであろう者たちがいるならば……」とあり、下輩往生段の「まさに無上菩提の心を発し、一向に意を専らにして、乃至十念、無量寿仏を念じて……乃至一念、かの仏を念じて」は、サンスクリット本では「かの如来を十たび心を起こすことによって随念し（daśacittotpādāt samanusmariṣyanti）……たとえ一たび心を起こすだけでも（antaśa ekacittotpādenāpi）、かの如来を思念し（manasikariṣyanti）」というように、「念」の原語としては、「随念」を意味する sam-anu-√smṛ と、「思念」を意味する manasi-√kṛ とが用いられている。[107]

このように、念仏の「念」の原語に相当する「随念」と「思念」とは、藤田博士によれば、右記の例からも窺えるように、頻出度からいえば、「思念」のほうが「随念」よりもむしろ好んで用いられているようであるが、特に区別せずに用いられている。[108]その「思念」が往生行から省略されたことが世親に批判される最大の原因となったように考えられる。

思念が往生行から省略されれば、その行の結果として生ずべき臨終見仏も起こらないものとして省略されることになる。そのことは瑜伽行者である世親には認め難いことであったと考えられる。思念（manasikāra, manaskāra）は、瑜伽行論書においては通常「作意」と漢訳され、この学派の修習法における重要な概念である。

作意が瑜伽行派における重要な概念であったことは、本書「四『浄土論』に説かれる五念門」（3 幡谷・大竹説の相違点と共通点）の項で取り上げた、覚賢（Bodhibhadra）が瑜伽行派を説明して「かれ等（瑜伽行派）は〝勝者子よ、三界は唯心なり〟と説く聖教の義を、法と相応する如く如理作意を以て行ずるが故に、瑜伽行者にして、ヨニショマナシカラ・ヨガ（如理作意瑜伽）と言われる」(109)と述べる言葉からもよく理解される。ここで瑜伽行派が、如理―作意―瑜伽〔師〕と呼ばれていることは重要である。「如理に」（yoniśas）とは、根本的に、正当に、を意味する。「作意」（manasikāra, manaskāra）とは、心を〔特定のことがらに向け〕はたらかせること(110)、心に注意を喚起すること、思念すること(111)、を意味する。正しく、心を特定の対象に向かわせ、心に注意を喚起し思念するという行を行うこと、それが瑜伽行である。瑜伽師である世親が瑜伽行を重んじることは当然であり、その行の要と目される作意行を重んずることは言うまでもない。作意行が重要なのは、それが行者に見仏の体験をもたらすからである。

〈無量寿経〉三輩往生段に説かれていた往生行の教説は、往生思想の展開に伴って、上輩の往生行から下輩の往生行へと教説の重点が移され、〈阿弥陀経〉第十七章に見られるような、作意（思念）と臨終見仏とが省かれた往生行を生み出すこととなった。したがって世親が別時意説である未了義なる教説として批判したのは、〈無量寿経〉そのものではなく、魏訳『無量寿経』の第十八願やその成就文に反映している、〈阿弥陀経〉第十七章に述べられるような教説である。そのような往生行を説く教説は瑜伽師世親にとっては認め難いことであった。

世親の『浄土論』は、そのような往生思想を、誓願をなすこと・善根を修すること・作意をなすこと（念仏）・臨終に見仏すること・死後に往生すること、という要件を備えた、本来の姿に戻すために著されたものと考えられる。そのことは論の長行釈の冒頭に「彼の安楽世界を観じて、阿弥陀仏に見え、彼の国に生ぜんことを願う」と造論の趣旨が述べられ、その末尾に「五念門の行を修めて、自利利他して、速やかに阿耨多羅三藐三菩提を成就することを得る」ことを究極の目的とすることが述べられていること、そしてその五念門の原語が pañca manasikāra-mukhāni と想定され、[112] その念が作意（manasikāra）と想定されることから充分に窺える。

以上のように考えるならば、別時意説を説く浄土思想を未了義の教えとして劣視する瑜伽行派の世親が、積極的に浄土思想を顕揚する『浄土論』を著すことを理解し難いことと考えたり、インドにおいては『浄土論』の流伝の形跡がまったく見出されないことからその著者性が疑われるという、[113]『浄土論』の著者性に関する問題は解消すると思われる。

七　『浄土論註』に説かれる往生行

それでは、魏訳『無量寿経』の第十八願文やその成就文を自らの拠り所とする親鸞聖人は、それを別時意説の未了義なる教説として批判した世親を、なぜ七高僧の一人として敬うのであろうか。その理由を考えるのは、本稿の目的である『浄土論』の考察という課題から多少逸脱することになるが、許容される範囲内で検討してみたい。親鸞の往生思想の理解には、『無量寿経優波提舎願生偈註』（以下、『論註』と略称）に説かれる曇鸞の往生行の思想が強く影響していると思われる。『論註』の冒頭は、

謹んで龍樹菩薩の十住毘婆沙を案ずるに云く、菩薩阿毗跋致を求むるに二種の道あり。一には難行道、二には

易行道なり。

という語で始まる。この語には『論註』の軌範とするものが表明されている。瑜伽行派の著者世親の書『浄土論』を注釈するに際して、中観派の祖師龍樹の『十住毘婆沙論』（以下、『毘婆沙論』と略称）を軌範とすることが表明されているのである。これはわれわれには奇妙なことに思える。しかし曇鸞が、続高僧伝の伝える如く[114]三論宗の人であり、「龍樹・提婆二菩薩所造の四論を研鑽し、これをもって心要とした[115]」と言われる人であることを考慮すれば、頷き得ないことでもない。しかしそこには別の事情が潜んでいるようにも思える。藤堂恭俊博士は、曇鸞の著書に引用されるものの中に瑜伽行派の論師によって造論された諸論書が含まれていると言われるが、幡谷博士が作成された曇鸞の『論註』『讃阿弥陀仏偈』『略論安楽浄土義』に引用される経論の書名目録を見る限り、『瑜伽師地論』を初め『大乗荘厳経論釈』や『摂大乗論釈』等の瑜伽行に関する書名は見当たらず[116]、藤堂博士の言われる、瑜伽唯識思想について究められた形跡はまったく見出されない[117]。藤堂博士は、世親の『十地経論』『勝思惟梵天所問経論』『文殊師利問菩提経論』を「瑜伽行派の論師によって造論された諸論書」に数えられたのであろうか。しかしそれらの釈経論書も、世親の思想的特徴を理解した上での引用でない旨を述べておられる[118]。また、曇鸞の学解が主として北魏前期に行われた仏教思想を基盤とするものであり、龍樹と馬鳴によって代表される、長安と北涼との仏教を素材とする趨勢の中で形成されたことを考慮すれば、藤堂博士も認められているように、『論註』に世親的思想の欠如が予想されるのは当然のことである[119]。それゆえ『論註』冒頭の語は、曇鸞が瑜伽師世親の思想を充分に理解していないことを示すものと考えられる。われわれは『論註』を参考にするに際しては、そのことを充分考慮しなければならない[120]。

『論註』冒頭に引用された、「菩薩が阿毗跋致を求める場合に難行道と易行道との二種の道がある」と述べる『毘婆沙論』に説かれる難行道と易行道について考えてみたい。「阿毗跋致」はavaivartikaの音訳語であり、先に述べた〈無量寿経〉の往生行においては、それを意訳した「不退転」という語が用いられていた。そこでの不退転とは阿耨多羅三藐三菩提（無上なる正等覚）から退かないことを意味する。その位に至る場合について、先に見たように、三輩往生段では、上輩と中輩とは往生の後に浄土において得られることが説かれていた。しかし下輩の者については、次のように、往生の叙述の後に不退転に関する言及が認められない。

もし深法を聞き、歓喜信楽して、疑惑を生ぜず、乃至一念、かの仏を念じて、至誠心をもって、その国に生まれんと願わば、この人終わりに臨みて、夢にかの仏を見て、また往生するを得ん。功徳・智慧は、次ぐに中輩の者のごときなり。

あるいは「功徳・智慧は、次ぐに中輩の者のごときなり」という「功徳・智慧」の中に「不退転」も含まれていると考えるべきであろうか。魏訳『無量寿経』の第十八願の成就文が、『大阿弥陀経』『平等覚経』には見出されないところから、「後期無量寿経」の発達段階になって説かれたことが、藤田博士によって明らかにされていることは先に述べた。その成就文の中でも、

あらゆる衆生、その名号を聞き、信心歓喜して、乃至一念せん。至心に廻向して、彼の国に生まれんと願わば、すなわち往生を得て、不退転に住す。（諸有衆生、聞其名号、信心歓喜、乃至一念、至心廻向、願生彼国、即得往生、住不退転）」

と説かれて、不退転は往生を得てからのこととされている。しかし、そのサンスクリット本は、

およそいかなる衆生たちであっても、かの世尊アミターバ如来の名を聞き、聞きおわって、たとえ一たび心を起こすだけでも、浄信にともなわれた深い志向をもって心を起こすならば、かれらはすべて、無上なる正等覚

より退転しない状態に安住する。

となっており、不退転となることは述べるものの、それと往生との前後関係については言及していない。それに相当する『如来会』には、

他方の仏国のあらゆる衆生、無量寿如来の名号を聞きて、乃至よく一念の浄信を発して、歓喜愛楽し、あらゆる善根をば廻向して、無量寿国に生まれんと願わば、願に随いてみな生まれ、不退転乃至無上正等菩提を得ん。五無間と正法を誹毀し及び聖者を謗るとを除く。

とあり、往生して不退転を得ることが説かれる。そうすれば下輩往生においても、往生することによって得られる「功徳・智慧」の中に不退転は含まれていると考えるべきであろう。しかし、下輩往生を述べたものと解せられる『阿弥陀経』第十七章前半においては先に見たように、

舎利弗よ、いかなる善男子や善女人であれ、この法門の名を聞き、またこれらの仏・世尊たちの名を憶持するならば、かれらはすべて仏におさめとられる者となり、また阿耨多羅三藐三菩提に対して退転しない者となるであろう。

と述べて、不退転は往生と関係なく説かれていた。これもやはり向井教授の言われる、往生思想の展開に伴う往生行の単純化・内面化の流れにおいて生じた現象と考えられる。

曇鸞は、かれ自身がその中に逃れようもなく巻き込まれている「五濁の世」「無仏の時」の情況において[121]不退転を得ることが「難」とされる所以を、五つの項目にして示している。[122]それらを総括するように最後の項目に「唯是自力、無他力持」（ただただ自力に頼るのみで他力に頼ることを考えない）と述べられた事柄は、当時の仏教界内部にあって行われていた実践的態度を示すものとされるが[123]、それは取りも直さずかれ自身の内にある自力的な実践的態

度でもある。自らの内にそういう自力的な実践的態度を見出さざるを得ない思いが、かれをしてその時期を「五濁の世」「無仏の時」と言わしめたのである。

曇鸞は自力・他力の概念を、菩提流支によって新たに漢訳され、常に注目を惜しまなかった『十地経論』の「有二種弁才。一者他力弁才。二者自力弁才。他力弁才者。承神仏力故」という一文から学んでいる(124)。その一方でかれは、自己の往生行の思想を形成する過程において、龍樹の『毘婆沙論』易行品に説かれる「信方便易行」に強い影響を受けた。そういう点から曇鸞の他力は易行品に説かれる信方便と同義だと言われる(125)。かれは濁世の時代意識を強く感ずるがゆえに、不退転の教法は時期と相応しないものと考え、それゆえ此土においては不退転を体得することは困難であり、彼岸なる阿弥陀仏の浄土において不退転を実現することを願った、とする旨を藤堂博士は述べておられる(126)。われわれには曇鸞は不退転を此土のことと考えたと思われるが、そのことについては、後に改めて考察することとしたい。

そのような時代情況に対する危機感の中で、龍樹の教えにしたがってかれが選び取ったのが易行道である。その易行道をかれは次のように説明する。

易行道とは、謂わく但信仏の因縁を以て浄土に生ぜんと願ずれば、仏の願力に乗じて便ち彼の清浄の土に往生を得。仏力住持して即ち大乗正定の聚に入る。正定は即ち是れ阿毗跋致なり。譬えば水路に船に乗ずれば則ち楽しきが如し。此の無量寿経優波提舎は蓋し上衍の極致、不退の風航なる者なり(127)。

ここには易行道とは、仏を信ずることによって、仏の願力に乗じて往生を得て、正定聚不退の位に入る道であることが述べられている。そしてその易行道を説くものが無量寿経優波提舎、つまり世親の『浄土論』であるというのが曇鸞の『浄土論』に対する理解である。上来、世親の往生行に対する自力的な厳しい姿勢を見てきたわれわれには、まったく奇妙なことに思われるが、「五濁の世」「無仏の時」に生を受けた者としての絶望的な危機感を内に抱く曇鸞にとっては、唯一それを救い得るものとして龍樹によって提示された易行道のみが、往生行の軌範を示すものと受け止められたのであろう。

八　不退転と正定聚の階位

入正定聚・不退転の位を修行のどの段階に位置づけるかについては、経論において種々に異なることが、五十嵐明宝教授によって明らかにされている[128]。教授は、原始経典、部派の論書、大乗経典、大乗論書に見られる正定聚・不退転の用法をその例を上げて説明し、さらにそれらが中国仏教および日本仏教において如何に依用され展開したかを詳細に考察しておられる。以下、五十嵐教授の研究を手がかりとして、往生行を視野の中心に置きつつ、「生まれ変わり」との関連を念頭にして、不退転と正定聚の概念の用法を考察しよう。

1　原始経典に見える正定聚と不退転

正定聚と不退転とは、原始経典では、例えば『長部経典』（大般涅槃経）においては次のように説かれる。

アーナンダよ。その法の鏡という名の法門とはなんであるか？――それを具現したならば、立派な弟子は、もしも望むならば、みずから自分の運命をはっきりと見究めることができるであろう、――『わたくしには地獄は消滅した。畜生のありさまも消滅した。餓鬼の境涯も消滅した。悪いところ・苦しいところに堕することもない。わたしは聖者の流れに踏み入った者である。わたしはもはや堕することのない者である。わたしは必ずさとりを究める者である』と。[129]

聖者の流れに踏み入った者（sotāpanna）とは預流のことであり、堕することのない者（avinipāta-dhamma）とは不退転の者のことであり、さとりを究める者（niyato sambodhi-parāyano）とは正覚に至ることが決定している者であり、正定聚を意味する。この文章は、釈尊がナーディカ村を訪れた折りに、その村で亡くなった人々の行き着く先がどこであるかを尋ねられたのに対するお答えの中に出てくる。釈尊は、村人がそれぞれ死後に去って行った先を教え、その後に村人が釈尊に頼らずに自分自身で生まれ変わっていく先を見究めるための方法として、右記のように「法鏡法門」を教えたのである。

このナーディカ村での説法において、釈尊は、①五下分結を断じた者は、涅槃に入り、そこからこの世に還ってこない者（不還）となること、②三結を断じた者は、欲情と怒りと迷いが漸次に薄弱になればこの世に一度だけ還る者（一来）となりと、③〔そうでなければ〕預流になることを説いている。その第三の者の例として釈尊は、在家信者スジャータの場合を挙げて、スジャータは、三結を滅していることによって、来世には、預流となり、不退転となり、正定聚となって生まれ変わるであろう、と述べる。

五下分結とは、ブッダゴーサ（五世紀前半の南方仏教の注釈家）によれば、生存者を欲界の生存に転生させる結使であり、欲貪、瞋恚、有身見（我ありとする執着）、戒禁取見（間違った戒を解脱の因とする考え）、疑（正しい道理を疑うこと）の五つの煩悩である。三結とは、有身見と、戒禁取見と、疑という三種の煩悩のことである。これらの煩悩からの解脱を、来世に聖者として生まれ変わる場合の階位である不還・一来・預流と結びつけ、さらに不退転（悪趣に堕さないこと）・正定聚（正覚することに決定していること）と結びつけて説く教説は、『長部経典』ではこの第十六経である大般涅槃経のみならず、第十八経の闍尼沙経（Janavasabha-suttanta）中にも、殆ど同様の形で数箇所において見られるから、[130]定型化した教説であったと考えられる。

このように原始経典において、不退転・正定聚の概念は、「三結を断じて、預流となる」という言葉と共に、生まれ変わり（輪廻転生）によって得られるものとして説かれている。

2　部派の論書に見える正定聚と不退転

部派の論書においては、不退転と正定聚とを結合して論ずることは見られない。不退転の語が生まれ変わりとの関連において用いられるのは、『尊婆須蜜論』巻八に一箇所、三昧から退転せず戒を保ったままで命終した者は死後もそれを具えていることが説かれるのが見られる程度である。説一切有部の最初期の論書『発智論』では、不退転は聖者となる直前の段階の「世第一法位」において達せられるとされる。有部は、凡夫位の修行段階として、三賢と呼ばれる順解脱分（五停心観・別相念住・総相念住）と四善根と呼ばれる順決択分（煖・頂・忍・世第一法）との七加行を立て、以後、初地に入った聖者の修行段階として、預流・一来・不還・阿羅漢の聖者の行ずる見道と修道とを立てる。[131]世第一法と呼ばれる悟りが不退転である理由を『発智論』は、

> 世第一法は、諦に随順し、諦に趣向し、諦に臨入する。此と彼との中間に不相似心を起こして、聖諦現観に入るを得ざらしむことを得容《うべ》きこと無し。譬えば、壮士の河を度《わた》り、谷を度り、崖を度るに、中間に能く彼の身を廻転して、還りて本拠に至り、或は余処に往くこと無きが如し。[132]

と述べる。つまり世第一法は、行者に必ず四聖諦を現観させるものであるがゆえに、不退転と呼ばれるのである。また『発智論』は世第一法と呼ばれる理由を次のように述べる。

〔世第一法という〕是の如きの心・心所法、等無間と為り、異生性を捨てて聖性を得、邪性を捨てて正性を得、能く正性離生に入る。故に世第一法と名づくるなり。(133)

ある心・心所法が世第一法と呼ばれる理由が、等無間（直後）に、異生性を捨てて聖性を得、邪性を捨てて正性を得て、正性離生に入るからである、と述べられている。その心・心所法は、その直後に異生性すなわち凡夫性が捨てられ、聖者の数に入る（預流）こととなるから、凡夫たる世間的段階の最高位に達しているので、世第一法と呼ばれるのである。それはまた、先に述べたように不退転とも呼ばれる。それゆえここには、世第一法と呼ばれ不退転と呼ばれる、凡夫としての最後の段階の直後に、聖者としての正性離生の段階（見道）に入ることが述べられている。それでは正性離生とは何か。

『倶舎論』賢聖品第二五偈c・d―二六偈aには、世第一法の次に、無漏の苦法智忍が生じ、それが「決定への趣入」（niyāmāvakrānti）と呼ばれることが説かれる。(134) そして、それが「決定への趣入」と呼ばれる理由が、それが「正性決定（samyaktvaniyāma）に入るものだからである」と説明される。玄奘はそれを「即此名入正性離生。亦名入正性決定」(135)と訳し、真諦は「説此名入正定聚」(136)と訳している。このことによって正性離生と正性決定と正定聚とが同義語であること、そしてその原語が samyaktvaniyāma であることが知られる。(137)

右記の説明に続いて、世親はその正性決定という語を語義解釈して次のように述べる。

経には「正性は涅槃である」と説かれている。そ〔の涅槃〕に向けて定まっていること（niyama）が「〔正性〕決定」（niyāma）であって、〔すなわち、涅槃を得ることが〕必然的な状態である。そ〔の正性決定〕に至るのが「〔正性決定に〕入ること」である。そしてこ〔の苦発智忍〕が起こるとき〔行者は〕聖者と呼ばれる。(138)

ここには、正性決定が涅槃に向けて定まっていることを意味し、そしてそれは苦発智忍が起こることによって生ずるものであること、およびそのときには聖者の段階に達していることが述べられている。

以上に見てきたことから、阿毘達磨論書においては、不退転も正性決定（正定聚）も生まれ変わりとは直接関連させずに説かれていること、不退転は凡夫の最高の修行段階で得られる世第一法に相当し、正性決定（正定聚）はその直後に聖者の見道位で得られる苦発智忍によってもたらされるものであることが分かる。

3　大乗経典に見える正定聚と不退転

次に大乗経典におけるそれらの用法を見ていきたい。般若経典において不退転は、『道行般若経』や『小品般若経』などの小品系般若経と、『放光般若経』や『大品般若経』等の大品系般若経のどちらの系統においても、菩薩の行位の名として採用されることからして重要視されていることが窺える。般若経には四種行と十種行という二種の菩薩行が説かれるが、そのうち四種の菩薩行においては、その第三位が阿惟越致と呼ばれ、不退転（阿惟越致）が修行段階の一つに取り上げられて、極めて重要な役割を担っていることが五十嵐教授によって指摘されている。[139]
『大般若経』第八十巻（初会、天帝品）には入正性離生と不退転地とが次のように説かれている。
憍尸迦よ、菩薩摩訶薩は般若波羅蜜を行ずるとき、われ加行を修すること既に円満し已って当に菩薩の正性離生に入るべしとて応に住すべからず。われ已に正性離生に入ることを得たり、当に菩薩の不退転地に住すべしとて応に住すべからず。[140]
五十嵐教授は、『大般若経』では、不退転の境地を述べるのに「正性離生」で示したものと解し、正性離生と不退転とを同一の事象を指すものと理解し、[141]右に引用した経文のみならず、「正性離生」が「不退転」であることを示す文は『大般若経』には多いと述べて、その別の例として初会（相応品）の次のような経文を上げておられる。[142]

諸菩薩摩訶薩、般若波羅蜜多を修行する時、正性離生に入らんが為の故に、般若波羅蜜多を修行せず。不退転地を得んが為の故に、般若波羅蜜多を修行せず(143)。

しかしこの経文にしても、先に引用した経文にしても、不退転の境地を述べるのに「正性離生」で示したと解するほどに、経が両者を同一の事象と見なしているものとは確定し難い。先の引文中の「我已得入正性離生　当住菩薩不退転地」という語の「已に～得たり」「当に～住すべし」という表現からはむしろ、先に正性離生が得られて、その後に不退転地に住することが述べられているように見える。また、同経の初会（相応品）に、

復た次に舎利弗よ、菩薩摩訶薩有り。先に已に布施浄戒安忍精進静慮般若波羅蜜多を修習す。初發心に已に便ち菩薩の正性離生に入り、乃至、不退轉地を證得す(144)。

と説かれることからしても、そう考えるのが妥当だと思われる。両者の証得される順序をそう解すること（正性離生→不退転）は、先に見た原始経典や有部の阿毘達磨の見解（不退転→正性離生）とは相反することになる。しかし、それは不退転の証得が正性離生よりも重視されるに至ったことを示すものであり、般若経においては不退転（阿惟越致）が修行段階の一つにまで取り上げられ、極めて重要な役割を担っているとする五十嵐教授の指摘と符合する。

教授はまた、般若経に「誓願」を基に修行をしても不退転が得られることを明かす記述がある旨を述べる興味深い指摘をしておられる。そこには般若経の説く「誓願による不退転」の教説がなされている。その経には、善男子善女人が仏の前で、無数の有情に菩提心を発させ、菩薩行を行ぜしめ、不退転を受記するに至らしめんと誓願するとき、その誓願を受けて仏の述べる語が次のように記されている。

舎利子よ、我れ彼の願に於て深く随喜を生ず。何を以ての故に。舎利子よ、我れ是の如き菩薩乗に住する諸善男子善女人等の発すところの弘願を観ずるに心語相応すればなり。彼の善男子善女人等は、当来世に於て、定

めて能く無量百千倶胝那庾多の諸の有情類を安立し、無上正等覚心を発こさしめ、諸の菩薩摩訶薩行を修して示現勧導讃励慶喜せしめ、無上正等菩提に於て乃至不退転の記を受くることを得せしむべし。(145)

ここには不退転の受記が発願の為された世ではなく来世（当来世）において為されることが述べられている。不退転は先に見たように、原始経典では来世において、部派の論書では現世において得られるとされていた。右に引用した『大般若経』の文においては、不退転は来世において得られると説かれるが、般若経では概して現世で獲得されるものとして説かれる。小品系般若経では不退転は現世で得られるものとされているように見える。例えば『八千頌般若経』妙行品に見られる、スブーティ（須菩提）が、心というものが心でなく、心の本性はすべての汚れを離れているという「無心性」を証得しているがゆえに「不退転者」と呼ばれると述べる記述(146)や、甚深なる般若波羅蜜多の教えが説かれる時に恐怖せず強く信ずる者は、菩薩の不退転地に住するであろうと説く記述(147)や、あるいは不退相品における無生法忍をもった菩薩が不退転であるとされる記述(148)には、何ら不退転が世を跨いで獲得されるものと思わせる表現はない。平川彰博士は、『小品般若』と『大品般若』とに説かれる不退転の相は、「十善道の実践と、正法にたいして確固たる信念を持つことと、法の不生不滅を悟る無生法忍を得ることが主となっている」もので「決して高遠なものではない」が、「時代がたつにしたがって、次第に高い地位に押し上げられ、十地説では第七地におかれ(149)、この世で到達することは思いも及ばないものにされてしまったのである」と述べておられる。(150)十地説ではそうであるとしても、浄土経典で不退転が浄土で得られるとされるのは、不退転が「時代がたつにしたがって、次第に高い地位に押し上げられ」た結果を示すものとは考えられない。浄土経典においては初期の段階から不退転は浄土において得られるものとされているからである。浄土経典と般若経典とにおける不退転の置かれる位置の違いは、不退転の時代による重要性の変化を示すものではなく、不退転を往生を必須事項とする思想（浄土経典）と、そうはしない思想〈般若経典〉との違いを示すものと考えるべきである。それは浄土経典における「不退転」の考察から明らかになる。

浄土経典では三輩往生を考察した折りに見たように、仏国土に往生して不退転に住することが説かれる。まず、正定聚は〈無量寿経〉第十一願に現れる。漢訳とサンスクリット本とを対照させて示せば次の如くである。[151]

【魏訳】

設我得仏、国中人天、不住定聚、必至滅度者、不取正覚。（たとえわれ仏を得んに、国中の人・天、定聚に住し、必ず滅度に至らずば、正覚を取らじ）

【大阿弥陀経】対応する経文なし。

【平等覚経】

我作仏時、我国中人民、住止尽般泥洹。不爾者、我不作仏。（われ作仏せん時、わが国中の人民、尽く般泥洹に住止せん。爾らずばわれ作仏せず）

【如来会】

若我成仏、国中有情、若不決定成等正覚、証大涅槃者、不取菩提。（もしわれ成仏せんに、国中の有情、もし決定して等正覚を成じ大涅槃を証せずば、菩提を取らじ）

【サンスクリット本】

sacen me bhagavaṃs tasmin buddhakṣetre ye sattvāḥ pratyājāyeraṃs te sarve na niyatāḥ syur yad idaṃ samyaktve yāvan mahāparinirvāṇād mā tāvad ahaṃ anuttarāṃ samyaksaṃbodhim abhisaṃbudhyeyam.[152]（もしも、世尊よ、かのわたくしの仏国土に生まれるであろう生ける者たちが、すべて、大般涅槃に至るまで、正しい位〈正

性〉において決定した者とならないようであるならば、その間は、わたくしは無上なる正等覚をさとりません。藤田訳(153)

これら第十一願の文はいずれも、われわれには、浄土に往生した者が正定聚となることを示しているように見える。しかし親鸞の「現生正定聚」という理解が第十一願と、その成就文（後に考察する）に対する解釈からもたらされたものであることはよく知られている。それは親鸞が『教行信証』証巻に、涅槃が必至滅度の願・証大涅槃の願（第十一願）によることを述べて、

　煩悩成就の凡夫、生死罪濁の群萌、往相回向の心行を獲れば、即の時に大乗正定聚の数に入るなり。(154)

と記し、その後に第十一の願文と成就文を引用していることから、そう理解される。藤田博士は第十一願文が親鸞の「現生正定聚」の領解を支持する文章であると言われる。つまり、第十一願の文に「かのわたくしの仏国に生まれるであろう（pratyājāyeran）衆生たちが、すべて大般涅槃に至るまで、正しい位に決定した者（niyatāḥ …… samyaktve）とならないようであるならば」と述べられていることを根拠にして、「正しい位に決定した者（正定聚）を浄土に生まれる以前の現生のこととして述べているように読めるから、親鸞の〈現生正定聚の〉領解を支持すると言ってよい(155)」と言われる。しかし、われわれにはそのようには理解できない。博士がそう理解する根拠にされた「仏国に生まれるであろう衆生が、正しい位に決定した者とならないようであるならば」という文章は、「仏国に生まれるであろう（pratyājāyeran）」も「正しい位に決定した者とならないようであるなら（na …… syuḥ）」も、共に未来形の動詞が用いられていることからして、「仏国に往生すること」と「正定聚となること」とは、共に未来の事象として説かれていると理解するのが自然である。それゆえ、第十一願には、仏国に往生した者が正定聚となることが述べられている、と理解すべきである。藤田博士も、同じ著書の別の箇所では、この願が、「浄土への往生

者が正しくさとりを得るに定まったともがら〔正定聚〕となることを示している」[156]「第十一願では、国中の人・天、正定聚に住し、必ず滅度に至らずばとあり、その成就文でも彼の国に生まるる者は〔生彼国者〕、みなことごとく正定の聚に住す、と説かれているから、命終後の彼土で得られる正定聚であることは明らかである」と述べて、正定聚が浄土往生した者に得られるとする理解を示しておられる。『平等覚経』も『如来会』も、右に見たように、正定聚をすでに極楽国に往生した有情のこととしている。藤田博士は「親鸞はそのような第十一願についての伝統的理解は十分承知していたと思われる」と言われる。おそらく藤田博士の右記のサンスクリット文の解釈は、伝統的理解を承知した上で「現生正定聚」の思想を打ち立てようとする親鸞の、経文解釈の趣旨を汲み取ろうとされたものであろう。

それでは、その成就文はどう説かれているであろうか。『大阿弥陀経』と『平等覚経』には、それに対応する成就文はない[157]。

【魏訳】

仏告阿難。其有衆生、生彼国者、皆悉住於正定之聚。所以者何。彼仏国中、無諸邪聚、及不定之聚。〔仏、阿難に告たまわく。それ、衆生有りて、彼の国に生ずれば、みな悉く正定の聚に住す。所以は何か。彼の仏国中には、邪〔定〕の聚と不定の聚の無きが〔故なり〕〕

【如来会】

阿難、彼国衆生、若当生者、皆悉究竟無上菩提、到涅槃処。何以故。若邪定聚及不定聚、不能了知建立彼因故。〔阿難よ、彼の国の衆生、若しくはまさに生まれんとする者は、みな悉く無上菩提を究竟し、涅槃処に到る。何を以ての故に。若し邪定聚、及び不定聚ならば、彼〔の国〕を建立せる因を了知し能わざるが故に〕

【サンスクリット本】

tasmin khalu punar ānanda buddhakṣetre ye sattvā upapannā upapadyanta upapatsyante sarve te niyatāḥ samyaktve yāvan nirvāṇāt. tat kasya hetoḥ. nāsti tatra dvayo rāśyor vyavasthānaṃ prajñaptir vā yad idam aniyatasya vā mithyātvaniyatasya vā.[158]（また、実に、アーナンダよ、かの仏国土に、すでに生まれ、現に生まれ、〔未来に〕生まれるであろう生ける者たちは、すべて、涅槃にいたるまで、正しい位〈正性〉において決定した者である。それはなぜであるか。かしこには、まだ決定していない者、または、よこしまな位〈邪性〉に決定した者、という二つの群〈聚〉を定めることや、設けることがないからである。藤田訳[159]）

サンスクリット本の「正しい位（正性）において決定した者（niyatāḥ samyaktve, 正性決定）」が正定聚に相当することは、われわれは先に『倶舎論』賢聖品第二五偈c・d—二六偈aに対する注釈中のsamyaktvaniyāma の語が、玄奘によっては「正性決定」と訳され、真諦によっては「正定聚」と訳されていることによって確認した。

この第十一願の成就文は「入正定聚」を往生以後のこととして説いているのか、それとも往生以前のこととして説いているのか。成就文の表現の仕方にやや不明確さがあり、文章の解釈の仕方によっては、親鸞の「現生正定聚」という解釈を支持することになる。親鸞は『浄土三経往生文類』に「大経往生」を説明して、

大経往生といふは、如来選択の本願、不可思議の願海、これを他力とまふす。これすなわち念仏往生の願因によりて、必至滅度の願果をうるなり。現生に正定聚の位に住して、かならず真実報土にいたる。これは阿弥陀如来の往相回向の真因なるがゆえに、無上涅槃のさとりをひらく。これを大経の宗とす、このゆえに大経往生とまふす。また難思議往生とまふすなり。[160]

と述べる。親鸞はこの文の後に、広本では、真実の証果を説く『無量寿経』と『如来会』との第十一願を引き、そ

れに続いて、それらの経の第十八願と第十一願との成就文を引文する。[161]それではこれらの願成就文に「現生正定聚」は説かれているであろうか。

先ず第十一願の成就文から見ていきたい。藤田博士は、第十一願の成就文に「かの仏国土に、すでに生まれ、現に生まれ、〔未来に〕生まれるであろう者たちは」とあるから、「正定聚を彼土と見るか現生と見るか、どちらも可能である」[162]と言われる。つまり、「仏国土に〔未来に〕生まれるであろう者たちは、すべて、〔現生において〕、涅槃にいたるまで、正しい位（正性）において決定した者である」と読むことも可能であり、他方、「仏国土に〔未来に〕生まれるであろう者たちは、すべて、〔仏国土において〕、涅槃にいたるまで、正しい位（正性）において決定した者である」と読むことも可能であると言われるのである。

しかしこの成就文は、われわれが読む限り、住正定聚は仏国土の功徳として説かれているので、「仏国土に過去・現在・未来に生まれる者はすべて、〔それぞれ〕過去・現在・未来〔のすべての世〕において正定聚の者となる」という意味を述べるものであり、それが自然な読み方である。しかし、前者のように読むことがまったく不可能だとは言えない。それゆえ藤田博士は「親鸞の現生正定聚は〈無量寿経〉の原典に関する現代の文献学的立場から見ても、抵触しない」[163]と言われる。藤田博士が苦心して見出されたであろうこの解釈も、先の第十一の願文の場合と同様、親鸞がこの願を「現生正定聚」の証文としようとした意図を汲み取らんがための試みと考えられる。それは以下のような、親鸞自身のこの成就文に対する独特な読み方を考慮しての試みであると思われる。

親鸞は、広本に第十一願の成就文をあげるとき、その「生彼国者」を「かのくににむまれむもの」と訓読を付している。[164]これはサンスクリット本第十一願成就文の藤田訳「仏国土に〔未来に〕生まれるであろう者たちは」の訳と同様に、往生を未来のこととし、「未来に往生する者が、現生で正定聚となる」という意味の文章として読むための訓読である。藤田博士は、親鸞がこのように訓読しようとするに際して、その傍証となったものが、略本と広本とに共に引用される『如来会』の第十一願の成就文において、その相当句が「若当生者」となっていることを指摘しておられる。(165)親鸞がそれを「もしたうにむまれむもの」と訓読しているからである。また、幡谷博士は、親鸞が『一念多念文意』に魏訳の第十一願とその成就文を引用して、「かのくににうまれんとするもの」とする訓読をしていることに関して、次のように述べておられる。

〔親鸞は〕「それ衆生あって、かのくににうまれんとするものは、みなことごとく正定の聚に住す」と領会すべきであることを註記しているが、そこで、正定聚に「往生すべき身とさだまるなり」（定親全三、一二八頁）と左訓し、現生正定聚の意味を明らかにしている。(166)

ここにわれわれは、親鸞が正定聚を現生における事と了解しようとした意図を汲み取る手がかりを得ることができる。つまり「往生すべき身とさだまる」ことは現生において生ずることでなければならないとする、幡谷博士の言われる「親鸞の宗教的体験」に基づいて(167)「現生正定聚」という独自の経典解釈は生まれたものと考えられる。「現生正定聚」とする経典解釈はさらに「現生不退転」とする解釈をもたらすことになる。(168)それは既に見てきたように、第十八願の成就文や、それに相当する『如来会』や『荘厳経』、および『阿弥陀経』の極楽の正報を説く段に説かれる「彼土不退転」とは異なるものである。藤田博士はこれらの経典に説かれる「不退転」と親鸞の解釈とを詳細に検討して次のように述べておられる。

親鸞は、おそらくこのような『阿弥陀経』の用法も承知の上で、『無量寿経』の「住不退転」については、これを現生に位置づけて現生正定聚と同義と見なしたわけで、これはまさしく独自な解釈と言わねばならない。(169)

それでは、われわれに不自然と思われる経典解釈をしてまで、なぜ親鸞は「現生正定聚」という思想を堅持しようとしたのであろうか。幡谷博士によって、親鸞が『教行信証』『愚禿鈔』『尊号真像銘文』等において「現生正定聚」を証明するにあたって、龍樹の『毘婆沙論』と曇鸞の『論註』とを重視したことが明らかにされている。[170]そのことを示すものとして幡谷博士の上げられた引文の一つ『教行信証』行巻の他力釈には次のように述べられている。

爾れば、真実の行信を獲れば、心に歓喜多きが故に、是を歓喜地と名く。是を初果に喩ることは、初果の聖者は、尚お睡眠し懶堕なれども、二十九有に至らず。[171]いかにいわんや、十方群生海、斯の行信に帰命すれば、摂取して捨てたまわず。故に阿弥陀仏と名づけたてまつる。是を他力と曰う。是を以て龍樹大士は即時入必定と曰えり。曇鸞大師は入正定之数と云えり。仰いで斯を憑む可し。専ら斯を行ず可き也。[172]

それゆえわれわれは、次にこれら二論書の中に、親鸞の「現生正定聚」「現生不退転」の淵源となった教説を求め、その教説の由来を考察することとしよう。

4　『十住毘婆沙論』に見える正定聚と不退転

『論註』は先に述べたように、論の冒頭に「仏力住持して即ち大乗正定の聚に入る。正定はこれ阿毘跋致なり」と述べて、正定聚に入ることと不退転を得ることとを完全に一つに結びつけている。また『毘婆沙論』においては、不退転が修道論上重要な役割を担って頻出する。それゆえここでは、不退転に焦点を絞って考察を進めたい。

a　信方便易行の信

『毘婆沙論』に説かれる菩薩の修道論を文献学の方法論を用いて詳細に考察した書に、長谷岡一也氏の『龍樹の浄土教思想――十住毘婆沙論に対する一試攷――』（法藏館、一九五七年）がある。以下、本書を参考に考察を進めたい。長谷岡氏は『毘婆沙論』入初地品の所説によって、初地が不退転地と呼ばれて、菩薩行を実践する十地の中でも特に重視される理由を、『毘婆沙論』で重要な概念とされる般舟三昧と無生法忍とが体認される境地であることによるものとされる。[173]したがって易行品第九は、信を方便とする易行によって、般舟三昧と無生法忍とが如何にして獲得されるかを述べることが、その主題となる。

龍樹は『毘婆沙論』において不退転を初地で得られるとし、世親は『十地経論』においてその獲得を第八地に当てている。五十嵐教授はその違いの生じた根拠を、二人が注釈した経典（十地経）に対する両者の解釈の違いに求めておられる。教授は、『十地経』の鳩摩羅什訳『十住経』に、初地を示す箇所において例えば、「又乗不退輪、行一切菩薩行。……尽未来世尽一切劫、行不退道[174]」等の「初地を不退転の地としてとらえるに不都合はなかったと思われる」文証があり、また、菩提流支訳『十地経』の第八不動地の名称を説明する箇所には、「此菩薩智地名為不動地、不可壊故。名為不退地、智慧不退故[175]」等の不退転が八地所得と思われる文証も存在することを指摘しておられる。[176]この指摘は龍樹が不退転を初地に当てた根拠を示すものとして重要である。また、教授は両者の『十地経』の解釈を考察して、世親の『十地経論』が丁寧・堅実であるのに対して、龍樹の『毘婆沙論』が独創的・飛躍的であることをその特徴として挙げることができる旨を述べておられる。[177]『毘婆沙論』を独創的・飛躍的であるとする指摘は、毘婆沙論を参考にして浄土論を解釈した『論註』を読むに際しては特に注意すべきである。

易行品には、信を方便とする易行によって不退転に至ること（以信方便易行疾至阿惟越致）が述べられ、疾く不退転地に至りたいと願うなら、恭敬心を以て執持し、名号を称すべきこと（若人疾欲至不退転地者、応以恭敬執持名号）が語られ、その後に次のように説かれる。

若し菩薩、此身に於て阿惟越致地に至り、阿耨多羅三藐三菩提を成就するを得んと欲さば、応にこの十方諸仏を念じ其の名号を称すべし。[178]

ここには「此身に於いて阿惟越致地に至り」と説かれている。「此身」が直ちに「現生」を意味し、したがってこの語を「現生不退転」を述べるものと解するのは、早計に過ぎるかもしれない。しかしこの語が「是の如き諸もろの世尊、いま現に十方にまします。若し人、疾く不退転に至らんと欲せば、応に恭敬心を以て、執持して名号を称すべし」という偈に続いて述べられていることを考慮すべきである。すなわちこの語は、いま現に十方に在します諸仏の名を称することによって、此の身において、つまり「現生」において、不退転地に至ることを述べたものと理解される。さらに「此身」という語の『毘婆沙論』における用例を見てみると、この語は除業品に、本頌の「今身若しくは先身の、是の罪を尽く懺悔せん」という語を注釈して、「願わくば是の罪を此身に現に受け、若しくは後身に受けて地獄・餓鬼・畜生の中に受くること莫らしめん」と述べる箇所にも現れる。そこでは「此身」は後身に対するものとして用いられ、罪を「現に受ける」ものとして用いられていることから、現生における身であることは明らかである。それゆえ「此身に於て阿惟越致地に至り」の語は「現生不退」を述べるものと言える。この語が親鸞の「現生不退」の思想の淵源になったものと考えられる。

易行品正説段に聞名と称名とによって不退転地に至ると説かれる箇所がすべて、長谷岡氏によって調査され報告されている。その中で聞名の場合は「若し名を聞かば、即ち不退転を得る」と聞名のみで不退転が得られると説かれているのに対して、称名の場合は、一つの場合を除いて他はすべて、その前後に一心・恭敬心等の語が付け加えられている。長谷岡氏は、聞名と称名との間には、称名の根底には必ず聞名ということがあるべきであり、一心・恭敬心は必ず聞名を依因とすべきものである、という関係が存在することを推測しておられる。つまり聞名→一心・恭敬心→称名という生起の順序を想定しておられる。そして「仏の名を聞くことによってわれわれの心が清浄にせられ（一心・恭敬心）、それが憶念・称名・敬礼としてわれわれの身口意の三業の上に発現するところに、易行道の本義は究竟する」[179]と言われる。この長谷岡氏の立てられた順序にはいささか首肯しかねる点が存する。その点を以下に考察してみたい。

易行品に、不退転地に至りたいと願うなら、恭敬心を以て「十方諸仏を念じ其の名号を称すべし」と述べた後に、その十方諸仏の名を示すために『宝月童子所問経』が引用される。そこには第一の仏の名号として東方の無憂仏の名が挙げられ、その終わりに「善男子善女人が、是の仏の名を聞きて能く信受すれば、阿耨多羅三藐三菩提を退かず」と説かれる。それは、現在われわれの手にし得る大正蔵経所収の『大乗宝月童子問法経』では、「如来の名号を、若し人、聞き終わりて、恭敬・受持・書写・読誦し、広く人の為に説かば、所有の五逆等の一切罪業悉く皆な消除せん。亦、地獄・傍生・焰魔羅界に堕さず。無上正等正覚に速やかに不退を得る」と説かれる。したがってここには、名号を聞くことと、それを信受すること、あるいは恭敬・受持・書写・読誦して広く人のために説くことが説かれており、称名に関しては何も説かれていない。他の九仏に関しても同様である。

それでは易行品に「執持し名号を称す（執持称名号）」と説かれる「称名号」とはどういう意味なのであろうか。長谷岡氏は、称名は聞名によって心が清らかにされることを必要とするものであり、心が清浄にされることこそ易行品が菩薩行の本義として述べようとするものである、と言われる。[180]しかしその清浄は、初地において得られるべきものである。地相品第三には次のように説かれている。

清浄とは、諸の煩悩の垢濁を離れるなり。ある人の言わく、信解を名づけて清浄となすと。ある人の言わく、堅固の信を名づけて清浄となすと。[181]

長谷岡氏は、ここに説かれる「清浄」の原語を prasāda と想定し、この文を、「清浄」が煩悩の濁を離れた心、つまり信心清浄（citta-prasāda）を意味し、信解（adhimukti）や堅固信（adhyāśaya）と同義であることを述べるものである、と言われる。そして「それらは何れも能所の分別を離れた心の空・無我を意味する語である[182]」とも言われる。長谷岡氏のこの説明は、菩薩行が難行であることの理由と、それが初地において信心清浄を得ることによって易行に転ぜられる所以とを述べるものである。つまり、菩薩行の本義は心を清浄にすることにあり、心を清浄にするとは所取・能取の二執を離れて空・無我を証得することである。しかしその証得は容易ではない。それゆえ菩薩行は難行とされる。けれども初地に至れば、無生法忍が得られて、所取・能取の二執を離れて空・無我を証得する信心清浄が得られ、それを方便とする念仏・称名の行によって行は実践されるので、難行が易行に転ぜられるのである、と言われる。

このような長谷岡氏の見解には納得しかねる点がある。というのは、易行品は「信方便の易行を以て疾く阿惟越致に至る」と述べており、信を方便とする易行は初地に至るための方便であり、氏の言われる「信心清浄」は初地において得られるものである。初地になって得られるべき信が、初地に至る方便となると言うのは理に適わない。したがって、信とは何か、その信を方便とすればどうして初地に至るのか、という問題はまだ解答が得られていない。それは初地に至る菩薩の行を検討しつつ考察していくこととしたい。ここではその前に、易行道を歩もうとする菩薩を龍樹がどのように考えていたかを見ておきたい。

龍樹は、菩薩には初発心時に即時に不退転に入る者もあり、漸々に精進して後に阿惟越致に至る菩薩もあることを次のように述べる。

或は初発心時に即ち必定に入るあり、或は漸〔次〕に功徳を修する（漸修功徳）あり。釈迦牟尼仏の如きは初発心時に必定に入らず、後、功徳を修集して燃燈仏に値い必定に入ることを得たり。この故に、汝、一切の菩薩は初発心時に即ち必定に入ると説くは、これ邪論となす[183]。

長谷岡氏は、易行品がこの品の主人公として説こうとする菩薩、つまり易行道によって不退転に至るとされる菩薩とは、漸々に精進して後に不退転に至る菩薩であることを次のように論証しておられる。すなわち、易行品がその冒頭で前品の所説を受けて「問うて曰く。是の阿惟越致の菩薩の初事（先ず第一に為すべき事柄）、先に説くが如し云々」と述べていることから、易行品の説こうとしている不退転に至る菩薩の初事が、前品に説かれる惟越致の菩薩（退転する可能性のある菩薩）の五法であることが知られる。その惟越致の菩薩とは、そこでは「漸漸に精進して後に阿惟越致を得る[184]」とされていた菩薩である、と。

氏のこの推論は妥当であると考えられる。漸々に精進して後に阿惟越致を得るに至る惟越致の菩薩の初事、すなわち先ず第一に為すべき事柄とされる五法は、阿惟越致相品第八に次のように説かれる。

菩薩、我を得ず、亦た衆生を得ず、
分別して説法せず、亦た菩提を得ず、
相を以て仏を見ず。此の五功徳を以て
大菩薩の阿惟越致を成ずと名づくるを得[185]。

これら五法はあらゆる物事への捉われや分別を離れることを内容としている。それはいわば「一切は空である」と悟ることであり、それゆえ難行とされ、久しく行じて後に得られるべきものであり、菩薩はそれに耐えられずに、菩薩地に留まることを放棄して声聞・辟支仏地に堕する恐怖をまねく。そのことを恐れる儜弱怯劣《にょうにゃくこれつ》な行者に対して「信を方便とする易行によって疾く阿惟越致に至る（以信方便易行疾至阿惟越致）」道は説かれるのである。

念仏品第二十には、菩薩が初地において、般舟三昧によって十方現在の諸仏を智見することが説かれる。そしてその般舟三昧は念仏によって得られるとされ、そのために、三十二相八十種好による色身観の修習すべきことが説かれ、次いで、四十不共法品第二十一から助念仏三昧品第二十五にかけて、四十不共法による法身観の修習すべきことが説かれ、最後に色身・法身に対する執着を離れて実相を念ずべきことが説かれる。助念仏三昧品にこれらの念仏の修習法が要約されて次のように説かれる。

新発意の菩薩は応に三十二相八十種好を以て仏を念ずべし。先に説くが如く、転た深入して中勢力を得、応に法身を以て仏を念じ、心転た深入して上勢力を得、応に実相を以て仏を念じて貪著せざれ。

色身に染著せず、法身にも亦た著せざれ。

善く一切法を知らば、永寂虚空の如し。

是の菩薩、上勢力を得ば、色身法身を以て深く仏に貪著せず。何を以ての故に。空法を信楽する故に、諸法は虚空の如くなることを知る(186)。

念仏、つまり仏を観ずることを修習することによって、行者は次第に自己と対象とへの固執を離れ、仏さえも空であることを確信し、諸法が空であることを知ることになる、と説かれる。したがってここに説示される念仏は仏身観のことである。色身・法身を念ずる仏身観から始めて、色身・法身に対する執着を離れて実相（空・無我）を念ずる仏身観が説かれているのである。それゆえ長谷岡氏は、龍樹の念仏を、色身→法身→実相という次第階梯を経て発起せられていくものと捉え、「実相の念仏に於て空を信楽し、諸法は虚空の如しと知るとき、念仏の本義は究竟する」と『毘婆沙論』に説かれる念仏の本質を的確に指摘されている(187)。このような般舟三昧の境地が無生法忍であり、それが得られる段階が不退転地であることを『大智度論』は次のように言う。

菩薩位とは、無生法忍、是なり。此の法忍を得れば、一切世間の空なるを観じ、心の著する所なく、諸法実相の中に住し、復た世間に染まらず。復た次に、般舟三昧、是れ菩薩の位なり。是の般舟三昧を得れば、悉く現在十方の諸仏を見る。……復た次に、法位に入る力の故に、阿鞞跋致菩薩と名づくるを得。[188]

以上のような色身→法身→実相という念仏（仏身観）の修習によって得られる不退転地において般舟三昧と無生法忍とが獲得される。その般舟三昧と無生法忍とによって、菩薩は一切法に対する執着を離れて、十方現在の諸仏を如実に智見する。念仏によって行者が不退転地に至り仏を智見するに至る修習の過程は、念仏品第二十から助念仏三昧品第二十五に至る六品に、仏身観としてこのように詳しく説明されている。しかし先に述べたように、易行品には、不退転は念仏だけでなく、仏の名を聞くこと（聞名）や仏の名を称えること（称名）によっても獲得されることが説かれている。にもかかわらず、念仏品以下の六品に念仏が詳しく解説されるのに対して、易行品には、聞名は先に述べたように『宝月童子所問経』からかなり長い引文がなされているが、称名の修習法については何ら説明がなされていない。最も長い説明でも「阿弥陀仏の本願は是の如し。若し人、我れを念じて名を称し、自ら帰せば即ち必定に入り、阿耨多羅三藐三菩提を得ん[189]」と説かれるのを見るに過ぎない。そのことをどのように考えればよいのか。解説のなされない称名と、詳細に説明される念仏との関係をどのように理解すればよいのか。

b　仏身観の加行としての称名（念仏即称名）

念仏と称名との関係を考察した論攷に藤田博士の「念仏と称名」がある。[190] その論文の中で博士は、念仏即称名という考えは中国仏教において確立したものであるが、それはインド仏教ないし浄土思想の流れからして、教理史的に正当な解釈であると言われる。博士は、念仏と称名の原型が、原始経典の古層の中に認められることを次のように述べておられる。

原始経典において念仏が教理的な形をとって現れるものとしては、「三念」「六念」「十念」という教説の第一に上げられる「念仏」がある。その念仏はパーリ経典では通常、応供・正等覚等の仏の十号による随念として説かれる。つまり念仏は、十号というすぐれた名によって「仏の人格をたたえ、憶念する」ことを内容とする。また、称名は「かの世尊・応供・正等覚者に帰命する（namo tassa bhagavato arahato sammāsambuddhassa）」と「感動的に自然に発せられたウダーナ（udāna, 感興語）」なる三称の語として現れる。この三称を博士は「念仏における十号の中の名称をあげたもので、内容的には同じものと言ってよい」と言われる。それゆえ念仏と称名は内容的には同一の事柄を示すものと考えられる。博士は「念」と「称」との結びつきを示す原始経典の用例を多数挙げてその意味を検討しておられる。博士によって明らかにされたそれらの間に存する密接な関係は、『毘婆沙論』に称名の説明がなされない理由を考える上で、極めて重要な示唆を与えるものと思われる。

また博士の論文からわれわれは、経典に用いられる「称名」の語を正しく理解するには、「称」という漢訳語を検討する必要のあることをも教えられる。博士は〈大品般若経〉中の次のような文章を「称」という訳語の用いられた例として挙げておられる。

スブーティよ、だれであっても、良家の男子または良家の女子にして、〝諸仏に帰命したてまつる〟と思念する（namo buddhānāṃ iti manasikariṣyati）ならば、その者はすべて順次に苦の終わりをなすであろう[191]。

博士は、思念する（manasikariṣyati）という語は随念する（anusmariṣyati）という語と同義であり、この箇所に相当する漢訳が、『放光般若経』には「能く南無仏と称す」、『大品般若経』には「一たび南無仏と称す」、『大般若波羅蜜多経』には「下一たび南謨仏陀と称するに至る」とあり、チベット訳には「仏に帰命すると言う」と訳されていることを挙げて、「念」と「称」とが同義語のように用いられることを指摘しておられる。そのことを示す他の例として、〈華厳経〉「入法界品」の詩句の中に「念」と「称」とが同義に用いられることを示す教説が述べられていることをも挙げておられる。

このように原始経典から大乗経典に及ぶ種々の仏典において「念」と「称」とが同義的に用いられる用例を列挙した上で、それらの用例だけからしても、念と称との相即する用法が、インドの原始・部派・大乗仏教を通じて一貫して認められることが明らかである旨を述べておられる。[192]

念仏即称名説を正当な解釈と認められる藤田博士の見解を参考にして、『毘婆沙論』に称名の説明が見当たらない理由を考えてみよう。『毘婆沙論』助念仏三昧品では、前記のように色身・法身・実相の念仏を述べた後に、

新発意の菩薩、十号の妙相を以て
仏を念ぜば毀《き》失《しつ》無きこと、猶し鏡中の像の如し。[193]

と述べて、さらに「仏の十号の妙相」による念仏が付記されている。論によればそれは、新発意の菩薩が、いきなり色身による念仏を行うには障礙が多いため、より具体的で、それゆえ瞑想の対象とし易い、仏の如来・応共・等正覚等の十号を、念仏の対象として行う念仏行である。十号の妙相が瞑想の対象とし易いのは、長谷岡氏によれば、世間の凡夫が十方の諸仏を見、その尊容に接することを得るために、この世間へ顕現した最も具体的な態・応化身に相当するから、だとされる。[194]長谷岡氏は、助念仏三昧品は専ら『般舟三昧経』の思想によって成立していると言い、対応する経文を指示しておられる。そして『毘婆沙論』の「十号の妙相を以て仏を念ずべし」云々という説明は、『般舟三昧経』に「欲来生者、当念我名、莫有休息、即得来生」と説かれる中の「当念我名」の説を解説したものである、と言われる。[195]その『般舟三昧経』には次のように説かれている。

仏、言たまわく。菩薩、此の間の国土に於て阿弥陀仏を念ずるに、専念するが故に此を見ることを得。即ち問

わく、何法を持して此の国に生ずるを得んや、と。阿弥陀仏、報えて言たまわく、来生せんと欲する者は当に我が名を念ずべし。休息あること莫くば即ち来生することを得ん、と。(196)

長谷岡氏の「〝十号の妙相を以て仏を念ずべし〟云々という説明は〝当念我名〟の説を解説したものである」とする理解は、上記の藤田博士の念仏即称名説とよく符合する。そうすると「十号の妙相を以て仏を念ずる」ということは、「仏の十号による称名」ということになる。そうなれば、『毘婆沙論』の念仏品以下の六品には、新発意の菩薩が、十号の称名による念仏（仏身観）から始めて、次第に色身→法身→実相という本来の念仏（仏身観）の修習へと進む、念仏の修習法が説かれていると解することができる。

称名について以上のように考えることが可能だとすれば、『毘婆沙論』において、念仏の修習に関する説明のみがなされて、称名の説明がなされていない理由も明らかになる。ここでは、称名は本来の念仏（仏身観）を修習できない新発意のための、準備的な仏身観として説かれている。それゆえ本来の念仏（仏身観）の修習法のみが詳細に説明され、準備的な称名の仏身観は省略されたと考えられる。

以上のように称名を念仏への準備的な行（加行）と考えるとき、『毘婆沙論』の念仏の修習階梯の記述は理解し易くなる。そう考えれば、易行品において称名の解説のなされない理由が理解されるからである。すなわち、それは、後に助念仏三昧品において、称名が念仏の加行であることが解説される局面で、つまりそれが説明されるべき本来の場所で、「仏の十号による念仏」として説明されるからである。

新発意の菩薩の行には右記のように「称名念仏」の方便が講じられ、行を実践し易くするための配慮がなされている。しかし漸々に精進して阿惟越致を求める菩薩の行ずべき事柄とされる「我を得ず、衆生を得ず（我を分別せず、衆生を分別せず）云々」とされる五法は、菩薩にあらゆる物事に対する想いや分別を離れることを求めるものである。それゆえ「行ずべき対象」と「行ずる自己」とが、所取・能取の二執によって捉えられる限り、その固執のゆえに菩薩行は完成され得ない。けれども、その所取・能取の固執は人間に本質的なものであり、それを離れることは困難である。それゆえその行は難行である。それではその難行にどうすれば耐えることができるか。易行品に続いて除業品が説かれるのは、その問いに答えるためである。除業品の冒頭には次のように説かれる。

問うて曰く。ただ阿弥陀等の諸仏を憶念し、及び余の菩薩を念ずれば阿惟越致を得るや。更に余の方便ありや。

答えて曰く。阿惟越致地を求むる者は、ただ憶念・称名・礼敬するのみならず、復た応に諸仏の所に於て懺悔・勧請・随喜・廻向すべし。[197]

ここでは、易行品において不退転に至る方便として教えられた、諸仏を憶念し称名することが、それのみでは不退転地に至らず、さらに懺悔・勧請・随喜・廻向すべきことが教えられる。懺悔・勧請・随喜・廻向というこれら四法は、四悔あるいは四悔過と呼ばれる菩薩の行法である。

c　方便となる信は信受

長谷岡氏は、分別功徳品第十一に、これらの中で懺悔が業障の罪を除くには最も福徳が大きいと説かれる[198]ことを指摘し、この懺悔こそが菩薩の難行を易行に転ずるものである、と言われる。つまり、分別功徳品の説明によれば、懺悔は業障の罪を除くものである。この場合の業障の罪とは、無始以来無自覚の内に積み重ねてきた所取・能取への執着を指す。

長谷岡氏は懺悔によって罪障が除かれることを次のように説明しておられる。

「信心清浄」の究極は、却って無始以来我をつのり我執我所執してきた自身の罪障が見出され、そこに罪障甚重といふ絶対否定としての懺悔感が惹き起こされていくといふことである。言い換えれば「丈夫志幹」を以て任ずる我慢の心が打ち砕かれて「儜弱怯劣」という自己の無能が見出されていくといふことである。[199]

念仏の行を困難なものとしている我執我所執の執着は、それを克服し得ない自己の無力さが自覚され懺悔されるときに初めて打ち破られる。自己が無力であり「儜弱怯劣」であることが自覚されることによって、行者の心は我執我所執への執着を離れた、無分別智・無生法忍を立場とする「信心清浄」となる。念仏の行は、「信心清浄」を方便として行われるとき、その執着を離れた所行となる。その執着を離れることによって、菩薩は「我を得ず、衆生を得ず云々」と示される五法（五功徳）を獲得し、あらゆる物事に対する想いや分別を離れる。その段階での菩薩の行は、その執着を離れた「信心清浄」を方便とする行であり、自力による所行ではないから難行ではなくなる。それゆえ、その行は易行と呼ばれる、と言われる（取意）。[200]

このような「信心清浄」を方便とする、称名・念仏の仏身観の行という易行道によって、菩薩は不退転に至る、とするのが長谷岡氏の主張である。しかしこの場合も、先に述べたのと同様の疑問が生ずる。無分別智・無生法忍を立場とする「信心清浄」は初地において得られるものであり、それは初地に至る方便とはならないと考えられるからである。

それゆえ除業品の冒頭に「憶念・称名・礼敬するのみならず、復た応に諸仏の所に於て懺悔・勧請・随喜・廻向すべし」と説かれたことの意味を、長谷岡氏とは別の方向で考えなければならない。

除業品第十から分別布施品第十二にかけて、懺悔・勧請・随喜・廻向、つまり四悔過の実践法とその果報とが詳しく説明される。それらは先に引用した除業品の文章中にも述べられているように、それぞれ不退転地に導くものである。そこでは懺悔・勧請・随喜・廻向の仕方が詳細に説明され、それによって得られる福徳がいかに勝れたものであるかが説かれる。分別布施品はその四悔過の実践の福徳が行者に及ぼす作用を次のように述べる。

福徳の力は転た増し、心も亦た益ます柔軟なり。

即ち仏の功徳および菩薩の大行を信ず。

是の菩薩は懺悔・勧請・随喜・廻向を以ての故に、福の力は転た増し、心調い柔軟なり。諸仏の無量の功徳の清浄第一にして、凡夫の信ぜざる所に於て而も能く信受す。および諸もろの大菩薩の清浄の大行、希有の難事も亦た能く信受す。(201)

ここには、四悔過の行者に及ぼす作用が、仏の功徳と菩薩の行とに対する「信受」であることが述べられている。これに先立つ除業品から分別功徳品の二品には、懺悔を初めとする四悔過を実際に行う仕方が、仏によって詳細に説明されている。仏は、諸仏・諸菩薩が自ら実践した、自己の罪業に対する懺悔を初めとする四悔過の実践法を行者に教え、その上でかれにその通りに実践させる。行者は自ら実践することによって、四悔過の福徳が身につき、諸仏の功徳がいかに清浄であるか、諸菩薩の行がいかに清浄であり難行であるかを、身を以て信受することができるようになる。それは四悔過を実践しない凡夫には信受し得ないことである。ここには、四悔過を実践することによって行者が諸仏・諸菩薩を信受することができるようになる、四悔過による信受の実践体験が示されている。

除業品の冒頭に、不退転地を求める者は、ただ憶念・称名・礼敬するのみでなく、諸もろの仏所において四悔過を実践すべきことが述べられていた。ここには、それが諸仏・諸菩薩を信受することを教えるためであることが明らかにされている。この諸仏・諸菩薩を信受することが、易行品に「信を方便とする易行」と呼ばれるときの「信」であると考えられる。諸仏・諸菩薩が行ぜられた自己の行業に対する懺悔を初めとする四悔過を、行者は自ら実践することによって、菩薩行の困難さを痛感する。その困難な行を成就された諸仏の功徳と、成就しつつある諸菩薩の行の清浄さ、それは自らそれを実践する以前の凡夫の段階においては理解し得ないことであり、全面的に受け入れること（信受）のできないことであった。四悔過の実践を通して得られた諸仏・諸菩薩への全面的な受け入れ（信受）が、困難な菩薩行を易行にする方便となり得る「信」である。「信」の具体的な意味内容はまた、悔過法の成立した経緯を考察することによっても明らかになる。

静谷正雄教授は、悔過法の原点と見なされる『舎利弗悔過経』に説かれる懺悔・随喜・勧請の三品の成立過程を研究し、その中の懺悔について、それが十方世界の諸仏に向かって行われるものであることから、「現在他方仏」の思想を前提として生まれたことが明らかであるとされる。そしてその三品行の懺悔の生まれた理由について、

それは過去無数劫いらいの自分の行為を「よく洞視徹聴」したもう諸仏が十方に現在するからであり、しかも諸仏は大慈大悲の救済者であるから、その諸仏に発露懺悔すれば、諸仏の哀愍の力によって大きな利益が与えられると見なされたためであろう(202)。

と述べて、諸仏が現在するという信仰と、諸仏が衆生を洞視徹聴し、大悲を以て利益を与える信仰とを、三品行の懺悔の成立する背景に見ておられる。信方便易行の信について考える上で、諸仏がいま現に他方世界に存在することの確信と、その諸仏によって必ず救済されることの確信とが、懺悔という悔過法を成り立たしめている、という静谷教授の指摘は傾聴に値する。それは例えば、竺法護訳の『弥勒菩薩所問本願経』に悔過法が「善権方便安楽行」として説かれていることからもそう考えられる。静谷教授はその箇所を次のように訳(203)しておられる。

仏が阿難に向かい、「弥勒は〔私のように〕耳鼻頭目手足身命・珍宝城邑妻子国土を布施して仏道を成じたのではなく、ただ善権方便安楽の行をもって仏道を成じたのである。その行とは昼夜六時に叉手し跪いて十方に向かい、我悔一切過、勧助衆道徳、帰命礼諸仏、令徳無上慧という偈を唱えることであった」と説かれたとい

う。

「善権方便の安楽行」は「方便としての易行」を意味するので、ここには悔過法が方便としての易行とされていることが説かれている。このことによってわれわれは、『毘婆沙論』除業品の冒頭に、不退転地を求める者は、ただ憶念・称名・礼敬だけでなく、諸もろの仏所に於て四悔過を実践すべきことが述べられているのは、悔過法を不退転地への方便たる易行として説く『弥勒菩薩所問本願経』に示されるような教説に基づくものであることに気づかされる。それゆえ易行品に説かれる信方便易行の「信」とは、諸仏・諸菩薩を全面的に受け入れること（信受）であり、諸仏がいま現に他方世界に存在し、必ず救済する者となって下さるとの確信を指すものと理解される。

それではその「信」はなぜ不退転地に至る方便となるのか。分別布施品は先に引用した文章に続けて次のように述べる。

> 苦悩の諸もろの衆生には、是の深浄の法は無し。此れに於て愍傷を生じ、而して深悲の心を発す。菩薩は諸仏・菩薩の無量にして甚深、清浄第一なる功徳を信じ已って、諸もろの衆生を愍傷するに此の功徳無く、但だ諸もろの邪見を以て種々の苦悩を受く。故に深く悲心を生ず。是の諸もろの衆生を念ずるに、苦悩の泥に没在す。われ当に之を救抜し、安穏の処に在らしむべし。(204)

行者は四悔過の功徳によって、諸仏・諸菩薩を信受して、諸仏・諸菩薩と同様、心は調い柔軟になることはできたが、多くの衆生はそのような功徳を得ておらず苦悩を受けている。それゆえ、かれは衆生に深い悲心を起こさないではおれない。その深い悲心が、行者をして、衆生を苦悩の泥から救い出し安穏なる涅槃の楽処に至らしめんとの強い思いを起こさせずにはおかない。悲心によって起こされたその強い思いは、もはや行者をいかなる難行からも退転させることはない。それゆえ『毘婆沙論』は、仏菩薩への信こそが、難行である菩薩行を易行道に転ずる方便であると、信が方便である理由を述べる。

易行品冒頭には、信を方便とする易行によって不退転地に至ることが述べられ、もし疾く不退転地に至りたいと願うなら、恭敬心をもって執持し、名号を称すべきことが語られていた。ただしそれは称名のみによって不退転に至ることを意味するわけではない。それはいま見てきたように、除業品の冒頭に、不退転地を求める者は、ただ憶念・称名・礼敬するだけでなく、諸もろの仏所において四悔過を実践すべきことが述べられていることからしても、そう理解される。また、助念仏三昧品第二十五に至って、在家菩薩の般舟三昧の修習の果報として不退転が得られることが述べられることからしても、そのように考えられる。さらに、そこには称名が色身→法身→実相という本来の念仏（仏身観）の予備的修習法（加行）として説かれることからしても、そう理解される。それゆえ易行品に「若し人、疾く不退転地に至らんと欲せば、応に恭敬心を以て執持して名号を称すべし」と説かれる教えは、世親によって別時意説として批判されるような〈誦持名号（称名）―決定菩提〉の教説を述べるものではない。それは称名→念仏（仏身観）→決定菩提と次第して修習すべきことを教えるものである。

にもかかわらずそれが称名のみによって不退転に至る安易な道を述べる教説であるかのように受け取られるのは、漸々に精進して阿惟越致に至るべき菩薩の行ずべき事柄とされる「我を得ず、衆生を得ず云々」と示される五法の困難さに心を怯ませる儜弱怯劣な行者に対して、かれを励ます意図を込めて語られた言葉であるために、一見容易に見えるからである。易行品の十方十仏等の名を称えて不退転を得ることを説く箇所に見られる「仏の名を称すること有れば、即ち不退転を得る」という教説も、同様の激励の意図を以て説かれたものと理解すべきである。

d　「現生不退」「即得往生」の淵源

また、この教えは、その長行に「此の身に於て阿惟越致地に至ること」が説かれることからして、先に述べたように、「現生不退」を述べるものであると考えられる。他方、諸仏の中から阿弥陀仏のみを取り出して念仏・称名による不退転の獲得を述べる場合には、

阿弥陀仏の本願は是の如し。若し人、我を念じ名を称して自ら帰せば、即ち必定に入り、阿耨多羅三藐三菩提を得ん、と。是の故に常に応に憶念すべし。偈を以て称讃せん。(205)

と長行に述べられ、一見、現生不退が述べられているかのように見えるが、それに続く偈には、不退転に至るのが命終後に彼の国に生まれてからのこととして次のように説かれている。

若し人、命終の時、彼の国に生ずることを得れば、
即ち無量の徳を具す。是の故に我れ帰命す。
人、能く是の仏の無量の力・功徳を念ぜば、
即時に必定に入る。是の故に我れ帰命す。
彼の国の人は命終して、設い応に諸もろの苦を受くべきも
悪地獄に堕せず。是の故に帰命して礼す。(206)

このことから、龍樹が、諸仏を憶念称名することを述べる場合には、現生不退の立場に立ち、阿弥陀仏を憶念称名することを述べる場合には、命終後の往生不退転の立場に立つことが窺える。しかしここに説かれる、阿弥陀仏の本願のゆえに、憶念称名によって、命終後に往生し不退転に至るとする不退転の教説は、それ以外の箇所で説かれる般舟三昧による仏身観によって不退転に至るとする教説とは著しく異質である。前者は阿弥陀仏の本願によっ

て得られる不退転を説き、後者は般舟三昧によって得られる不退転を説く。阿弥陀仏の本願による往生・不退転はここでのみ語られる。『毘婆沙論』全体としては、諸仏を憶念称名することによって現生において不退転地に至る、小品系般若経に基づく仏身観の修習法の解説が、見仏に至る修習法の記述の殆どを占めている。それは『毘婆沙論』阿惟越致の相とは何かが尋ねられた折りに、「般若に已に広く阿惟越致の相を説けり」と答えて、『小品般若経』阿惟越致相品第十六[207]に基づく詳細な説明がなされていることからしても明らかである。

それゆえ龍樹が不退転に至る憶念称名の念仏行を解説する場合、彼の念頭にあったのは般若経典であり、浄土経典ではなかったことが知られる。『浄土論』を読むに際して、曇鸞がしたように『毘婆沙論』を参考にするについては、そのことをわれわれは充分注意しなければならない。

『小品般若経』阿惟越致相品に対応する『大般若経』第四分不退相品第十七には、不退転を得た菩薩に備わる特徴が詳細に説かれる。その前の真如品第十六では不退転とは如何なるものであるかが説明され、さらにその前の天讃品第十五では不退転菩薩が般若波羅蜜を修習する者であることが説かれる。そして般若波羅蜜の修習は「虚空の修習であり、一切法の修習であり、無執着の修習であり、無限の修習であり、無の修習であり、取得しないことの修習である」ことが説かれ、これらのことを修習し得る者となるとき菩薩は不退転となる旨が示されている[208]。その修習法は『毘婆沙論』阿惟越致相品第八に「菩薩、我を得ず、亦た衆生を得ず、分別して説法せず、亦た菩提を得ず、相を以て仏を見ず」と説かれる、不退転の菩薩が備えねばならない五法の修習と共通する修習法である。先に「3　大乗経典に見える正定聚と不退転」の項で『大般若経』初会の経文について見たように、そこでは不退転は「当来世」に証得されることとして「命終」に関連する記述がなされていたが、小品系般若経のこれらの諸品で不退転が言及される場合には、浄土経典が不退転を説くときには必ず現れる「命終、往生」の語はまったく現れない。

以上のように『毘婆沙論』に説かれる称名念仏の行法は、易行品に説かれる阿弥陀仏の本願による往生・不退転の叙述以外は、小品系般若経に説かれる仏身観による不退転の獲得のための行法に基づくものであり、往生思想と緊密な関係を持つものでないことは明らかである。したがって易行品の冒頭近くで「信を方便とする易行によって不退転に至る」として執持称名号を説き、「此の身において阿惟越致地に至る」と述べる「現生不退」を説く称名念仏の行法は、小品系般若経所説の不退転地への行法に基づくものである。他方、易行品末尾近くで阿弥陀仏の本願による「彼土不退」を説く称名念仏の行法は、命終・往生を説くものであり、おそらく『大品般若経』や〈無量寿経〉の第十八願に基づくものである。それゆえこれら二つの称名念仏は異なった思想を基盤とするものである。

易行品の阿弥陀仏の称名による不退転の獲得は、初めに『宝月童子所問経』に説かれる聞名による不退転の獲得が説かれ、次いで、善徳仏等の十仏の称名による不退転の獲得が説かれ、阿弥陀仏等の諸仏の称名が説かれ、その後に、阿弥陀仏のみを取り出して「阿弥陀仏の本願は是の如し。若し人、我を念じ名を称して自ら帰せば、即ち必定に入り、阿耨多羅三藐三菩提を得ん、と。是の故に常に応さに憶念すべし」という次第で説かれる。また、その後には、過去仏と未来仏とへの憶念・礼拝による不退転の獲得、徳勝仏等の諸仏への憶念・恭敬・礼拝による不退転の獲得、三世の諸仏への憶念・恭敬・礼拝による不退転の獲得が説かれ、そして最後に諸菩薩への憶念・恭敬・礼拝による不退転の獲得が説かれる。

このことから、ここの文脈が仏身観の念仏による不退転の獲得に焦点が絞られていることは明らかである。それゆえ『毘婆沙論』本頌に説かれる命終後の往生・不退転の教説は易行品の文脈から逸脱している。なぜこのような奇妙なことがなされたのであろうか。第十八の願文に類似する「阿弥陀仏の本願云々」という長行の語は命終往生を説かず、その点では先に引用した『般舟三昧経』の念仏思想に近似するものである。それは以下のようなものであった。

即ち問う、何法を持して此の国に生ずるを得んや、と。阿弥陀仏、報えて言たまわく、来生せんと欲する者は当に我が名を念ずべし。休息あること莫くば則ち来生することを得ん、と。(209)

このような『般舟三昧経』に基づいて『毘婆沙論』に説かれる、仏身観としての念仏によって不退転を獲得しようとする行と、〈無量寿経〉に説かれる、往生行としての念仏によって不退転を獲得しようとする行とには、「命終」の概念を介在させない行（前者）と介在させる行（後者）という大きな違いがある。その違いを明確にしないことから、〈無量寿経〉が「現世往生」を説くかのように誤解されることも生じたものと考えられる。それは静谷教授が竺法護訳『舎利弗悔過経』とその異訳三本とを比較対照して研究され、

『舎利弗悔過経』が般若思想をもたないのに対し、この〔異訳〕三本は般若の影響を明瞭に受けている点で、『舎利弗悔過経』と大きく相違する。それは『無量寿経』諸異本における「初期」と「後期」に似ているのである。(210)

と言われたことを思い起こさせる。教授の言われるように、魏訳『無量寿経』第十八願成就文に、般若経の思想の影響を受けた、無量寿経本来の命終往生とは異なる「即得往生」の教説が登場することになったと思われる。その影響は、例えば『毘婆沙論』釈願品之余には「現生不退」の思想と共に「即得往生」の教説が次のように説かれるところにも見られる。

或は寿命無量なる有り。或は見る者あれば、即ち必定を得る。名を聞く者も亦た必定を得る。女人にして見る者は、即ち男子の身と成り、若し名を聞く者も亦た女身を転ず。或は名を聞くこと有れば、即ち往生を得る。(211)

ここには見仏によって即座に必定を得ると述べて「現生不退」が説かれ、それと共に、聞名によって即座に往生

を得ると述べて「現生往生」が説かれている。そして見仏によって即座に必定に入ることは次のように説明される。

見る時に必定に入ることを得るとは、衆生有って仏を見れば即ち阿耨多羅三藐三菩提の阿惟越致地に住するなり。何を以ての故に。是の諸もろの衆生は仏身を見れば、心大きに歓喜し、清浄悦楽せり。其の心は即ち是の如き菩薩の三昧を摂得す。是の三昧の力を以て諸法の実相に通達し、能く直ちに阿耨多羅三藐三菩提の必定の地に入る。(212)

ここには見仏による現生不退転が、諸法の実相に通達することによるものであることが述べられている。それは先に述べた、助念仏三昧品に色身・法身・実相という三種の仏身観に関する次のような説明と同趣旨のことを述べるものと考えられる。

心転た深入して上勢力を得、応に実相を以て仏を念じて貪著せざるべし。

色身に染著せず、法身にも亦た著せざれ。

善く一切法を知らば、永寂虚空の如し。

是の菩薩、上勢力を得ば、色身法身を以て深く仏に貪著せず。何を以ての故に。空法を信楽する故に、諸法は虚空の如くなることを知る。(213)

したがって「現生不退」は上勢力を得た菩薩の仏身観によって得られる境地である。そしてそれは般若経の説く空を証悟することによって得られるものであることが示されている。また、聞名によって即座に往生を得ることは次のように説明される。

名を聞きて往生を得るとは、若し人、信解力多く、諸もろの善根を成就し、業の障礙已に尽くれば、是の如き人は仏名を聞くことを得、又た是の諸仏の本願の因縁にて便ち往生を得る。(214)

聞名によって即得往生するのは、名を聞き得る者として、信解力が多く、諸善根を成就し、業の障礙の尽きていることが必要とされていることからして、見仏によって即座に必定に入る場合と同様、上勢力の菩薩であると考えられる。

このように『毘婆沙論』に説かれる「現生不退」も「即得往生」も、般若経の説く空の教説を体得した、高度の修行を達成した菩薩によって、現生で証得される境地として説かれている。易行品に説かれる、信を方便とする執持称名号という、不退転に向かう易行道も、このようにして達成される「現生不退」への道であることは言うまでもない。『毘婆沙論』の説く「初地に向かう菩薩」に一貫するのは、右に述べたような現生で不退転に至る行としての菩薩行である。ここにおいて不可解なのは、その同じ易行品において、命終時に往生し不退転を得ることを述べる龍樹の意図である。『毘婆沙論』において命終時の往生が説かれるのはこの箇所のみである。〈無量寿経〉に基づくと考えられる、命終時の往生と不退転の獲得の説明は、それが阿弥陀仏の本願によるものであることを述べる以外には、何ら説明がなされない。それは小品系般若経に基づく、現生で不退転を獲得するための菩薩行の解説というこの論の主要な課題の途中に、唐突に付記された一節との感を拭い難い。なぜ、現生不退転と命終往生不退転という、思想基盤の異なる不退転説を易行品という一つの章の中に並記したのであろうか、その理由は『毘婆沙論』に見出すことはできない。

5 『浄土論註』に見える正定聚と不退転

a 龍樹の教説の継承

親鸞の「現生不退」の思想には、先述した『毘婆沙論』に説かれる龍樹の小品系般若経所説の不退転に基づく

「現生不退転説」を継承する曇鸞の思想が色濃く影響していると考えられる。曇鸞は『論註』巻下において『浄土論』の「荘厳妙声功徳成就とは、偈に梵声悟深遠、微妙聞十方と言えるが故に」という語を注釈して次のように述べる。

経に言わく。若し人、但だ彼の国土の清浄安楽なるを聞いて、剋念して生ぜんと願ぜんものは、亦、往生を得て則ち正定聚に入る、と。此れは是れ、国土の名字仏事を為す。いずくんぞ思議す可きや。(215)

ここには、彼の国土が清浄安楽なることを聞いただけで、心に刻み込むようにして往生を願う者は、往生を得て「則ち正定聚に入る」ことが述べられている。そしてそのようなことが起こる理由が「国土の名字仏事を為す」からであると述べられている。国土の名字とは「安楽国」という名であり、その名が仏の仕事（仏事）を為す。それゆえ、安楽国という名を聞いただけで、直ちに正定聚に入ることとなる、というのである。聞名によって必定を得、即得往生することは先述のように『毘婆沙論』に見られる。(216)曇鸞のこの文章はその『毘婆沙論』の語を踏まえているものと考えられる。ここでは曇鸞は、香月院も言うように、(217)入正定聚を浄土に往生しての事としている。

あるいは先に述べたように、『毘婆沙論』釈願品之余に「現生不退」と共に「現生往生」とが説かれ、曇鸞が『毘婆沙論』を究極の拠り所としていることからすれば、かれは浄土への往生を〈無量寿経〉におけるようには命終後のものとは考えていないのかも知れない。かれは、同じく『論註』巻下において、『浄土論』の冒頭に「無礙光如来、願生安楽国」と安楽国に願生することが説かれることについて、浄土に「生まれる」ということに疑念を呈している。生まれるということは生存（有）の根本であるから、浄土に生まれることを願う限り、生存は尽きることがなくなる。しかし、浄土に往生するとは生存を尽くすことのはずである。にもかかわらず浄土に「生まれる」ことを認めては、尽くすべき生存中にまた生まれて、生存は尽きることがなくなるではないか、という疑念が生ずる。

b　無生の生

往生が新たな生を引き起こしはしないかという疑念を解消するために、曇鸞は次のように述べる。

明らけし、彼の浄土は是れ阿弥陀如来の清浄本願の無生の生なり。三有虚妄の生の如きには非ざるなり。何を以て之を言うとならば、夫れは、法性清浄にして畢竟無生なり。生と言うは是れ得生の者の情ならくのみ。生まことには無生なり。生なんぞ尽くる所あらん。根敗し永く亡して、三千を号び振わすとも、無反無復斯に於て恥を招く。体は夫れ理より生ず。之を浄土と謂う。浄土の宅は所謂十七句是なり。（明彼浄土是阿弥陀如来清浄本願無生之生。非如三有虚妄生也。何以言之。夫法性清浄。畢竟無生。言生者得生者之情耳。生苟無生。生何所尽。尽夫生者。上失無為能為之身。下䤄三空不空之痼。根敗永亡。号振三千。無反無復。於斯招恥。躰夫生理。謂之浄土。浄土之宅。所謂十七句是也[218]）

ここに曇鸞の浄土と往生とに対する理解が述べられている。この場合、「道理」によって曇鸞は何を指示しようとしたのか。縁起の道理であれ、空の道理であれ、要するにそれは存在の真実のありようを指すものと理解される。そういう道理から生じた浄土は、清浄なる法性であり、それを覚る人の正覚の内容と理解される。それは、世間の言説を超えたものであるが、世間の教化のために経には仮に「浄土」と説かれる。したがって、清浄なる法性を覚ることが「浄土に生まれる」「往生する」と呼ばれるのである。しかしそれは、人々に法性の正覚を勧めるために、その情に応じて「浄土に生まれる」「往生する」と仮に表現したに過ぎない。浄土は法性であり、有とか無、生とか滅を離れた境地である。それゆえ、そこに生まれるとは、無生法忍を証得することであり、それが生を離れた生（無生の生）

である。

浄土への「往生」を以上のように「無生の生」と理解する曇鸞は、その理解をより鮮明にするために「生まれる」という表現を避けて、「浄土への往生」という語に代えて「如来の家に入る（入如来家）」とも表現する。[219]この表現は『毘婆沙論』入初地品第二に、

為得十力故　入於必定聚
則生如来家　無有諸過咎《かく》[220]

と説かれた偈およびその長行から採られたものである。そこでは初地において必定聚に入ること、つまり不退転に住することが、「如来の家に生まれること」と呼ばれている。「仏の家に生まれる」ということに関する龍樹の理解は、『大品般若経』に現れる「菩薩の家」という語に対して、かれが『大智度論』で行った注釈からも推測される。龍樹はその語を注釈して「菩薩の家とは、若し衆生中において、甚深の大悲心を発せば、是れを菩薩の家に生ずとなす」[221]と説明する。平川博士は、経の「仏の家に生まれる」という語も龍樹は同様の意味に解釈するであろう旨を述べておられる。[222]

このように龍樹は如来・仏の家に生まれることを、身体性のまったく剝離した精神的な事象として理解する。そう理解したからこそ、如来の家に生まれることを、初地において必定聚に入ること、つまり不退転に住することと理解することができたのである。ここには現生において初地に入ること、そこで不退転を証得すること、および如来の家に生まれること（浄土往生）が同時に実現することとして語られており、それが後に、証空の唱える「体失往生（肉体の死による往生）」に対して、親鸞の主張したと伝えられる「不体失往生（肉体を備えた往生）」の伝承や「現世往生」の教説の淵源になったと考えられる。[224]

曇鸞は、『毘婆沙論』の「生如来家」を「入如来家」に代え、慎重に「生」の語を避けて「入」の語を用いてさえいる。「生如来家」が「入如来家」に代えられた背景には、『毘婆沙論』からの強い影響によって曇鸞が重視するに至った「無生法忍」の教説の存在が想定される。というのは、右に引用した『毘婆沙論』入初地品の偈の少し後に「諸仏の家」の説明が見られ、そこに「無生の生」に繋がると考えられる概念「無生法忍」の語が見られるからである。そこでは「諸仏の家」は次のように説明されている。

世間では父と母とが家とされる。経には「〔善法と智慧との〕是の法倶行して能く正法を成ず。善は是れ父、慧は是れ母なり」と説かれる。それゆえ、善法と智慧という父と母とを寄せ合わせたものが「諸仏の家」と呼ばれる。それは偈に、

菩薩は善法を父とし、智慧を以て母とす。
一切の諸もろの如来は、皆な此の二より生ず。

と説かれる如くである。あるいは般舟三昧と大悲とが諸仏の家であるとも言われる。それら二法から如来たちが生まれるからである。その場合、般舟三昧が父であり、大悲が母である。また般舟三昧が父であり、大悲と無生法忍とが母であるとも言われる。『助菩提論』(225)に、

般舟三昧は父なり。大悲と無生は母なり。
一切の諸もろの如来は、是の二法より生ず。

と説かれる通りである。(226)

このように、「諸仏の家」を説明する『助菩提論』から引用された『毘婆沙論』の偈に「無生」の語が見られる。その「無生」は、この偈が引用される直前に「般舟三昧が父であり、無生法忍が母である」と説明されていること

からして、無生法忍を指すことが明らかである。つまりここには、初地において、般舟三昧と無生法忍とが得られ、それらが諸仏の生まれる家となることが示されているのである。

無生法忍（an-utpattika-dharma-kṣānti）は、大乗経論にのみ用いられる述語であり、空観の思想をその背景にもち、法が生起しないことを認識する慧（prajñā）を意味する語である。(227) 曇鸞は浄土への往生を、『毘婆沙論』の「生如来家」という表現に示唆を得て、「入如来家」として理解しようとした。そのとき、かれが浄土への生まれを「無生の生」と呼んだのは、『毘婆沙論』に「諸仏の家」を説明する重要な概念として「無生法忍」の語が用いられ、それが『助菩提論』の偈に「無生」とされていることに示唆を得てのことと考えられる。(228) つまりかれは〈無量寿経〉に説かれる「浄土への往生」を、『毘婆沙論』にならって「往生」から身体性を剝奪することによって、初地において無生法忍が得られることと理解したのである。それゆえ曇鸞は、浄土への往生を「無生の生」と呼び、そう呼ぶことによって、「浄土往生」という経言が「無生法忍によって把握される、一切法が不生なるままに生ずる、正覚の境地を意味するものであること」を述べるものであると示そうとしたのである。ここには後世、「現世往生」「現生不退」と呼ばれる教説がはっきりと認められる。

しかし「浄土往生」を無生法忍による正覚の境地を意味するものと理解することには重大な矛盾が潜んでいる。そのことに気づいて曇鸞は次のように自問する。

問うて曰く。上に生は無生と知ると言うは、当に是れ上品生の者なるべし。若し下下品の人の、十念に乗じて往生するは、豈に実の生を取るに非ずや。但し実の生を取らば、即ち二執に堕しなん。一には恐らく往生を得ざらん。二には、恐らくは更に生の惑いを生ぜん。(229)

「往生」の「生」を無生と理解するのは、一切法が不生なるままに生ずることを証悟する無生法忍によって知るのであり、それは上品生の人にのみ可能なことである。にもかかわらず〈無量寿経〉では、下下品の人は十念して往生すると説かれる。その場合は、生が無生であることを証悟して往生するのではないから、どうして往生を実の生（生まれ変わること）として捉えないであろうか。捉えるに相違ない。そうすれば二つの迷いに陥ることになる。一つは、下下品の自分などは、浄土に生まれることができないのではないか、という迷いである。二つには、たとえ生まれることができたとしても、無生法忍を証悟していない自分は、そこでまた生まれ変わって生死輪廻を繰り返さなければならないのではないか、という迷いである。この疑問に対してかれは次のように自答する。

答う。譬えば浄摩尼珠、之を濁水に置けば、水、即ち清浄なるが如し。若し人、無量生死の罪濁に有りと雖も、彼の阿弥陀如来の至極無生清浄の宝珠の名号を聞きて、之を濁心に投ぐれば、念念の中に罪滅し、心浄じて、即ち往生を得。(230)

摩尼宝珠が濁水を清浄な水に変えるように、名号が下下品の人の濁った心を浄化し往生させる、というのが曇鸞の自らに与えた答えである。かれは、名号には下下品の人の心を浄化する作用があり、それが往生を実の生と見る見解を無生の智に転ずる（転生見為無生智）と解し、その無生智が往生を得させるのだと解釈するのである。聞名によって往生を得るとする教説は、先に見たように例えば『毘婆沙論』釈願品之余に「名を聞くこと有らば、即ち往生を得」(231)と説かれており、いまの曇鸞の解釈も『毘婆沙論』のその教説に基づくものと考えられる。しかし聞名すべき名号に関する曇鸞の理解は、先に見た龍樹の見解とは多分に異なっている。曇鸞は、

彼の清浄仏土に阿弥陀如来の無上の宝珠有ます（彼清浄仏土有阿弥陀如来無上宝珠(232)）

と述べる。曇鸞は、名号を浄土にあるものと考える。そして、その浄土にある名号を、往生すべき人の心に投ずる（投之於所往生者心）とき、往生を実の生と見る見解は無生の智に転ずる、と言う。しかしそこには、「名号が浄土

にある」とは如何なることか、そしてその名号を、誰が、如何にして、往生すべき人の心に投ずるのか、という肝心な事柄は不問に付されている。それはそのままにして、かれは、浄土においては実の生と見る見解（見生）が自然に消滅してしまうことを、氷の上で火を燃やすと氷が溶けて火が消えることに譬えて次のように言う。

彼の下品の人、法性無生を知らずと雖も、但だ仏名を称する力を以て、往生の意を作して、彼の土に生ぜんと願ずるに、彼の土は是れ無生の界なれば、見生の火、自然に滅するなり(233)。

この一文は言葉の繋がり方に明確さを欠き、いささか理解し難いが、浄土往生を「無生の生」と解する曇鸞の考え方を考慮して解釈すれば、次のような趣旨を述べたものと理解される。

下品の人は、無生の生ということが理解できなくても、ただ仏の名を称する力によって、往生しようという意を起こし浄土往生を願えば、浄土は無生の界なので、見生の火は自然に消滅する。

ここに先ほどの「浄土にある名号を往生すべき人の心に投ずる」という曇鸞の名号理解を当てはめてこの一文を解釈すれば、次のような意味になる。すなわち、下下品の人は、無生の生ということが理解できなくても、称名することによって往生を願うとき、その心に浄土の名号が投じられて、往生を実の生と見る見解の火は、無生の智に転じることによって自然に消滅し、無生の生なる往生が実現する、と。このように解釈してもこの一文には、下下品の人が自ら称名をするという行為と、その人の心に浄土の名号が投じられるという事象との間に成り立つ因果関係が説明されていない。それは「他力」や「二種廻向」の教説によって考えるべき事柄なのであろうか。曇鸞はこれ以上の説明を加えない。

c　無生の「生」を無生法忍の「生」とする解釈

以上のように、曇鸞は「浄土往生」を「無生の生」によって多分に牽強付会と思える仕方で解釈する。かれが「浄土往生」を「無生の生」と解釈するとき、その「無生」が『毘婆沙論』で『助菩提論』に「般舟三昧は父なり。大悲と無生は母なり」と説かれる「無生法忍」を根拠とするであろうことは、先に述べた通りである。また、「無生」が「無生法忍」に基づくことは、その語が論註に現れる文脈からも明らかである。その語は、先に見たように、浄土への往生が生を滅尽する理由を、「浄土が阿弥陀如来の清浄な本願によって生じたものであり、そこへの生は無生の生だからである（明彼浄土是阿弥陀如来清浄本願無生之生）」と述べる文中に出る。そして曇鸞はその浄土を「妙色功徳成就」を説明する箇所で既に、「無生法忍を得た菩薩の浄業によって起こされたもの（安楽浄土是無生忍菩薩浄業所起）」と述べている。[234] このことからしても、かれが浄土への往生を「無生の生」と解釈する根拠が「無生法忍」にあることは明らかである。曇鸞は浄土への往生を「無生の生」と解釈することによって、龍樹によって為された往生から身体性を剝奪する解釈をより確固たるものにしたのである。

しかし往生を無生法忍に基づいて「無生の生」と解釈することには無理がある。なぜなら、浄土往生の場合の「生」の原語は upapatti であり、無生法忍の場合の「生」の原語は utpatti であり、異なる概念である。upapatti は輪廻転生の場合のように有情が何処かで死んで新たに生まれ変わる場合に用いられ、utpatti は非有情が生じたり、現象が生起したりする場合のように、生死に関わりなく用いられ、八不中道の「不生」の場合に用いられるのは後者の語である。漢訳では共に「生」と訳されて区別がつかないが、使用される状況の異なる概念である。

『浄土論』には無生法忍の語は用いられない。『浄土論』の往生を、そこに用いられない無生法忍によって解釈することには無理がある。無生法忍は初期無量寿経にはまったく用いられない。小品系般若経に用いられたのが初出と見られるところから、後期無量寿経に用いられるのは般若経の影響と考えられている。(235) 無生法忍に関しては、『浄土論』には、後期無量寿経よりも初期無量寿経との関連性が考えられる。それゆえ『浄土論』の往生を後期無量寿経になって用いられる無生法忍の教説によって解釈することは相応しくない。

曇鸞がこのような無理な解釈をしたのは、『毘婆沙論』易行品に、〈無量寿経〉に基づく命終往生・不退転の教説と、小品系般若経に基づく現生での不退転の獲得を目指す菩薩行の教説とが、何も説明されずに並び記されている矛盾を、辻褄合わせをしてなんとか理解しようとしたためと考えられる。しかしその二つは〈無量寿経〉と、龍樹に受用された小品系般若経という相異なる二種の経を基盤とする、命終後の往生・不退転を説く教説と、現生での往生・不退転を説く教説という、相互に異なる教説なのである。それを同種の教説として会通しようとしたために、浄土往生を「無生の生」とする無理な解釈が生じた。その結果、〈無量寿経〉本来の命終後の往生と〈般若経〉の影響による現世往生との二種の往生の教説が誕生した。しかしそれは別時意説を主張する世親の目には〈無量寿経〉の趣旨から逸脱した教説と映ずるであろう。

もし往生を無生法忍と関係づけて考えるとすれば、後期〈無量寿経〉にはなるが、『無量寿経』第三十四願中においてあるいは音響忍・柔順忍と共に三法忍の一つとして上げられる無生法忍と関係づけて考えるべきであった。『無量寿経』において無生法忍は、『毘婆沙論』のようにそれを悟って見道初地に到達する法としてではなく、浄土において本願力の故に得られるものとして説かれている。したがって凡夫は無生法忍は悟らなくても、往生することつまり浄土に生まれ変わること（upapatti）によって、浄土に備わる本願力によってもはや生まれ変わるという現象の生じない無生の悟り「無生法忍」（anutppatikadharmakṣānti）が得られて、輪廻は自然に終息する。曇鸞は浄土教の往生論の中に般若教の往生論を持ち込んだために、余計な心配をしなければならなかったのである。

九　一法句とは何か

『浄土論』は極めて簡潔で象徴的な表現で記述された書であるため、意味内容を正確に把握しにくい概念の散見される書である。「一法句」も難解な概念の一つである。五念門の第四観察門における、仏国土と仏と菩薩との功徳荘厳の観察の仕方が詳細に説かれた後に、それら三種の功徳荘厳の成就が願心によって荘厳されたものである理由が、略説すれば「一法句に入るから」であると説かれる。そして、

一法句とは、謂く、清浄句なり。清浄句とは、謂く、真実智慧無為法身なるが故なり。

と説かれる。この場合、まず、一法句がそれであるとされる「清浄句」が何を意味する語であるかが理解し難い。金子大栄師は「清浄の世界であるという一句」とされる(236)。その解釈に従えば、この論の一節は、「十七種に説かれる仏国土の功徳荘厳と、八種の阿弥陀仏の功徳荘厳と、四種の菩薩の功徳荘厳という、二十九種の浄土の功徳荘厳が成就しているのは、法蔵菩薩の願心によって荘厳されたものだからである。なぜなら、それら二十九種の功徳荘厳は略説すれば一法句に収まるからである。つまりその荘厳清浄功徳成就を説く〈勝過三界道〉の一句に収まるからである」という意味になる。

山口博士はこの一法句について、その原語に eka-dharma-pada という複合語を想定し、eka-dharma（一法・真如法性）の pada（依事・世間的有的なもの）を意味するものと理解された。博士によれば句は単なる「言詮之句」ではなく、依事を意味するものとされる。清浄句も「vyavadānaṃ ca padaś ceti vyavadāna-padaḥ：清浄にするはたらきでもあり、依事でもあるものが清浄句である」とされる。博士がこのように句を「言詮之句」ではなく、依事

を意味するものとされるのは、瑜伽唯識思想の上では、句はアーラヤ識の転依態として理解されるべきものであり、『浄土論』では、それが真如法性の世間的・有的顕現の意味で用いられている、と理解されてのことである。[237] 金子師は句を言詮之句と解され、山口博士は依事を意味するものとされ、お二人の理解は異なっている。この句は本来何を意味したものであるか。そのことを以下に検討してみたい。

1　句を依事・依処とする山口説

われわれは先に『浄土論』について、「瑜伽唯識の思想家であった世親が、その教学の立場で、瑜伽唯識の思想を素材にして浄土の法門をウパデーシャ（解説）」したものであることを確認した。そこでいま、山口博士によって、瑜伽唯識思想の上で「句」がアーラヤ識の転依態として理解される場合に、その根拠となった資料に戻って、そこに現れるpadaの用法を検討したい。瑜伽行唯識派における法の修習は、先に入無相方便相に言及した折りに触れたように、所取・能取の無を証得する「唯識観」として実践される。山口博士はその修習法を、「煗位と頂位において外境なくして識のみありと了解し、忍位において外境なき故に内識もなしと忍知し、世第一法位において、そのことを身証し、すなわち、見道において、戯論の寂滅した空・真如の境地へ貫き入る[238]」入無相方便相であると言われる。

戯論の寂滅した空・真如の境地へ貫き入ることとは、瑜伽行唯識学派においては、能所として顕現していた識が、能所が寂滅して空・真如として顕現する智に転ずることとして理解される。そのことを山口博士は、「識を立場（所依）としていた境地から智を立場（所依）とする境地への転換であって、それを転依という。転依とは智の境地である」と言い、「浄土教の〝浄土〟ということも、もとよりその智のはたらきの世界をおいて他にはありえない」

と述べる。ここに言われる「所依」（正確には転ぜられた所依）が、目下われわれの問題としている「句」に相当するというのが山口博士の見解である。

博士がそう考えられる根拠は『大乗荘厳経論』に次のように説かれる菩提品第四五偈である。偈と世親釈とを山口訳で引用する。

【荘厳経論偈[239]】

所依の転依においては、諸仏の不動なる処（チベット訳、無垢なる処）において不住処涅槃なる勝妙なる自在を得る。

【世親釈】

所依の転依においては、無漏界において諸仏の不住処涅槃なる勝妙なる自在を得る。

ここに「所依」と訳された語はアーラヤ識を指す。原語は pratiṣṭhā であり、第一には standing still, stability を意味し、漢訳の安立に相当する。山口博士はそれを「所依」と訳した理由について、チベット訳で rten（所依）となっていること、および、安慧がこの語をアーラヤ識とその所縁の境なる器世間（大地）を意味するものと注釈していることに依った旨を述べておられる。そしてこのように迷いの世界として顕現している所依としてのアーラヤ識が転依するとき、仏の不動なる処において不住処涅槃を得ることが述べられる。この「不動なる処」（acala-pada）はチベット訳では「無垢なる処」（amala-pada）となっている。チベット訳が無垢処であり、世親もそれを「無漏界」と注釈していることに基づいて長尾博士が校訂されているように、それは本来「不動処」ではなく「無垢処」であったと考えられる。さらに山口博士はこの偈に先立つ第四二偈において、「極めて無垢な」（su-nirmala）が漢訳では「極浄」であることからして、「無垢処」は「清浄処」と言われることも可能である、と言われる。そして「不動なる処」（acala-pada）が漢訳では「不動句」とされてpadaが句と訳されることからすれば、「清浄処」は「清浄句」となるであろうし、それは『浄土論』に「一法句者清浄句」と述べられていることに必然的に関連せしめられる、と言われる。(240) したがって、この場合の「句（pada）」の意味は言詮之句、つまり言葉や語句の意味ではなく、処、つまり場所の意味である、というのが山口博士のお考えである。句の語をこのように処の意味に理解するとき、「一法句者謂清浄句」という論の語はどのように理解されるのであろうか。そのことについて山口博士は次のように説明される。博士は、

その「一法句」が、曇鸞によって「第一義諦」、すなわち空・真如として示されていることによって、それは、真如法性のことと解釈せられている。(241)

と述べ、真如法性が「一法句」と称せられていることについて、

その一法とは、真如が一如と称せられているのと同じような詮称であろう。

と述べておられる。(242) そして博士は、一法が一如と同様の詮称であることの根拠として、一如が辞書に「不二の義」とされることを挙げて、次のような曼陀羅仙訳の『文殊師利所説摩訶般若波羅蜜経』の一節を援用しておられる。

よく一仏を念じて、その念が相続すればすなわち、その念の中において、よく過去未来現在の諸仏を見る。何をもっての故であるか。一仏の功徳の無量無辺なることを念ずれば、また無量の諸仏の功徳を念ずることになる。〔そのように一仏と無量の諸仏とが〕無二なることは不思議である。仏法は〔凡そ平〕等で分別を離れたものである。〔それは、仏は〕皆一如に乗じて最正覚を成ずるものであるからである、と。

博士は、ここに「一仏が無量諸仏と不二平等であることは、諸仏はみな一如に乗じて正覚を成じているからである」と説かれることから、「その一如平等不二の義には、縁起の立場において、一のものと他のものとの異体性・

別体性を否定する不二不異の義が顕されていることになる」と言われる。そしてここには「真如が不二義である」ということが言われている、と考えて、

その不二性（advayatva）は一性（ekatva）であり、一性は一法（ekabhāva）であると理解せられるであろう。

と言われる。すなわち、真如は不二性であり、それは一性（一であること）であり一法であるから、真如は一法であることが成り立つ、と博士は言われる。博士は、このように一法を真如法性と理解し、その理解に基づいて、「一法句」とは、衆生を真如法性（一法）に入らしむるための依事・依処（句）を意味する、と言われる。[243] 博士は先に一法句を、曇鸞が「第一義諦」としていることに基づいて、「真如法性」を意味するものと解釈された。しかしここではそれを真如法性に入らしむるための依事・依処を意味すると解釈しておられる。二つの解釈は矛盾しないのであろうか。

また、博士が「一法＝真如」と理解し得る根拠とされたこの経文にそのようなことが果たして述べられているであろうか。われわれにはそのようには思えない。ここにはただ、「仏たるものはすべて一如（真如）を理解することによって最も優れた正覚を成就する。それゆえ一仏と無量の諸仏とは無二（不二）である」ということが説かれているに過ぎない。「真如は不二義である」ということは言われていない。一如は仏によって覚られる真如を指し、不二義はその真如を覚った諸仏には差異がないという事態を指す。また、博士の註記によれば、漢訳の「皆一如に乗じて」はチベット訳では「如来性は一なるが故である」となっている。[244] それではここには「一如」の語は用いられていないことになり、「一法＝真如」と理解し得る根拠とはならない。いずれにしてもこの経からは、博士の言われる真如＝不二性＝一性＝一法という等式は成り立たない。

清浄句については、「清浄にするはたらきのある態がすなわち依事である。vyavadānaṃ ca padaś ceti vyavadāna-padaḥ：清浄にするはたらきでもあり、依事でもあるのが清浄句である」という持業釈の複合語とする解釈をしておられるが、清浄の原語を vyavadāna（purification, cleansing, 浄化）と想定し、それを持業釈の複合語（同格限定複合語）として読むとき、「清浄にするはたらきであり、かつ、依事であるもの」という理解し難い意味の語となる。pada を依事・依処とする博士の解釈にしたがうとすれば、依主釈の複合語と解して「清浄にするはたらきの依事」とでも理解するか、であろう。

「一法句者清浄句」について博士は次のように言われる。

「一法」は真如法性であるから出世間無分別智であるが、一法句といわれるときは真如法性の世間的顕現であるから、そこに後得清浄世間智が現在前している態としての無分別智である。そのように、無分別智によって清浄世間智が現在前しなくては無分別智も空に停滞して根本智たりえないのであるから、清浄世間智の現在前する位態がそこにあらわれでなければならないことが示されて「一法句者清浄句」といわれたのである。[245]

ここでは、一法句は後得清浄世間智が現在前している態としての無分別智とされ、清浄句は清浄世間智の現在前する位態とされている。それは博士が、一法を真如であり出世間的なるものであると解し、一法句を真如の依事であり世間的なるものと解されたことに相応する説明である。[246]それに準じて、清浄も真如であり出世間的なるものと解し、清浄句も真如の依事であり世間的なるものと解されたことを示す説明となっている。しかしそう解すると「清浄句者謂真実智慧無為法身」の意味が理解できなくなる。山口博士の解釈では、真如の依事であり世間的なるものとされていた清浄句が、ここでは真実智慧無為法身という、真如であり出世間的なものとされていることになるからである。

句（pada）を依事・依処を意味する語と理解して「一法句」「清浄句」を解釈する場合には、上記のような矛盾が生ずる。博士の「一法句」「清浄句」の解釈には何らかの誤解があるものと思われる。にもかかわらず、山口博士の句（pada）を依事・依処とする解釈は現在多くの支持を得ているように思われる。[247] それゆえ、いまわれわれは、その解釈の仕方を改めて検討しなければならない。

2　経典の用例からの再検討

右記のように山口博士は一法句の「句」を単なる「言詮之句」ではなく、「依事」を意味するものとされる。そこでいま経典における一法句の用例を検索し、その意味を検討してみたい。

費長房の『歴代三宝紀』によれば、『無量寿経優波提舎願生偈』が菩提流支によって漢訳されたのは北魏の普泰元年（五三一）である。「一法句」の語はそれに先だって漢訳された多くの経典に既に用いられている。この語の用いられる経典の中で最初期の訳出は、黄武三年（二二四）に支謙・竺将焰によって訳された『法句経』である。そこには次のように説かれている。

雖誦千言　句義不正　不如一要　聞可滅意

雖誦千言　不義何益　不如一義　聞行可度

雖多誦経　不解何益　解一法句　行可得道[248]

『法句経』と同種の内容をもつ『出曜経』（三九八―三九九訳）には次のように説かれる。

雖誦千章　不義何益　寧解一句　聞可得道
雖誦千章　法義具足　聞一法句　可従滅意[249]

パーリ語『法句経』には次のように説かれる。

無益な語句を千たびかたるよりも、聞いて心の静まる有益な語句を一つ聞くほうがすぐれている。(100)

無益な語句よりなる詩が千あっても、聞いて心の静まる詩を一つ聞くほうがすぐれている。(101)

無益な語句よりなる詩を百もとなえるよりも、聞いて心の静まる詩を一つ聞くほうがすぐれている。(102)[250]

それはパーリ文では次のようになっている。

sahassam api ce vācā anatthapadasaṃhitā
ekaṃ atthapadaṃ seyyo yaṃ sutvā upasammati. (100)
sahassam api ce gāthā anatthapadasaṃhitā
ekaṃ gāthāpadaṃ seyyo yaṃ sutvā upasammati. (101)
yo ca gāthāsataṃ bhāse anatthapadasaṃhitā
ekaṃ dhammapadaṃ seyyo yaṃ sutvā upasammati. (102)[251]

このように『法句経』で「一法句」と漢訳される語 ekadharmapada は、有益なことを語る「一つの語句」や「一つの詩」を意味し、句が「言詮の句」であることは明らかである。

次いで古くに訳された経典に竺法護（二三九—三一六）訳の『仏説徳光太子経』と『度世経』とがある。そこでは一法句の語は次のように現れる。

已聞種種仏法教　不能究竟一法句　非法行者何得道　譬如示盲之道徑（『仏説徳光太子経』）

成最正覚。因所力願。周遍一切無数仏土。皆現其身。於一切形。演一法句。普周無余一切法界。（『度世経』）

ここでも、前者では種々の仏の法教を聞くことよりも、ただ一つの法句を究竟することの重要さが説かれ、後者では仏が正覚を成じ無数の仏土にその身を現じて一法句を説くことが述べられており、やはりその「句」は「言詮の句」として用いられている。僧伽婆羅（五―六世紀）訳『仏説大乗十法経』においても同様に「言詮の句」を意味する語として用いられている[252]。また、『浄土論』の訳者菩提流支より後の隋の闍那崛多（五二三―六〇〇）訳『大法炬陀羅尼経』には一法句の語が数箇所に見られるが、それらにおける「句」の語もすべて「言詮の句」を意味する。例えばそれが最初に出る経文は次の如くである。

爾時彼仏告諸菩薩言。摩那婆。汝等欲聞陀羅尼門諸句義耶。諸菩薩言。如是世尊。我等欲聞。仏言。摩那婆。此陀羅尼一法句中、総摂無量億数修多羅。是決定義。當知如来一力所説無有辺際。（その時、彼の仏、諸菩薩に告げて言く。摩那婆よ、汝等、陀羅尼門の諸句義を聞かんと欲する耶。諸菩薩言く。是の如し、世尊。我等、聞かんと欲す。仏言く。摩那婆よ、此の陀羅尼の一法句の中に、無量億数の修多羅を総摂す。是れ決定義なり。当に如来一力の所説に辺際有ること無きを知るべし[253]）

この経文については、次項で『浄土論』の「広・略」説の観点から「一法句」の意味を再検討する場合に改めて考察する。ここではこの語の「句」が「言詮の句」を意味する語として用いられていることを紹介するだけに止めたい。

経典だけでなく論書にも一法句の語が見える。曇鸞の重用した鳩摩羅什訳（五世紀）『毘婆沙論』には次のように出る。

仏法貴如説行。不貴多読多誦。又如仏説行一法句、能自利益名為多聞。（仏法は如説の行を貴び、多読多誦を貴ばず。又、仏説の如く一法句を行じて能く自ら利益するを名づけて多聞となす[254]）

ここでは、一法句を行ずることが、多読多誦に比して貴いとされていることからして、一法句は簡潔な教言を意味し、「句」はやはり「言詮の句」を意味すると考えられる。以上の用例からすれば、経典および論書の漢訳者は、菩提流支の前後を問わず、一法句の「句」を「言詮の句」の意味で用いていたと考えられる。それが漢訳者の通例であり、菩提流支もその通例の用法に準ずるものと考えるのが自然であろう。しかし前述のように、山口博士は「一法句」の「句」を「言詮の句」ではなく、「衆生を真如法性（一法）に入らしむるための依事・依処（句）」と解釈される。そう解釈される根拠を博士は、「一法句」が、曇鸞によって「第一義諦」すなわち空・真如であり、真如法性そのものを意味すると解釈せられていることを上げておられた。曇鸞が『論註』巻下において相好荘厳をそのまま無為法身とした（相好荘厳即法身）[255] ことが、後世の浄土宗および真宗において「一法句の語を解するに多説あり」[256]という結果を招く元になったと考えられる。とは言えその場合もやはり、「句」は多くは「言詮の句」を意味するものと解されている。例えば、浄土宗鎮西派の良忠（一一九九―一二八七）は『往生論註記』巻五に、「一法句とは、一法は無為法身なり。句は謂はく能詮の章句なり。無為の義を詮ずるが故に名けて句となす」と述べる。真宗大谷派の慧然（一六九三―一七六四）は『論註顕深義記』巻五に、大集経の「如句・法性句・涅槃句乃至是の一句に一切仏法を総摂すと為す。所以はいかん。是くの如き等の句は句に非ざるを以ての故に、一切仏法は句に非ず、仮りに名づけて句となす。法は文字に非ず、文字法を顕わす」[257]という語を引いて「いま一の法の名を以て一切を統摂して一法句と名づく」と言う。深励（大谷派、一七四九―一八一七）も『註論講苑』巻十一で同様に述べる。これらは、われわれが検討した経典の用例の意味に沿う解釈である。他方、真宗本願寺派の崇廓（一七二九―一七八六）は『浄土論註疏』第九に、「弥陀正覚の果智を一法句と云ふなり。之を願心に約し、又は因に約するは非なり。弥陀所証の真実智慧無為法身を名づけて一法と云うなり」と解釈している。[258] 山口博士の解釈は崇廓の解釈に近いものと考えられる。

3　『浄土論』「広・略」説の観点からの再検討

一法句・清浄句の意味を考えるとき、それらが用いられた文脈において考慮すべきことは当然である。それは先に説かれた三種の成就、すなわち浄土と仏と菩薩との功徳の成就が、法蔵菩薩の願心によって荘厳されたものであることを述べる、曇鸞によって「浄入願心」と呼ばれる章の冒頭の語に続いて、「略して説かば一法句に入る故に」と説かれる中に出る。つまり浄土の二十九種の功徳の成就が菩薩の願心によって荘厳されたものであることを説き、その理由を「略して説かば一法句に入る故に」と述べる文脈において「一法句」の語は用いられている。二十九種の功徳の成就が願心による荘厳に起因すると述べる理由は、二十九種の荘厳が略して説けば一法句に収められることにあると言うのである。そしてその一法句とは清浄句なのだと言うのがこれらの語の現れる文脈である。

ここでこれらの語が、「広・略」に浄土の荘厳が説かれる中で現れることと、五念門の観察門の修習を述べる中で現れることとに注意すべきである。そのうち先ず「広・略」について考えたい。『浄土論』の「広・略」については、すでに曇鸞の「広略相入」説との関連から詳細な議論がなされている。[259]その大要が島津現淳教授によって整理報告されている。[260]ここでは教授の報告に基づいて考察を進めたい。

教授は『浄土論』に「広・略」の語が見出される箇所を四つ挙げる。その中の第三番目に「略説入一法句故」の語の現れる一節が挙げられている。教授はそれに対して、『論註』では、

上国土荘厳十七句、如来荘厳八句、菩薩荘厳四句為広。入一法句為略。

という注釈のなされていることを示しておられる。そうすれば、仏土・仏・菩薩の荘厳を説く二十九句が「広」説であり、入一法句が「略」説であることになる。この曇鸞の注釈は、浄土の荘厳を説く二十九句は浄土の荘厳を詳

細に述べる「広説」であり、それらが一法に入る、つまり収まることを説く句はそれを簡略に述べる「略説」である、と解説しているのである。さらに教授が「広・略」の語が見出される第四番目の例として挙げられた次のような一節からは、「広・略」が止観の仕方を示す語として用いられていることが知られる。

如是菩薩奢摩他毗婆舎那広略修行成就柔軟心。如実知広略諸法、如是成就巧方便廻向。

したがって、「奢摩他毗婆舎那広修行」とは、二十九句によって広説された、仏土・仏・菩薩の荘厳を対象として修する止観を意味し、「奢摩他毗婆舎那略修行」とは、入一法句によって略説された荘厳を対象とする止観を意味する。ここに説かれる広略について、それを藤堂博士は『大智度論』に説かれる、

略者、知諸法一切空無相無作無生無滅等。廣者、諸法種種別相分別。[261]

という文に基づくものと考えて[262]、そこに説かれる広略の法の修習を参考にして、略という仕方で諸法を知ることが「一法句に入る」ことを意味すると理解されることを次のように述べておられる。

この「一切法は空なり」と知るのは奢摩他寂静三昧を行ずることによって得られることであって、いわゆる「一法句に入る」という阿弥陀仏の理智冥合の自内証に入ることである。[263]

奢摩他によって諸法を「略」に知るということは、「空・無相・無作・無生・無滅等」と説かれるように、「一切法は空なり」という仕方で諸法を知ること、あるいは「一切法は無相なり」とか、「一切法は無常なり」等と知ることを意味する。毘婆舎那によって諸法を「広」に知るとは、奢摩他によって得られた智慧によって、諸法の個々の相を明晰に認識することを意味する。その修習の具体的な仕方は、藤堂博士の援用された引文の直前に説かれる『大智度論』の次のような語からほぼ窺うことができる。

仏所説の、八万四千の法聚、十二部経の如きは、若くは広、若くは略に、諸の三乗人の学する所なり。此の中

に説く。菩薩、阿耨多羅三藐三菩提を得んと欲せば、応に六波羅蜜を学すべし。若くは略、若くは広に学す者、当に是の法を、受持し、親近し、読誦し、思惟し、正観し、乃至、無相三昧なる心心数法不行に入るべし。菩薩、能く是の如く学せば則ち能く諸法の略広の相を知る。広とは、八万四千の法聚から無量の仏法に至るまでである。略とは、小品、小品中の一品、一品中の一段である。(264)

したがって「略」とは、菩薩が学ぼうとしている、経に説かれる最も主要な教え、あるいは教えを述べる箇所を指すものと考えられる。つまり菩薩は師から経を受持し、乃至、思惟して、その教えの主要な教えあるいはその教えの説かれている箇所を決定し、その上に奢摩他の行によって心を集中させる。それがここでは「略」と呼ばれ、『浄土論』では「一法句」と呼ばれる修習法である。このような奢摩他による修習法によって心が経に定まった後に、菩薩は経に説かれる諸法を毘婆舎那によって個々に簡択し理解する。それが「広」と呼ばれる修習法である。このように「略・広」の修習法が経の学び方とされたのは、大乗のみにおいてのことではなく、仏教全体に通じてのものであったことを、「仏所説の、八万四千の法聚、十二部経の如きは、若くは広、若くは略に、諸の三乗人の学する所なり」という語は示している。「略」としての「入一法句」の経の修習法も、『大智度論』に伝わるこのような経の修習法を踏まえて考えなければならない。そのことを考慮すれば、『浄土論』の「略」としての「一法句」は二十九種荘厳の最初の荘厳清浄功徳成就を説く「勝過三界道」の句に相当し、「広」は残りの二十八種の荘厳を説く諸句に相当する。そう解すれば、後に述べるように、曇鸞が前者を「総相」と呼び、後者を「別相」と呼んだこととよく相応する。

さらに、曇鸞は「如実知広略諸法」を、

如実知者如実相而知也。広中廿九句、略中一句。

と注釈し、一法句とは言わずに一句と言う。この句は明らかに依事・依処ではなく語句を意味すると考えられる。山口博士の理解されるように一法句が「真如法性の依事・依処」を意味するとすれば、そういう語が「一句」と略称されるとは考えられない。

「一法句」が『論註』に「一句」と言い換えて用いられているのは『論註』のみの特異な例ではない。瑜伽行派の止観の修習法を説く『解深密経』には、後に述べるように、『浄土論』の「広・略」との関連を思わせる幾つかの記述が見られる。そこには「一法句」に相当すると考えられる語が、玄奘と求那跋陀羅によっては「一句法」、菩提流支によっては「一句」と訳されている。島津教授は、構文が必ずしも同一ではないという理由のゆえに、それが直ちに「略説入一法句」に対応するものであるとするには問題があると述べておられるが、それらが「一法句」に相当する語であることに間違いはないと思われる。それはそれぞれ次のように訳されている。

玄奘訳：総別者、謂先説一句法已、後後諸句、差別分別究竟顕了。[265]

菩提流支訳：文殊師利言。世尊、何者是略広相。文殊師利。所謂略説一句、彼一句上上句、差別無量句、乃至説応至処。是名略説。応知。[266]

求那跋陀羅訳：彼略広者、総説一句法、漸増広句、分別解説乃至究竟。[267]

玄奘と求那跋陀羅によって総説一句法と訳され、菩提流支によって略説一句と訳された箇所は、チベット訳では mdor bsdus te tshig gcig gis bstan paḥi chos（略して一句によって説かれた法）となっている。これらの用例から見ても一法句に相当する語が語句を意味するものとして用いられていることは明らかであり、「真如法性の依事・依処」を意味するものとして用いられてはいない。

島津教授は『論註』では「広・略」の語とは別に「摠（惣）相・別相」という語が用いられている次のような例

を紹介しておられる。

（一）此二句即是第一事、名為観察荘厳清浄功徳成就。此清浄是摠相。

（二）惣別十七句、観行次第也。……（中略）……十七句中惣別為二。初句是惣相、所謂是清浄仏土、過三界道。彼過三界有何相、下十六種荘厳功徳成就相是也。

（一）は上巻「観彼世界相勝過三界道」の句に対する注釈中の語である。（二）は下巻観察体相章中の語である。いずれも仏土の荘厳が「摠（惣）相」と「別相」との十七句で説かれることを解説するものである。したがって文字通りには（一）の「此清浄是摠相」も（二）の「初句是惣相、所謂是清浄仏土」も仏土荘厳を説く十七句の「摠（惣）相」を意味する。しかしここは、（二）の「惣別十七句、観行次第也」という語が示唆するように、五念門の第四観察門として器世間荘厳成就と衆生世間荘厳成就とを観察することが主題であることを考慮すれば、島津教授の言われるように二十八句全体の「摠（惣）相」と理解すべきであろう。如来荘厳八句、菩薩荘厳四句については「摠相」と「別相」とが説かれていないことも、器世間（仏土）荘厳を説く十七句の「摠相」が衆生世間（如来・菩薩）荘厳を説く十二句の「摠相」をも兼ねるものであることを示唆している。

このように考えてくると「一法句者謂清浄句」は、「一法に収まることを説く句とは清浄を説く句である」という意味になる。そうすれば、「一法句・清浄句」の説かれる一節は「二十九種の荘厳は願心による荘厳に起因する。なぜなら二十九種の荘厳は、要するに願心の清浄なることを説くものだからである」という趣旨を述べるものとなり、文意が明瞭となる。それは本節の冒頭に引用した金子師の理解とも一致する。

以上のように曇鸞は、句（pada）の意味を依事・依処とする山口博士の解釈とは異なって、語句を意味するものと解釈する。しかし北魏の曇鸞のその解釈が、インドの瑜伽行派の世親の思想に相応するものであるとまでは言えない。そこでいま、前記の島津教授の論文に、「略説入一法句故」云々の一節に関連する瑜伽行派の資料として引用されるものの中から、われわれの議論に必要と思われるものを取り上げて、「一法句」と「清浄句」の意味を考察してみたい。

先に触れたように、『浄土論』の訳者菩提流支は瑜伽行派の止観の修習法を説く『深密解脱経』（玄奘訳、『解深密経』）をも訳している。その「聖者弥勒菩薩問品」（玄奘訳、分別瑜伽品）に『浄土論』の「広・略」との関連を思わせる次のような興味深い一節がある。

弥勒菩薩言。世尊、如世尊説差別観奢摩他毘婆舎那法・不差別観奢摩他毘婆舎那法。世尊、何者是差別観奢摩他毘婆舎那法、何者不差別観奢摩他毘婆舎那法。

仏言。弥勒、若菩薩一一観修多羅等法、如聞如取思惟諸法、修行奢摩他毘婆舎那、是名差別観奢摩他毘婆舎那法。

弥勒、若菩薩即彼修多羅等法、作一段・一分・一聚、如是思惟。此一切法随順真如、流順真如、随向真如、随順彼真如。随順菩提、随順涅槃、随心識転、随順彼法、随向彼法。如実能知無量阿僧祇諸善法相。弥勒、是名無差別観奢摩他毘婆舎那法。(268)

この一節のチベット訳を和訳すれば以下の如くである。

世尊よ、止（奢摩他）と観（毘婆舎那）とは、別法（ma hdres paḥi chos, amiśra-dharma）を所縁とするともいわれ、総法（hdres paḥi chos, miśra-dharma）を所縁とするともいわれます。別法を所縁とする〔止観〕とは如何なるものであり、総法を所縁とする〔止観〕とは如何なるものでしょうか。

弥勒よ、もし菩薩が、受持し思惟した諸法の中で、経などの個々の法を所縁とする止観を修習するならば、それは別法を所縁とする止観である。

もし、それらの経などの法を一塊りにし、一つにまとめ、一つに収め、一つの聚りにして、「これらの法はすべて、真如に随順し、真如に趣向し、真如に臨入し、菩提に随順し、菩提に趣向し、菩提に臨入し、涅槃に随順し、涅槃に趣向し、涅槃に臨入し、転依に随順し、転依に趣向し、転依に臨入するものである。これらの法はすべて、無量無数の善法を言葉をもって述べたものである」と作意するならば、それは総法を所縁とする止観である。(269)

「分別瑜伽品」にはこれに続いて総法を所縁とする止観に小総法・大総法・無量総法を所縁とする止観のあることが説明される。(270) このような総法を所縁とする止観について、島津教授は工藤成性博士の「奢摩他・毘婆舎那の究極理想は一切の教法が根本一であり、一法句に摂することを領解するにある」(271) という注目すべき言葉を紹介しておられる。工藤博士ご自身も島津教授もそれ以上この語を説明しておられず、意味に不明な点が残るが、それは後に考察することにしたい。ここでは工藤博士が止観の究極理想とする無量総法を所縁とする止観を、この経の注釈者智蔵（Jñānagarbha）が「〔経などの法を〕一塊りにしてとは、諸法の法性は不可得性という点で一味であると作意する止観が無量総法を所縁とする〔止観〕であると知るべきである」(272) と注釈し、「真如に臨入しとは、真如に入ることという意味である。このようにして、これら一切法は真如と一味である。真如とは自性清浄なる法界という意味である」(273) と注釈していることを指摘しておきたい。それは後に「一法句に摂すること」「入一法句」の意味を考察する際に有力な手引きとなることが予想される。

また島津教授が『深密解脱経』の「此一切法随順真如、流順真如、随向真如、随順彼真如。随順菩提、随順涅槃、随心識転、随順彼法、随向彼法」という語は、『浄土論』の「謂真実智慧無為法身」という語に対応する旨のことを述べておられることも注目に値する。『浄土論』のこの語は、通常、曇鸞の注釈するように「真実智慧と無為法身」という智慧と法身との二つのものを指す語と理解されている。[274] しかし島津教授は、この語は『深密解脱経』の真如・菩提・涅槃・転依に対応しており、真実・智慧・無為・法身の四つのものを指す、と理解すべきであると言われる。『解深密経』の注釈者智蔵は、真如は自性清浄なる法界であり、菩提は出世間無分別智であり、転依は法身である、と注釈し、涅槃の注釈をしていない。[275] もう一人の『解深密経』の注釈者覚通は、真如を清浄なる法界、菩提を真如に通達する出世間の正智、転依を法身、涅槃を無為界と注釈する。[276]

また、「清浄句」の「清浄」に対応すると考えられる『解深密経』の記述に関しては、教授は以下のような「如来成所作事品」[277]の二箇所を挙げておられる。同じく菩提流支訳を引用する。

(一)仏言。文殊師利、言如来行処者、一切諸仏功徳平等不可思議無量功徳荘厳清浄仏之国土。是名諸仏如来行処。[278]

(二)仏告文殊師利言。文殊師利、無有二相。不証菩提非不証菩提。不転法輪非不転法輪。非入大涅槃非不入大涅槃。文殊師利言。世尊、我解世尊所説義。何以故、如来法身本来常清浄故。応化身示現故。[279]

(一)には仏国土の清浄が、(二)には如来の法身の清浄が説かれる。つまり、『浄土論』の「清浄句」は(一)や(二)のように仏国土の清浄や如来の法身の清浄を説く語を意味し、それはつまりは真実・智慧・無為・法身という四つのものを述べるものであるというのが、「清浄句者謂真実智慧無為法身」の意味するところである。このことも後にさらに詳細に考察することとしたい。ここではその前に、島津教授が『浄土論』の「広・略」および「一法句」の意味を理解するための参考として援用しておられる、二―四世紀頃の成立と見られる『大法炬陀羅尼経』[280]を、われわれの目下の議論に関係する範囲で検討してみたい。そこには以下のように「一法句」のみならず、

『浄土論』の冒頭に説かれる「世尊我一心」と同義と見られる語も現れる。

爾時、彼仏告諸菩薩言。摩那婆、汝等欲聞陀羅尼諸門句義耶。諸菩薩言。如是世尊、我等欲聞。仏言。摩那婆、諦聴諦聴、善思念之、吾為汝説。諸菩薩言。世尊、我今一心、惟願善説。仏告諸菩薩言。摩那婆、此陀羅尼一法句中、総摂無量億数修多羅、是決定義。当知、如来一力所説無有辺際。……（中略）……汝応当知、此修多羅一句門中、則能総摂無量修多羅句義。爾時彼諸菩薩復白仏言。世尊、云何無量修多羅方便入斯一句義耶。仏言。摩那婆、一句義者、所謂般若波羅蜜句。若入般若波羅蜜現在前、是名一切入。是為諸仏世尊不空法具足無歓。若一心思惟無間念者、如一挙手時、即得無量無辺波羅蜜義。此智慧句、則是陀羅尼根本句。(281)

ここにおいて仏は「此陀羅尼の一法句中に無量億数の修多羅を総摂すること」、あるいは、「此の修多羅の一句門中に則ち能く無量の修多羅の句義を総摂すること」を説いている。「一法句」「一句門」「一句義」はほぼ同義語として用いられているものと考えられる。仏は「その一句義とは般若波羅蜜句である」と説く。その一句義に悟入しそれを現在前させれば、それはすべての修多羅に悟入することになる。「此智慧句」の意味が分かりにくいが、おそらくその前に説かれた「その一句義とは般若波羅蜜句である」という語の「般若波羅蜜句（智慧波羅蜜句、prajñāpāramitā-pada）」を「智慧句」と訳して、「一句義であるその智慧句」と述べたのであろう。したがってこの経は、「無量億数の修多羅を総摂する一法句・一句義なるもの、それは智慧句であり、則ちそれは陀羅尼の根本句である」ということを述べるものである。この経からも一法句の「句」が依事や依処を意味するものでないこと、経を総摂する語であることが確認される。

4 『大乗荘厳経論』世親釈からの考察

以上われわれは、一法句の「句」が山口博士の言われるように依事や依処を意味するものでないこと、および経を総摂する「語」を意味することを経論に基づいて見てきた。そこで次に世親自身の論書においてそのことがどのように述べられているかを検討したい。『大乗荘厳経論』の教授品の第四偈から第六偈に対する世親の注釈には、先に述べたように五念門の源流を述べると想定される記述が見られる。そこには前述の如く、菩薩が瑜伽行の資糧道に着手するときに、六種類の心（根本心、随観心、伺察心、決定心、総聚心、希求心）を起こして瞑想の対象に心を集中させることが述べられていた。行者はまず初めに、経等の法において、経等の題名に心を結びつけなければならないことが説かれ（第四偈）、その後に順次、種々の句を随観し、その意味を正しく伺察すべきことが説かれ（第五偈）、それらの意味を決定し、さらに法に総聚し、それからその意味を証得しようと希求すべきことが説かれていた（第六偈）。

ここで一法句との関係から検討したいのは第五番目の総聚心（saṃkalana-citta）である。「総聚心」とは、先に伺察した教法の意味を根本心の上に集約して、一まとめにしたものを心中の表象（行相）として生ずる〔心である〕。世親はそれを次のように注釈していた。

総聚心とは、先に伺察した意味を根本心の上に集約して、一まとめにしたものをその行相として生ずる〔心である〕[282]。

安慧は第四—六偈に説かれる教法の修習法を次のように極めて具体的に説明する。それによれば、瑜伽行者たる菩薩は、先ず経等の十二部経の題名に、例えば「この経の題名は十地経である」とか「入楞伽経である」というように心を定めなければならない。その後に、経の題名の後には経に説かれる語句に心を定める。「如是我聞一時」という冒頭の語句から最後の語句に至るまで、順次どのような語句が用いられているか、どれほど多くの語句が用いられているかを知る。そしてそのようにして知った語句を、次には自ら伺察して理解しなければならない。経に出る語句の意味を一つひとつ誤りなく理解することが求められる。その後に、経の語句の意味はただこれだけに尽き、それ以外にはないと決定して理解しなければならない。それから諸々の経典の意味を一つにまとめて法に集約する。どのように集約するかと言えば、十二部経の意味をまとめて経に集約したり、あるいは一つの経に関しても、「この経を最初の文字から最後の文字まで意味をまとめれば、こういうことが説かれているに過ぎない」とか、あるいは「経全体の意味をまとめれば、空性を説くに過ぎない」というように集約する。それが「法に総聚する」と言われる事柄である。その後に菩薩は、それらの語句の意味を証得したいと希求する。

　ここには経の修習を瑜伽行によって行じようとする菩薩の、初歩的な段階の学習法が具体的に説明されている。三学という点から言えば、思から修に入る段階に相当する学習法に相当する。各自の学ぼうとする経典に対して「自分の学ぼうとする経は十地経である」というように、先ずその題名に心を定めることから思の学習は始まる。次いで経に説かれるすべての語句の意味の考察がなされ、正しく確定され、それぞれの意味が決定して理解される。その後に菩薩は、そのようにして理解した語句の意味を一つにまとめて「法に集約する」（gcig tu bsdus nas chos la sdus par byed）、つまり「法に総聚する」（dharme saṃkalayet, chos la kun nas sdom par byed）ことを行う。それは、安慧によれば、釈尊の教説の全体である十二部経をその一部である経に集約したり、一つの経に説かれる多くの意味を要略すればこういう意味であると集約したり、あるいは空性という一つの教え（法）に集約したりすることである。それが偈に「法に総聚する」と言われる意味である。それは先に引用した『解深密経』（分別瑜伽品）に、経などの法を一塊りにし、一つにまとめ（gcig tu bsdus ba）、一つに収め、一つの聚りにして、「これらの法はすべて、真如に随順し、真如に趣向し、真如に臨入し、菩提に随順し、菩提に趣向し、菩提に臨入し、涅槃に随順し、涅槃に趣向し、涅槃に臨入し、転依に随順し、転依に趣向し、転依に臨入するものである。これらの法はすべて、無量無数の善法を言葉をもって述べたものである」と作意するならば、それは総法を所縁とする止観である。

と説かれていた、「総法を所縁とする止観」と同様の修習法である。

『大乗荘厳経論』の偈において「法に総聚する」と説かれ、世親によって「理解した〔経の〕語句の意味を一つにまとめて法に集約する」と説明された経の修習の仕方は、先に見た『大智度論』の「略」の修習法と軌を一にするものである。それが瑜伽行派の最初期の経典『解深密経』（分別瑜伽品）に取り入れられて「総法を所縁とする止観」とされ、『大乗荘厳経論』では「法に総聚する」修習法とされたものと考えられる。総法を所縁とする止観について、先に引用したように、工藤博士は「奢摩他・毘婆舎那の究極理想は一切の教法が根本一であり、一法句に摂することを領解するにある[283]」と述べておられる。先に意味に不明な点が存するままに残しておいたことをここで考察してみたい。それは「一切の教法が根本一であり、一法句に摂することを領解する」ことが如何なる事態を意図して述べられたかが明瞭でないということであった。

その事態は、『解深密経』（分別瑜伽品）の注釈者智蔵の説明と『大乗荘厳経論』（教授品）の安慧の注釈から明瞭になる。智蔵は経中に説かれる「〔経などの法を〕一塊りにして」という語を「諸法の法性は不可得性という点で一味であると作意する止観が、無量総法を所縁とする〔止観〕であると知るべきである[284]」と注釈し、「真如に臨入し」という語を「真如に入ることという意味である。このようにして、これら一切法は真如と一味である。真如とは自性清浄なる法界という意味である」[285]と注釈している。この智蔵の注釈の仕方は、いま上で見た、世親の「一つにまとめて法に集約する」という語を、安慧が「釈尊の教説の全体である十二部経をその一部である経に集約したり、一つの経に説かれる多くの意味を要略すればこういう意味であるとか、あるいは空性という一つの教え（法）に集約したりすることである」と注釈していたのと同種の考えに基づくものである。それは個別に（「別相」）に広く（「広」）説かれたものを、一つ（「摠〈惣〉相」）に集約して（「略」）止観の対象とすることによってこそ、教法は如実に理解せられるとする瑜伽行派の思想である。『浄土論』の著者世親を瑜伽行派に属する人と考えるとき、「一法句に摂する（入一法句）」という語が用いられるのは、以上のような趣旨に基づくものと考えなければならない。

さらに『浄土論』の「略説入一法句故。一法句者謂清浄句」の「入」と「清浄句」との意味を考える上で、智蔵が『解深密経』の「一切法は真如に臨入する」という語を、「真如に入ることという意味である。このようにして、これら一切法は真如と一味である。真如とは自性清浄なる法界という意味である」と注釈していることは重要な手がかりとなる。

『解深密経』のこの箇所が教法の修習を述べるものであるのに対して、『浄土論』の「略説入一法句故。一法句者謂清浄句」の語が浄土の荘厳を述べる文中に現れるものであり、話題が異なることは言うまでもない[286]。しかしこれら経と論が共に瑜伽行派のものであり、いま取り上げている箇所が共に止観の修習法を述べる文脈中のものであるという共通性を考慮するとき、むしろ両者は共通の基盤を想定して理解すべきであろう。そのように考えることが妥当だとすれば、「略説入一法句故。一法句者謂清浄句」という語は、『解深密経』の智蔵の注釈が、瑜伽行派の法の修習法に基づいて、教法の究極的な修習法を「多くの法を一つの法に要略して止観の対象とすること」として説明しているのと同様に、『浄土論』の著者世親も、瑜伽行派の法の修習法に基づいて「止観の対象である二十九種の荘厳という多くの法を〈勝過三界道〉という一つの法を語る句（一法句）に要略して止観の対象とすること」を述べたものと考えられる。このように考えてくると、「清浄句者謂真実智慧無為法身」という語の意味も理解し易くなる。

「真実智慧無為法身」という語は、通常、曇鸞の注釈するように「真実智慧と無為法身」という智慧と法身との二つを指す語と理解されている(287)。しかし先に見たように、『解深密経』の注釈者智蔵は、真如は自性清浄なる法界であり、菩提は出世間無分別智であり、転依は法身である、と注釈し、涅槃の注釈はしていなかった(288)。しかし覚通は、真如を清浄なる法界、菩提を真如に通達する出世間の正智、転依を法身、涅槃を無為界と注釈していた(289)。覚通の注釈が瑜伽行派の正統の理解を示すものと考えられる。智蔵と覚通の注釈を見た折りに、われわれは島津教授が『解深密経』（如来成所作事品）(290)に「清浄」が説かれる例として挙げられた二箇所についても一応の考察を行った。その（一）の箇所には仏国土の清浄が(291)、（二）の箇所には如来の法身の清浄が説かれていた(292)。つまり、『浄土論』の「清浄句」は、仏国土の清浄や如来の法身の清浄を説く語を意味し、それはつまりは真実・智慧・無為・法身の四つのいずれもが清浄であることを述べるものであり、それが「清浄句者謂真実智慧無為法身」の意図するところであると考えられる。

そこで以下に「一法句」についてわれわれが行った検討を踏まえて、覚通の注釈と「如来成所作事品」の記述を参考に、前に保留しておいた『浄土論』の「清浄句」の意味を考察することにしたい。覚通の注釈によれば、真如は清浄なる法界を意味し、菩提は真如に通達する出世間の正智を意味する。したがって真如と菩提とは、所縁・能縁の関係にあり、世間的な分別智に即して言えば所取と能取との関係にある。ただしそれらは能取が出世間の正智であるがゆえに所取・能取の分別を離れているので、両者は「清浄」である。また、法身は転依であり、涅槃は無為界であり、世間智に即して言えば前者は能取に相当し、後者は所取に相当するが、それらも転依が出世間智であるがゆえに所取・能取の分別を離れているので「清浄」である。

『浄土論』ではその真如は真実とされ、菩提は智慧とされ、涅槃は無為とされ、転依は法身とされているが、それらはそれぞれ同義である。それゆえ『浄土論』の「一法句者謂清浄句。清浄句者謂真実智慧無為法身故」という語は、「菩薩が多くの法を要略して止観の対象とすべき一つの教え（一法句）とは、〔浄土は〕清浄であると説く教え（清浄句）である。なぜなら清浄句は、真実・智慧・無為・法身が所取・能取の分別を離れて清浄であることを説く教えだからである」という趣旨を述べるものと解される。この語をこのように理解することは、それに続く、

此清浄有二種。応知。何等二種。一者器世間清浄、二者衆生世間清浄。器世間清浄者、如向説十七種荘厳仏土功徳成就。是名器世間清浄。衆生世間清浄者、如向説八種荘厳仏功徳成就、四種荘厳菩薩功徳成就。是名衆生世間清浄。如是一法句摂二種清浄義。応知。(293)

という一節との脈絡を通じ易くする。というのは、この一節は「一法句者謂清浄句云々」という語を右のように理解するとき、その趣旨は平易なものとなるからである。つまり世親が述べようとしているのは次のような事柄であると思われる。すなわち、清浄ということには、器世間清浄と衆生世間清浄との二種がある。前者は仏土功徳成就の清浄であり、後者は仏と菩薩との功徳成就の清浄である。仏土功徳成就の清浄は真実と無為とが所取・能取の分別を離れた清浄に相当し、仏と菩薩との功徳成就の清浄は智慧と法身とが所取・能取の分別を離れた清浄に相当する。このように「荘厳清浄功徳成就」という一法句には、二種の清浄の意味が含まれているのである。

十　『浄土論』所説の往生行概観

『浄土論』の往生思想を考察するに先だって、その内容を概観しておきたい。概略であれ全体像を把握しておくことは、各部分の記述を全体の文脈から逸脱せずに理解するために有効な方法だと考えるからである。

『浄土論』を読むに際して、われわれは山口益、長尾雅人両博士を初めとする先学の諸師によって、この書が瑜伽行者としての世親によって作られたものであることが明らかにされていること(294)を再確認しておかなければならない。なぜなら願生偈とそれを解説する世親自身の注釈から成るこの論は、極めて簡潔な文言で綴られており、親鸞も和讃に「天親菩薩のみことをも、鸞師ときのべたまわずは」と述べてその難解さを示唆しているように、参考にすべき何らかの手立てなくしては理解し難い著作だからである。

世親には論書や論釈のみならず経典の注釈にまで亙る多様な著作があり、その内容も小乗部派の教義から大乗経典および瑜伽行派の思想にまで及んでいる。したがって世親の著作を読むに際しては、それが如何なる系統の思想に基づいて著されたものであるかを確認しておくことが、その書を正しく理解するために不可欠である。殊に本書のような簡潔な作品を読むとき、それが瑜伽行派の修道論に基づいて説かれた書であることが先学の諸師によって明らかにされていることは、その理解に極めて大きな便宜を与えるものと言わねばならない。あるいは、むしろそれらの先行研究を参考にせずして本書を理解することは不可能だと言うべきであろう。したがってここでは、それらの研究成果を踏まえて本書に説かれる往生行を考察することとしたい。

本書が瑜伽行派の修道論の立場から説かれたものであることを念頭に置いて本偈に対する世親の注釈を読むとき、

われわれにはこの書が、法蔵菩薩の永劫の修行による種々の功徳で荘厳された浄土の様相（功徳荘厳）を対象として止観を修習し、それによって浄土に往生して阿弥陀仏にまみえるための自利行を完成すると共に、兼ねて一切衆生を浄土に導くための利他行を行ずる菩薩行を述べようとする書である、という本書のおおまかな概観をもつに至る。このような概観が得られて初めて、われわれには願生偈を理解する準備が調ったことになる。

瑜伽行派における修道論の主眼は、仏が教えるすべての物事（一切法）を、既成概念として言葉通りに理解して能事終われりとするのではなく、仏がそれらの物事に託して教えようとした意図を、法を対象とする瞑想行を通して聞き取り体得しようとするところにある。そのためには心を教えられた物事（法）に集注し（śamatha, 奢摩他・止）、その物事を明瞭に見通す行（vipaśyanā, 毘婆舎那・観）である瑜伽行（yogācāra）の実践が必要とされる。[295]『浄土論』では瑜伽行は五念門と五功徳門の修習として語られる。その修習法については偈の後に説かれる世親の注釈を見る折りに考察することにして、以下に五念門に関する叙述に焦点を絞って願生偈の所述に一通り目を通しておくこととする。

1　願生偈

a　帰敬偈

世尊我一心　歸命盡十方
無礙光如来　願生安樂国

世尊、我れ一心に、尽十方無碍光如来に
帰命したてまつりて、安楽国に生ぜんと願ず。

曇鸞によれば、ここに説かれる三句によって五念門の内の最初の三門、礼拝門と讃嘆門と作願門とが表される[296]。つまり「帰命」[297]の語によって礼拝門が、「尽十方無碍光如来」によって讃嘆門が、「願生安楽国」によって作願門が説かれている。

b 造論の趣旨

我依修多羅　真實功徳相
説願偈總持　與佛教相應

我れ修多羅なる、真実の功徳の相あるものに依りて
願偈なる総持を説いて、仏教と相応せん。

世親は論を作るに際して「真実の功徳の様相（相、荘厳）を説く経に依って、その様相をこの願生偈にすべて納めて説き、仏の教えに相応するようにしよう」と造論の趣旨を述べる。それは、以下の第三偈から第二三偈までにおいてかれが説こうとする、仏国土について十七種、仏について八種、菩薩について四種、合計三種、二十九種の徳性の様相（功徳荘厳）が、それを菩薩が観想することにより仏の教えに相応する者となるための手がかりとなる書を作り、そうすることによって菩薩行としての往生行の修習法を明確にしようとする世親の意志を示したものである。曇鸞は真実の功徳の様相を説く経を〈無量寿経〉と〈阿弥陀経〉を指すと言うが、それは近年の研究によっても支持されているので[298]、われわれもそう考えることとする。したがって世親は、これら二経に仏国土および阿弥陀仏と菩薩とが、法蔵菩薩としての修行の結果、いかなる功徳で荘厳されたものとして記述されているかを明らかにし、それらの功徳によって荘厳された様相を、菩薩行における瞑想（止観）の対象として確定しようとしたので

ある。香月院は、『論註』の「功徳の様相を正しく観ずる者はその功徳を体得する（如実修行亦得如実功徳）」という語を注釈するに際して、浄土の荘厳の様相を止観によって心に表象する行は、その荘厳が象徴する功徳を行者に体得させるものであることを次のように説明する。

染香人の身に香気あるが如くで、如実の功徳の荘厳を観ずる故、その所観の功徳を行者の身に得るとの給うなり。（中略）散乱の凡夫が毘婆舎那観を如実に修行する事はかなわぬ。これは凡夫ながら、浄土の荘厳の如実の功徳を思い浮かべれば知らず知らずその如実の功徳を我身にうるゆへ、それを論文に「如実修行亦得如実功徳」と説いたものなり……。(299)

浄土を願うおもいのおこる処で浄土へ参りたらばかくや〔あ〕らんと七宝八徳の荘厳がおもいやらるゝ。これが奢摩他毘婆舎那の止観の行を成ぜしめ給う処なり。(300)

ここには浄土を瞑想の対象として行われる瑜伽行がいかなるものであるかが、かなり明瞭に示されていて興味深い。自分がそこに往生したいと願う浄土の光景を、二十九種の荘厳という光景に心を集中させて思い描くとき、行者には、恰も染香人の身に香気が熏習されるように、知らず知らずの内に浄土の功徳が身に備わると説かれ、往生行における止観が、浄土の功徳を行者に体得させるものと考えられていることが注目される。

c　仏国土の功徳荘厳

観彼世界相

　彼の世界の相を観ずるに

以下、最後から二番目の偈の「何等世界無」の四句に至るまでが観察門を述べるものとされる。ここには、浄土が仏国土と阿弥陀仏と諸菩薩との種々の功徳によって荘厳されている様相が説かれる。最初に仏国土に備わる十七種の功徳の荘厳が説かれる。偈に説かれる十七種の功徳は、偈の直後に説かれる世親自身の注釈中の名称と共に示せば以下の通りである。

①清浄功徳

勝過三界道

三界の道に勝過せり。

先ず浄土が、欲界・色界・無色界という輪廻転生の迷いの三界の境涯を、その清浄さという功徳（清浄功徳）のゆえに超え勝れていることが説かれる。

『論註』によれば、この句は仏国土の十七種の功徳と阿弥陀仏の八種の功徳と菩薩の四種の功徳との合計二十九種の功徳の総相を示すものとされる。(301) したがってこの句は、仏国土の十七種の功徳の総相を示すと共に二十九種の功徳すべての総相をも示す句である。曇鸞によれば、二十九種に説かれる浄土の種々の功徳は、「その清浄さが三界のあらゆる境涯を超え勝れている」と述べるこの清浄句、つまり浄土の本質をただ一つの法に総摂して、「浄土は三界を勝過して清浄である」（勝過三界道）と述べる真理の一句（一法句）に包摂されることになる。それゆえ菩薩は、第三偈以下第二三偈に至る二十一偈八十四句に説かれる二十九種の功徳荘厳の様相を瞑想の対象とするについては、それらが究極的にはこの「勝過三界道」という一法句に包摂されること、言い換えれば「浄土の本質は清浄性にある」という教えに要約され得ること、したがってそれが浄土の最も重要な特性であること、を常に念頭に置いて瞑想をしなければならない。

②量功徳
究竟如虚空　廣大無邊際
究竟すること虚空の如く、広大にして辺際なし。
③性功徳
正道大慈悲　出世善根生
正道の大慈悲なる、出世の善根より生じたり。
④形相功徳
淨光明滿足　如鏡日月輪
浄光明、満足すること、鏡と日月輪の如し。
⑤種種事功徳
備諸珍寶性　具足妙莊嚴
諸の珍宝性を備え、妙荘厳を具足す。
⑥妙色功徳
無垢光炎熾　明淨曜世間
無垢の光炎、熾にして、明浄にして世間を輝かす。
⑦触功徳
寶性功徳草　柔軟左右旋
觸者生勝樂　過迦旃隣陀

宝性の功徳草、柔軟にして左右に旋れり。
触るれば勝楽を生じ、迦旃隣陀を過ぎたり。

⑧三種功徳

寶華千萬種　彌覆池流泉
微風動華葉　交錯光亂轉
宮殿諸樓閣　觀十方無礙
雜樹異光色　寶欄遍圍繞
無量寶交絡　羅網遍虚空
種種鈴發響　宣吐妙法音

宝華の千万種は池・流・泉を弥覆し、
微風、華葉を動かすに、交錯して光、乱転す。
宮殿、諸の楼閣、観、十方に碍げなし。
雑樹に異の光色あり。宝欄、遍く囲繞せり。
無量の宝、交絡し、羅網、虚空に遍し。
種々の鈴、響を発し、妙法の音を宣吐す。

⑨雨功徳

雨華衣莊嚴　無量香普薰

華衣の荘厳を雨ふらし、無量の香普く薫ぜん。

⑩光明功徳

佛慧明淨日　除世癡闇冥

仏慧、明浄なること日のごとく、世の痴の闇冥を除く。

⑪妙声功徳

梵聲悟深遠　微妙聞十方

梵声、悟らしむること、深遠にして、微妙にして十方に聞こゆ。

⑫主功徳

正覺阿彌陀　法王善住持

正覚の阿弥陀、法王として善く住持したまう。

⑬眷属功徳

如來淨華衆　正覺華化生

如来浄華の衆、正覚の華より化生す。

⑭受用功徳

愛樂佛法味　禪三昧爲食

仏法の味を愛楽し、禅三昧を食と為す。

⑮無諸難功徳

永離身心惱　受樂常無間

永えに身心の悩みを離れ、楽を受すること常に無間なり。

⑯大義門功徳

大乗善根界　等無譏嫌名

女人及根欲　二乗種不生

大乗善根の界、等しくして譏嫌の名無し。

女人と及び根欠、二乗の種は生ぜず。

⑰一切所求満足功徳

衆生所願樂　一切能満足

衆生の願楽するところ、一切能く満足す。

是故願生彼　阿彌陀佛國

故に我れ、彼の阿弥陀仏の国に生れんと願う。

d　仏の功徳荘厳

①座功徳

無量大寶王　微妙淨華臺

無量の大宝王、微妙の浄華台にまします。

②身業功徳

相好光一尋　色像超群生

相好の光、一尋にして、色像は群生を超ゆ。

③口業功徳

如來微妙聲　梵響聞十方

如来の微妙の声、梵響にして十方に聞こゆ。

④心業功徳

同地水火風　虚空無分別

地・水・火・風・虚空に同じて分別無し。

⑤大衆功徳

天人不動衆　清淨智海生

天・人の不動の衆、清浄の智海より生ず。

⑥上首功徳

如須彌山王　勝妙無過者

須弥山王の如く、勝妙にして過ぐる者無し。

⑦主功徳

天人丈夫衆　恭敬繞瞻仰

天・人の丈夫衆、恭敬し遶りて瞻仰す。

⑧不虚作住持功徳

觀佛本願力　遇無空過者

能令速満足　功徳大寶海
仏の本願力を観ずるに、遇て空しく過ぐる者なし。
能く速やかに功徳の大宝海を満足せしむ。

e　菩薩の功徳荘厳

①［安楽国が化仏なる菩薩を住持する功徳(302)］
安樂國清淨　常轉無垢輪
化佛菩薩日　如須彌住持
安楽国は清浄にして、常に無垢の輪を転ず。
化仏・菩薩の日を、須弥の如く住持す。

②［無垢の清浄光が群生海を利益する功徳］
無垢荘嚴光　一念及一時
普照諸佛會　利益諸群生
無垢の荘厳光、一念及び一時に
普く諸仏の会を照らし、諸の群生を利益す。

③［供養諸仏の行の功徳］
雨天樂華衣　妙香等供養
讃諸仏功徳　無有分別心

天の楽・花・衣・妙香等を、雨ふらし供養して、
諸仏の功徳を讃ずるに、分別心有ること無し。

④［如実修行の功徳］

何等世界無　佛法功德寶
我願皆往生　示佛法如佛

何等の世界にか、仏法功徳の宝無かりせば、
我れ願わくば皆往生して、仏法を示すこと仏の如くならん。

f　廻向偈

我作論説偈　願見彌陀佛
普共諸衆生　往生安樂國

我れ、論を作り偈を説きて、願わくば、弥陀仏を見たてまつりて、
普く諸衆生と共に、安楽国に往生せん。

無量寿修多羅の章句、我れ、偈誦を以て総じて説き竟んぬ。

2　論

以下、本偈に続いてそれに対する世親自身の解説が示される。その解説を曇鸞は十節に分けてそれらを、第一節

「願偈大意」（願生偈の大意を述べる）、第二節「起観生信」（五念門の行のすがたを顕す）、第三節「観察体相」（五念門中の観察門の行の所観の体を明かす）、第四節「浄入願心」（浄土の三種荘厳は法蔵菩薩の一願心から現れたことを明かす）、第五節「善巧摂化」（菩薩の善巧方便を以て衆生を摂化する相を明かす）、第六節「離菩提障」（菩提の障を離れることを明かす）、第七節「順菩提門」（菩提に順ずる行を修することを明かす）、第八節「名義摂対」（先の二節に説いた法門が智慧心・方便心・無障心・妙楽勝真心に包摂されることを明かす）、第九節「願事成就」（願生の事業の成就することを明かす）、第十節「利行満足」（五念門自利利他の行が果に至って成就し満足することを明かす）と名づける。[303] 以下、われわれも便宜上その名称を用いる。これら十節の所説内容が『浄土論』に説かれる往生行である。香月院は、第二節「起観生信」から第九節「願事成就」までを衆生往生の因である五念門の行を明かすもの、第十節「利行満足」を衆生往生の果を明かすものと述べる。[304]

その中、先ず願生偈が浄土を観じて阿弥陀仏にまみえて浄土に往生せんとの願いを述べたものであることが示され（第一節「願偈大意」）、その観察の方法である五念門の修習法が次のように説明される。

a　五念門（第二節「起観生信」）

論じて曰く。此の願偈、何なる義をか明かす。彼の安楽世界を観じて、阿弥陀如来を見たてまつり、彼の国に生ぜんと願ずることを示現するが故に。

云何が観じ、云何が信心を生ずる。若し善男子善女人、五念門を修して行成就すれば、畢竟じて安楽国土に生じて彼の阿弥陀仏を見ることを得。何等か五念門なる。一には礼拝門、二には讃嘆門、三には作願門、四には観察門、五には廻向門なり。

ここには「云何が観じ、云何が信心を生ずる」という問いが立てられ、その「云何が観じ」に対する答えとして「若し善男子善女人、五念門を修して」と述べて五念門がその行であることが示される。そして「云何が信心を生ずる」という問いに対しては「五念門である行成就すれば、畢竟じて安楽国土に生じて彼の阿弥陀仏を見ることを得」と答えて、五念門を行ずれば浄土に往生し阿弥陀仏にまみえると信ずることが信心であると説かれて、『浄土論』においては信心が「五念門を往生行として信ずること」を意味することが示される。このように『浄土論』において五念門は浄土往生のための重要な行とされるので、以下に理綱院慧琳（一七一五—一七八九）と香月院深励（一七四九—一八一七）の解説を参考に、多少詳細に検討することとしたい。

ここに「畢竟じて安楽国土に生じて」と説かれることについて香月院は、

今こゝへこの畢竟の言をおき給ふは、五念門の行が成就すればとてその處で直に往生するのではない、往生は當來の利益じゃによりて、五年すぎてなりとも十年すぎてなりとも、命終するときは必ず浄土に往生するということをあらわして、畢竟の言をおき給ふ。經文に「即得往生」と説くは往生の定まる時刻を説き給ふなり(305)。

と述べる。このことから、五念門を命終時に往生するに至るまでの行とするのが香月院の理解であることが知られる。また五念門の「門」の意味を曇鸞は「入出の義」と述べて浄土に自在に入出する門の意であると注釈する。しかしその場合、五念門の前の四門は浄土に入る門であり、後の一門を出の門としたことが、前者は浄土への往相を指し後者は還相を指すものとする誤解を生むこととなった。五念門は前記のように現生における行である。それがもし往相と還相とを含むものであれば(306)、この曇鸞の注釈は「現世往生」を述べたものとなる。けれども入出の二門は往相還相を意味するものではない。香月院は香厳院恵然（一六九三—一七六四）の『顕深義記』『二門偈大意』に「入とは自利の名、出とは利他の名」と述べるのがその正しい意味であり、したがって『論註』の説明は以下のことを意図するものであると言う。

五念門中の前の四念門は自ら浄土へ往生する自利の行じゃによって入と名づけ、第五の廻向門は教人信の利他の行じゃによって出と名づける。また果の五門もこれと同じことで、前の四門は自ら浄土へ往生する自利を満足するのじゃによって、下の論文には入の功徳を成就すと宣ふ。第五の園林遊戯地門は娑婆界へかへりて衆生を済度する利他じゃによって出の功徳を成就すると宣へり。(307)

浄土往生のために行ぜられる五念門の前の四つは自利の行であり第五は利他の行である。その浄土への行の功徳が浄土において成就する五功徳門の前四門は自利の行であり第五は利他の行である。入出の意味をこのように説明した後に香月院は、第五節「善巧摂化」において廻向門の説かれる箇所で、親鸞が因の五念門すべてと果の五功徳門の前の四門とを往相と呼び、第五の園林遊戯地門のみを還相と呼んでいることを指摘して、入出は自利利他を示す語であり、往相還相は浄土への入出を示す語であることに注意を促している。(308) このことからしても親鸞が、五念門を命終時に往生するに至るまでの現生での往相の行と考え、命終後浄土に往生した行者が娑婆世界に戻って行う衆生救済の利他行を還相と考えていたことは明らかである。浄土における五功徳門の前四門については、第十節「利行満足」において説かれる五功徳門を考察するときに改めて検討することとする。

ここ「起観生信」では以上のように五念門の概略が示され、次いで、それらの門が一つひとつ次のように説明される。

①云何が礼拝する。身業もて阿弥陀如来応正遍知を礼拝し上る。彼の国に生ぜんとする意を為すが故に。②云何が讃嘆する。口業もて彼の如来の名を讃嘆す。彼の如来の名を称するに、彼の如来の光明智相の如く、彼の名義の如くす。如実に修行して相応せんと欲するが故に。③云何が作願する。心に常に一心に専念に畢竟じて

安楽国土に往生せんと作願するなり。如実に奢摩他を修行せんと欲するが故に。④云何が観察する。智慧もて観察し正念に彼を観ずるなり。如実に毘婆舍那を修行せんと欲するが故に。彼の観察に三種有り。何等か三種なる。一には彼の仏国土の荘厳功徳を観察し、二には阿弥陀仏の荘厳功徳を観察し、三には彼の諸菩薩の荘厳功徳を監察す。⑤云何が廻向する。一切苦悩の衆生を捨てずして心に常に作願するなり。廻向を首と為して大悲心を成就することを得るが故に。

五念門を順次説明するに際して香月院が、

『浄土論』は一心の安心が憶念相續のとき三業へあらわる丶相を五念と説く(309)。

と述べていること、および、

一心の安心が等流相續する處は憶念心で、その憶念が身口意の三業へ發動して、往生の行を修するすがたが禮拝讃嘆作願觀察廻向の五念門〔なり〕(310)。

と述べていることは、五念門が念仏に通ずる往生行であると理解する上で極めて重要な指摘である。また、理綱院が『伊蒿鈔』中に、五念門の行が第十八願の意に相応するものであり、したがって念仏の行に相当するものであることを次のように述べていることにも注意すべきである。ここには香月院の五念門の理解が師理綱院の教えを忠実に継承していることが明確に看取されるとともに、継承された江戸教学の正確さがよく窺える。

問う。〔『浄土論』の〕論文によるに往生の行業は五念門なり。第十八願に五念の相を説かず〔は〕如何。答〔う〕。義記具に釋するが如し。第十八願の信心稱名の者は五念自から具足す。發信稱名する者、豈に身業の禮拝なからんや。稱名即讃嘆門なれば讃嘆門あること論ずるに及ばず。作願門は即欲生我國の心なり。觀察門即聞其名號、本願の生起本末を聞て疑心あることなきはこれ観察門なり。自信教人信はこれ廻向門なり。信心稱

名の者、五念門具足することとみつべし。[311]（「」内、一部送りがな、読点は小谷の付記。以下も同様の仕方で引文する）

先に示したように、①礼拝門は論に「身業もて阿弥陀如来応正遍知を礼拝し上る。彼の国に生ぜんとする意を為すが故に」と説かれる。香月院はそれを「弥陀の浄土へ願生する意をなす礼拝」であり、「往生一定のおもいの願生心の相続」することであると説明する。[312]

②讃嘆門は論に、「口業もて彼の如来の名を讃嘆す。彼の如来の名を称するに、彼の如来の光明智相の如く、彼の名義の如くす。如実に修行して相応せんと欲するが故に」と説かれる。香月院は「仏はあらゆる功徳を悉く名号にそなえ給うゆえ、名号を称えるが即ち仏のあらゆる功徳を称揚讃嘆すると云う訳なり」と述べる。そして如来の光明智相の「名義」の意味を「弥陀の光明は十方世界を照らして障碍あることなく、衆生無明の黒闇を除くと云うが阿弥陀の名に備わる義なり」と説明し、名号（名）には光明智相という意味内容（義）が備わっており、衆生の無明の闇を除き必ず報土へ往生させる徳益が備わっているから、「光明智相の如く往生一定のおもいになりて称名」することが、名号の義（名号という法の実体）にかなった（相応した）称名であり、それが如実修行としての讃嘆門である、と言う。[313]

香月院は論の用語をこのように解説した後に、『浄土論』が「普共諸衆生、往生安楽国」と述べて五逆十悪の凡夫人を対象とする書であることを考慮してのことと思われるが、[314]その如実修行を「いかなる愚鈍下智の凡夫なりとも、我れをたすけ給う弥陀如来なりと決定して信ぜられた所が実相為物を知りたので如実修行の行者なり」と平易に説明している。そして如実修行を解説して、弥陀如来を自利円満の実相身（真如の理としての仏身）であり利他円満の為物身（衆生のために現れた仏身）であると決定して信ずることであると述べ、[315]あるいは「我をたすけ給うは阿弥陀如来ばかりなりという決定心〔を抱いて〕[316]とも言い換えて、称名が如実修行（正しい修行）である所以を、弥陀如来への信の決定していることに見出している。

③作願門は論に、「心に常に一心に専念に畢竟じて安楽国土に往生せんと作願するなり。如実に奢摩他を修行せんと欲するが故に」と説かれる。香月院が五念門を一心の安心が等流相続する憶念心の身口意の三業へ発動したものであると述べることは、先に示した通りである。ここでは作願門をその意業の願生心であると述べ、「今直ちには往生はせねども、やがて〔命終後に〕[317]間違いなく安楽浄土に往生せんと念ずるが作願門の行相じゃ」と言う[318]。

作願門は一心に専念に畢竟じて安楽国土に往生せんと作願する願生心であり、それは如実に奢摩他を修行しようとする意欲によるものとされる。曇鸞は作願門における奢摩他が「止」と漢訳される場合、その止に三つの意味があることを次のように注釈する。

奢摩他を止と云うは、今、三義有り。一には一心に阿彌陀如来を専念し、彼の土に生ぜんと願ずれば、此の如来の名號、及び彼の國土の名號、能く一切の悪を止む。二には彼の安樂土は三界道を過ぎたり。若し人、亦た彼の國土に生ずれば、自然に身口意の悪を止む。三には阿彌陀如來正覺住持の力、自然に聲聞辟支佛を求める心を止む。此の三種の止は、如來の如実の功徳より生ず。是の故に如実に奢摩他を修行せんと欲するが故にと言えり。

作願門における奢摩他がこれら三種の止を意味することについて、理綱院は次のように述べる。

五念門はこれ往生の因行、此の地に在て修すべきこと道理必然なり。然るに今の後の二義によれば浄土に生じて奢摩他を修する相にして因行に非ず[319]。

五念門は往生の因としての行であり、その一つである作願門は此土における行のはずである。曇鸞の挙げた三種の内、最初の一つはその意味に適っている。しかし後の二つは浄土に往生して修する奢摩他を述べたものである。曇鸞はなぜ、此土における往生行としての作願門の中に、浄土に往生してからの行である奢摩他の説明を持ち込んだのか。その理由はここには何も述べられていない。理綱院はその理由を次のように解釈する。

彼浄土に生じて彼に在て奢摩他寂靜の行を修せんが爲に一心に彼に生ぜんと願ずるなり。[320]

つまり二と三とにおいて、彼土における奢摩他の行がもたらす、身口意の悪を止める功徳と、声聞独覚を求める心を止める功徳とを、此土における奢摩他の行のもたらす一切の悪を止める功徳と共に示したのは、行者にひたすらなる願生心を生ぜしめんがために、此土における行である作願門の説明の中に浄土における奢摩他の説明を曇鸞は付け加えた、と解釈するのである。理綱院のこの解釈は師香巌院の『顕深義記』の「文に欲如実等と云うは、当に知るべし、此土に局らず[321]」という注釈に基づくものである。香巌院は『浄土論』に説かれる「如実に奢摩他を修行せんと欲するが故に」という語を、此土における奢摩他の修行だけでなく、彼土における奢摩他の修行をも述べるものと解して、曇鸞は奢摩他のもたらす第二、第三の止の意味を語ったものと理解したのである。

このように『浄土論』の本来の文意は五念門を此土の行のみを述べるものとするが、にも拘わらずそれに浄土の行を含むものとする曇鸞の注釈は、次の観察門においても同様に行われる。『論註』のこの説明は後世に混乱を惹き起こした。香月院は末書にその混乱の跡の見られることを注記している。[322] 末書に見られる混乱は『論註』の説明が不充分で錯綜したものであることを示している。『浄土論』の往生行の要をなす五念門を理解しようとして『論註』の注釈を読むとき、末書の著者たちのみならず、われわれもそこに上記のような錯綜した説明に出会って混乱する。われわれは幸いにして香月院の解説によってその混乱から抜け出ることができる。そのことを考慮するとき、香巌院の「文に欲如実等と云うは、当に知るべし、此土に局らず」とする洞察力の鋭さと、その師の洞察をよく理解し咀嚼して伝えた理綱院の解釈と、香月院がその解釈を「これはこれから下の『論』並に『論註』を伺う一箇の大義なり」[323]と述べて注意を喚起していることは傾聴に値する。したがってこの「大義」によれば、『論註』における作願門の奢摩他の注釈を、此土と彼土とにおける奢摩他を述べるものとする理綱院の解釈は、次の観察門における毘婆舍那の注釈において、そう解釈する根拠を上げてより明快に説明される。

④観察門は論に、「智慧もて観察し正念に彼を観ずるなり。如実に毘婆舍那を修行せんと欲するが故に」と説かれる。この観察を香月院は、

五念門の行は造悪の凡夫の修する處なれば、観察門の行も正しくは聞思の観なり[324]。

と述べて修慧の観と区別する。修慧の観は、身を欲界に置きつつ色界定を修して、三昧の中で浄土の荘厳を明瞭に観ずることであり、それに対して、聞思の観は、欲界での散心のままに心をしずめて浄土の荘厳を観ずることである。それゆえ聞思の観は、経に国土と仏と菩薩との三種の荘厳功徳の説かれるのを聞いて心に思惟することを意味する。それゆえ香月院はその観察の仕方を、

凡夫が娑婆にありて散心で居ながら、西方浄土の荘嚴はかくあらんと觀想をなす事[325]

だと言う。理綱院は、

毗婆舍那も亦た此彼二土の所修に通ず。此土に在りて教の如く観知するを毗婆舍那と名づけ、浄土に在りて荘嚴相を實の如く観見するをも毗婆舍那と名づく。註解に此の二義を存す[326]。

と述べて、曇鸞の「彼の観察に三種有り。何等か三種なる。一には彼の仏国土の荘厳功徳を観察し、二には阿弥陀仏の荘厳功徳を観察し、三には彼の諸菩薩の荘厳功徳を観察す」という注釈を、毘婆舍那が奢摩他の場合と同様、此土と彼土とにおいて行ぜられるものであることを注釈したものであると言う。観察門における毘婆舍那を此土と

彼土とにおける行を意味すると解釈し得る根拠を、理綱院は『浄土論』自体の第十節「利行満足」の浄土における奢摩他と毘婆舎那とを説明する文章に見出している(327)。

その文章は理綱院の訓読によれば、奢摩他は「一心専念に彼に生じて奢摩他寂静三昧行を修せんと作願するを以ての故に蓮華蔵世界に入ることを得」と説かれ、彼土において修せられるものとされている。他方、毘婆舎那は「彼の妙荘厳を観察し毘婆舎那を修するに専念するを以ての故に彼の処に到りて種々の法味楽を受用するを得」と説かれ、此土において修せられるものとされている。ここに説かれる奢摩他・毘婆舎那は、五念門を実践した結果として浄土において成就される五功徳門の中の第三、第四門の行にあたる。しかし第三門としての奢摩他は彼土で修せられるものとして説かれ、第四門としての毘婆舎那は此土で修せられるものとして説かれている。

この文面上の齟齬を解消しようとすれば、理綱院は「これ偏へに此彼の二土の所修を分けて明かすは影略互顕なり」と理解しなければならないと言う。つまり奢摩他と毘婆舎那とが此土と彼土のどちらか一方における所修と説かれているのは、互いに一方を略して他の義を顕した（影略互顕）のであって、『浄土論』には本来、奢摩他と毘婆舎那は此土・彼土両方において修せられるべきものとして説かれていると理解すべきである、と言うのである。したがって理綱院の解釈によれば、③の作願門の奢摩他と④の観察門の毘婆舎那とを、曇鸞が此土と彼土とにおいて修せられる行とした注釈は、この「利行満足」の文章を根拠とするものと理解することができる。ここでもわれわれは、曇鸞の不充分な注釈を注意深く解釈する理綱院の読解力の豊かさに驚かされる。

如実に毘婆舎那を修行することについては、香月院は染香人の譬喩を用いて先にも引用したように、

染香人の身に香気あるが如くで、如實の功徳の荘嚴を觀ずる故その所觀の功徳を行者の身に得るとの給ふなり。こゝが如實修行をひくう釋し給ふなり。論文に「如實修行毗婆舎那」とあれども、散亂の凡夫が毗婆舎那觀を

如實に修行する事はかなわぬ。これは凡夫ながら、淨土の莊嚴の如實の功德を思ひ浮べれば知らず知らずその如實の功德を我身にうるゆへ、それを論文に「修行亦得如實功德」[328]と說いたものなりと釋するなり。

と述べる。

五念門の作願門（奢摩他）と観察門（毘婆舎那）との行を説明しようとして、香月院は次のように述べる。

淨土を欣ぶ心は願生心なり。その欣ぶ心が起ればはや心は淨土にすみあそんで七寶の樹林は樂しい事であらう、宮殿樓閣は結構な事であろうとおもひうかべる。これ他力の行者の臨終の夕べまでの意業のおもひぶりは外の事はない。やがて淨土參り參りと願ふ心とその淨土のありがたい事をおもひうかべる心とばかりなり。それを作願門觀察門と次第し給ふなり[329]。

ここには作願門の奢摩他は浄土を欣ぶ心と説明され、観察門の毘婆舎那は臨終の時まで（つまり往生の時まで）浄土の光景を想いうかべることと説明されている。香月院の講義はこのように教義を分かり易く説明することに卓越している。

⑤廻向門は「一切苦惱の衆生を捨てずして心に常に作願するなり、廻向を首と為して大悲心を成就することを得るが故に」と説かれ、前四門の自利行の功徳を大悲心の完成者（仏）とならんがために衆生に廻施する利他行を意味する。この廻向について曇鸞は次のように注釈する。

廻向に二種の相あり。一には往相、二には還相なり。往相とは、己が功徳を以て一切の衆生に廻施して、共に彼の阿彌陀如来の安樂淨土に往生せんと作願するなり。還相とは、彼の土に生まれ已りて奢摩他毘婆舎那を得て方便力成就しぬれば、生死の稠林に廻入し一切の衆生を教化して共に佛道に向かう。

理綱院は、五念門に関する『論註』の注釈はそれらの行をすべて此土と彼土との両方において修せられるものと考えてなされており、廻向に関する注釈も同様に理解される、と言う(330)。香月院は二種の廻向を五念門の廻向と五功徳門の廻向とに配して、

> 因の五念門の中の第五の廻向門は娑婆にありて自信教人信常行大悲で衆生を濟度するは往相の廻向、また果の五門の中の第五の園林遊戯地門は淨土に生じ終わりて後の衆生濟度ぢやによりて還相廻向なり(331)。

と述べる。曇鸞がこのように因の五念門中の廻向門を説くべき場所に、果の五功徳門の園林遊戯地門の説明を交えて述べたことが後世に混乱をもたらした。そのことを香月院は、

> 古來の註家みな此處が合點ゆかぬとみえて、（中略）『刪補鈔』などには、この中の還相は此土の還相か淨土の還相かと論じてあり(332)。

と述べている。しかし香月院は『論註』のその注釈の仕方を、理綱院も言うように、作願門・観察門の下で奢摩他・毘婆舎那が此土と彼土とにおいて修せられる行として述べられたのと同様に、因中説果（因を明かすところで果の相をも説く）、従果示因（果の相に従えて因の相をも知らしめる）の説明法を用いたものであると述べて、次のように言う。

> 今明かす處の廻向門は娑婆の凡夫の利他廻向を明かすのぢやに、この論文に「不捨一切苦悩衆生」とある。娑婆の造悪の凡夫が苦の衆生を濟度したいと云ふ利他の行が修せらるゝものではない。又「廻向爲首成就大悲心」とあれども、我身がちな凡夫が大悲心を成ずるなどと云ふ事はない事なり。よりて鸞師の思召はこれは娑婆の凡夫の利他ばかりを明かしたのではない。淨土に生じ終りての還相廻向の利他までを並べ明かした論文とみ給なり(333)。

ここには廻向を此土と彼土の二種の廻向とした曇鸞の注釈の意図が説明されている。つまり香月院によれば、曇

鸞は『浄土論』に説かれる廻向の説明内容が凡夫の此土における往相の行とはなり得ないことから判断して、彼土における還相の行をも述べたものであることを明らかにしようと意図したのである。(334) 曇鸞が『浄土論』所説の廻向を凡夫の彼土における還相の行を述べたものと判断したと香月院が考えたのは、『論註』上巻末尾の八番問答において、『浄土論』に「普共諸衆生往生安楽国」と説かれるその対象とされている衆生が尋ねられ、それが五逆十悪の凡夫人とされていたことを想起してのことと考えられる。(335)

b　観察門広説（第三節「観察体相」）

次に五念門中から観察門と廻向門だけが別出されて詳しい説明が施される。このことから世親が五念門の中でもこれら二門を重要視していることが窺われる。

云何が彼の仏国土の荘厳功徳を観察する。彼の仏国土の荘厳功徳は不可思議力を成就するが故に。彼の摩尼如意宝性の如く相似相対の法なるが故に。彼の仏国土の荘厳功徳の成就を観察するとは、十七種あり。応に知るべし。一には荘厳清浄功徳成就云々。

と述べて、先に上げた①から⑰に至る十七種の仏国土の功徳の荘厳が説かれる。ここで注意すべきは、浄土の荘厳を観察する理由が、その荘厳が不可思議力を備えているからとされていることである。先には染香人の譬えを出して、香が知らず知らずのうちに染香人に熏習されるように、浄土の荘厳を観ずる者にその徳が獲得されることが説かれていた。ここではその浄土の徳が獲得されるのが、行者の自力の行によってではなく、浄土の荘厳が不可思議力を備えているとされていること、言い換えれば本願力によるものとされていることは、通常の瑜伽行論書とは異なる『浄土論』独自の瑜伽行の特質を示すものとして重要である。

次いで、
荘厳清浄功徳成就とは、偈に「彼の世界の相を観ずるに、三界の道に勝過せり」と言えるが故に。
とそれぞれの功徳に相当する願生偈の句が指示されている。
仏の功徳については、
云何が仏の荘厳功徳成就を観ずる。仏の荘厳功徳成就を観ずとは、八種の相あり。応に知るべし。何等か八種なる。一には荘厳座功徳成就云々。
と八種を列挙し、その後に、
何者か荘厳座功徳成就なる。偈に「無量の大宝王、微妙の浄華台にまします」と言えるが故に。
と述べて、それぞれの功徳に相当する句が指示されている。
菩薩の功徳については、
云何が菩薩の荘厳功徳成就を観察する。菩薩の荘厳功徳成就を観察するとは、彼の菩薩を観ずるに四種の正修行功徳成就あり。応に知るべし。何者を四と為す。一には、一仏土に於て身動揺せずして十方に遍し、種々に応化して如実に修行し、常に仏事を為す。偈に「安楽国は清浄にして、常に無垢の輪を転ず。化仏・菩薩の日を、須弥の如く住持す」と言えるが故に。
と述べて、菩薩に備わる四種の功徳が述べられ、それに相当する句が指示されている。
このように浄土が仏国土と仏と菩薩との功徳によって荘厳されていることを述べた後に世親は次のように言う（第四節「浄入願心」）。
向に荘厳仏土功徳成就と荘厳仏功徳成就と荘厳菩薩功徳成就とを観察することを説けり。此の三種の成就は願心もて荘厳せり。応に知るべし。略して説かば一法句に入る故に。一法句とは謂く清浄句なり。清浄句とは謂く真実智慧無為法身なるが故に。此の清浄に二種有り。応に知るべし。何等か二種なる。一には器世間清浄、二には衆生世間清浄なり。器世間清浄とは向に説くが如き十七種の荘厳仏土功徳成就なり。是を器世間清浄と名づく。衆生世間清浄とは向に説くが如き八種の荘厳仏功徳成就と四種の荘厳菩薩功徳成就なり。是を衆生世間清浄と名づく。是の如く一法句に二種の清浄の義を摂す。応に知るべし。

先に述べたように曇鸞は、二十九種の浄土の功徳を述べる二十一偈八十四句（広説）が、「その清浄さが三界のあらゆる境涯を超え勝れている」ことを述べる清浄句にして、かつ浄土の本質をただ一つの法に総摂して述べる一法句（略説）に包摂される、と言う。世親はそう包摂される理由を「此の三種の功徳は、如来の願心によって造られたものであり、それらの功徳は略説すれば、浄土の清浄さを説く一法句に収まるからである」と説明する。ここには教説を広説と略説という観点から捉えてなされる瑜伽行の修習法が、浄土往生の行法の中に取り入れられていることが看取される。そしてそれが世親の往生行の特徴を成しているものと考えられる。その詳細は後に述べる。

C　廻向門広説

①菩薩の巧みな教化（第五節「善巧摂化」）

是の如く、菩薩、奢摩他・毘婆舎那を広略に修行し柔軟心を成就せば、如実に広略の諸法を知る。是の如くして巧方便廻向を成就す。何者か菩薩の巧方便廻向なる。菩薩の巧方便廻向とは、謂く、説くところの、礼拝等の五種の修行もて集る所の一切の功徳善根は、自身住持の楽を求めず、一切衆生の苦を抜んと欲する故に、一切衆生を摂取して共に同じく彼の安楽仏国に生ぜんと作願す。是を菩薩の巧方便廻向成就と名づく。

以下に廻向門が詳細に説明される。ここに言う「広略」の広は二十九句を、略は一法句を指す。止では略の一法句に心を集中させ、その集中した心で広の二十九句を観じて、広略が相互に通じ合うこと（相入）を修習することによって「柔軟心」が獲得される、と説かれる。世親は柔軟心を、止観を均等に修し得る心（不二心、cittakarmaṇyatā, 心調柔）であり、恰も水が静まっていることと清らかであることとを兼ね備えるときに、物の影像をはっきりと写し取ることができるように、物事の真実を明瞭に把握する心であると言う。

また、この①「菩薩の巧みな教化（善巧摂化）」以下を理綱院は、『伊蒿鈔』に「善巧摂化已下は還相廻向の相を明かす論文[336]」であると言う。したがってこれ以後は、浄土に往生した菩薩が行う還相廻向の実践が説かれていることになる。

菩薩行は究極的には物事の真実を把握することを目的とする。真実を把握することが菩薩行の目的とされる理由を世親は、「実相を知るを以ての故に、則ち三界の衆生の虚妄の相を知るなり。衆生の虚妄を知れば真実の慈悲を生ずるなり」と述べる。ここに、菩薩が真実を知る目的が衆生に対して真実の慈悲を生ずるためである、と説かれていることに注目しなければならない。なぜならそこには菩薩の往生行が、自己の往生のみを求める自利行ではなく、衆生のための利他行でもあることが明確に説かれているからであり、それが五功徳門の第五門園林遊戯地門において実践される、曇鸞の言う還相廻向[337]へと繋がるからである。そのことは後に五念門中の廻向門と五功徳門との関連を考察する折りに詳しく検討したい。ここでは真実を知ることが真実の慈悲を生ずるものと言われて、智慧が慈悲をもたらすものとする、世親の「菩薩行としての往生行」の理解[338]が述べられていることを注意しておきたい。

②障菩提門（第六節「離菩提障」）

菩薩、是の如く善く廻向成就を知れば、即ち能く三種の菩提門相違の法を遠離す。何等か三種なる。一には智慧門に依りて、自の楽を求めず。我心の自身に貪著するを遠離するが故に。二には慈悲門に依りて、一切衆生の苦を抜く。衆生を安ずること無き心を遠離するが故に。三には方便門に依りて、一切衆生を憐愍する。心に自身を供養し恭敬する心を遠離するが故に。是を三種の菩提門相違の法を遠離すと名づく。

ここにおいても智慧が、自己への愛著を離れさせ、それが衆生への慈悲を生じさせ、手段を講じて衆生救済へと向かわせるものであることが説かれる。智慧が自己への愛著を離れさせることを理綱院は「我身を空無我と知らぬ故に自然に貪著す。これを遠離する故に不求自楽を得るなり」(339)と述べる。『浄土論』ではさらにその上で、そうすることが自己の悟りのための障害を除くことになると説かれる。ここでも、菩薩行において重要視される智慧の獲得が、利他行をもたらすものとして重視すべきものとして説かれていることが注目される。

③順菩提門（第七節「順菩提門」）

菩薩、是の如き三種の菩提門相違の法を遠離す。三種の随順菩提門の法満足することを得るが故に。何等が三種なる。一には無染清浄心。自身の為に諸楽を求めざるを以ての故に。二には安清浄心。一切衆生の苦を抜くを以ての故に。三には楽清浄心。一切衆生をして大菩提を得せしむるを以ての故に、衆生を摂取して彼の国土に生ぜしむるを以ての故に。是を三種の随順菩提門の法満足すと名づく。応に知るべし。

④名義摂対（第八節「名義摂対」）

向に説く智慧と慈悲と方便との三種の門は般若を摂取し、般若は方便を摂取す。応に知るべし。向に説く、我心を遠離して自身に貪著せざると、衆生を安ずること無き心を遠離すると、自身を供養し恭敬する心を遠離するとの、此の三種の法は菩提を障る心を遠離す。応に知るべし。向に説く、無染清浄心と安清浄心と楽清浄心との此の三種の心は略して一処にして妙楽勝真心を成就す。応に知るべし。

⑤願事成就（第九節「願事成就」）

是の如く、菩薩の智慧心と方便心と無障心と勝真心とは、能く清浄の仏国土に生ず。応に知るべし。是を菩薩摩訶薩、五種の法門に随順して作す所、意に随いて自在に成就すと名づく。向に説く所の如き身業・口業・意業・智業・方便智業は随順の法門なるが故に。

⑥利行満足（第十節「利行満足」）

復た五種の門有り。漸次に五種の功徳を成就す。応に知るべし。何者か五門なる。一には近門、二には大会衆門、三には宅門、四には屋門、五には園林遊戯地門なり。此の五種の門、初の四種の門は入の功徳を成就し、第五の門は出の功徳を成就す。入の第一門とは、阿弥陀仏を礼拝し上り、彼の国に生れんと為すを以ての故に、安楽世界に生ずることを得。是を入の第一門と名づく。入の第二門とは、阿弥陀仏を讃嘆し上り、名義に随順して如来の名を称し、如来の光明智相に依て修行するを以ての故に大会衆の数に入ることを得。此を入の第二門と名づく。入の第三門とは、一心専念に彼に生ぜんと作願し、奢摩他寂静三昧の行を修するを以ての故に蓮華蔵世界に入ることを得。是を入の第三門と名づく。入の第四門とは、専念に彼の妙荘厳を観察し、毘婆舎那を修するを以ての故に彼の処に到て種々の法味楽を受用するを得。是を入の第四門と名づく。出の第五門とは、大慈悲を以て一切の苦悩の衆生を観察し、応化身を示し、生死の園、煩悩の林中に廻入し、神通に遊戯し、教化地に至る。本願力の廻向を以ての故に。是を出の第五門と名づく。菩薩、入の四種の門をもって自利の行成就す。応に知るべし。菩薩、出の第五門の廻向をもって利益他の行成就す。応に知るべし。菩薩、是の如く五念門の行を修して自利利他す。速やかに阿耨多羅三藐三菩提を成就することを得るが故に。

ここには現生で修した五念門の行によって、その結果として命終後に浄土において得られる五種の功徳の得られること（五功徳門）が説かれる。(340) 前四門は自利の功徳の成就を内容とし、第五の門は利他の功徳の成就を内容とする。自利の功徳の第一門は近門と呼ばれ、礼拝門の行の結果として安楽世界に生ずることである。第二門は大会衆門と呼ばれ、讃嘆門の行の結果として阿弥陀仏を取り巻く聖衆の数に入ることである。第三門は宅門と呼ばれ、作願門の行の結果として蓮華蔵世界に入ることである。第四門は屋門と呼ばれ、観察門の行の結果として種々の法味楽を受用することである。第五門は園林遊戯地門と呼ばれ、廻向門の行の結果として、本願力の廻向を以て、苦悩の衆生を救済するために応化身を示し、輪廻流転の世界に廻入し、教化に趣くことである。

先に五念門中の廻向門を考察した折りに、曇鸞が此土において修せられる廻向の説明の中に彼土における廻向の説明を持ち込んだことの意図が不明瞭であることが、末書に混乱をもたらしたことを述べた。しかしここまで読み進めてきて、五念門と五功徳門とが因果の関係にあることが理解され、五念門に対する曇鸞の注釈が香月院の言う「因中説果（因を明かすところで果の相をも説く）」の説明法でなされたこと、五功徳門の注釈が「従果示因（果の相に従えて因の相をも知らしめる）」の説明法でなされたことが理解されれば、多少の配慮を欠いたために不明瞭であった注釈の意図も明瞭になる。

したがってここに説かれる廻向は、先に廻向門のところで曇鸞が彼土の所修として述べた還相廻向を意味する。しかしその廻向は「本願力の廻向を以ての故に（以本願力廻向故）」とされ、意味がやや把握し難い。この場合の本願力を、曇鸞は、

本願力と言うは、大菩薩、法身の中に於て常に三昧の中に在りて、種種の身、種種の神通、種種の説法を現ずるを示す。皆な本願力を以て起こせり。(341)

と述べて浄土の菩薩の本願力であるかのような表現をしている。しかしそれは、そのすぐ後にその菩薩が速やかに

阿耨多羅三藐三菩提の仏果を得る理由を、「五〔念〕門の行を修して自利利他成就することを以ての故に」という『浄土論』の語を引用して解説するかれの説明と一見齟齬をきたすように見える。その説明においてかれは「利他」と「他利」という用語の違いを述べて、衆生に関する場合には「他利（他すなわち弥陀によって利益されること）」と言うべきであり、仏に関する場合には「利他（他を利益する）」と言うべきである、と言う。そして「今まさに仏力を談ぜんとす。是の故に、利他を以てこれを言う」と述べて、「利他」が成就されるのは仏力によることを示唆している。このように説明した上でかれは、

凡そ是れ、彼の浄土に生ずると、及び彼の菩薩人天の所起の諸行とは、皆な阿彌陀如来の本願力に縁るが故なり。

と「自利利他」の成就は阿弥陀如来の本願力によることを明言している。この本願力も、先の「以本願力廻向故」の本願力も、共に園林遊戯地門における菩薩の還相廻向としての利他行を説明する同一の文脈中に現れる語である。にも拘わらず曇鸞は、前者を菩薩の、後者を阿弥陀如来の本願力として説明しているように見える表現をしている。前後の説明には一見混乱があるように見える。しかしそうでないことを香月院は、『入出二門偈』や『文類偈』『正信偈』中のこの語の援用の仕方から、親鸞がそれを弥陀の本願力と解していると考えられることを次のように注記する。

浄土の菩薩が本願力を以て衆生を化益し給ふも、本は彌陀の二十二の本願力の致すところなる故、我祖は本に約して彌陀の本願力のことにし給〔ふ〕。(342)

このことに関して、理綱院は香厳院の、

行文類に此の文を引きて如来の本願力を顕わす（行文類引此文顯如來本願力）

という語を注釈して、

行文類に此の文を引きて等というは、行文類に他力と言うは如来の本願力なりと釈して、次に今の註文を出だす。(343)

と述べる。つまり香厳院と理綱院によれば、親鸞は行文類に他力とは如来の本願力であると述べ、それに続いていま問題としている『論註』の「本願力と言うは、大菩薩、法身の中に於て云々」という語を引文しているのであるから、その本願力が如来の本願力を指すことは明瞭だと言うのである。

以上のように、曇鸞の「彼の菩薩人天の所起の諸行は皆な阿彌陀如来の本願力に縁る」という記述が、還相廻向の廻向を「本願力の廻向を以ての故に」とする場合の本願力の説明にそのまま当てはまると理解するのが正しいと考えられる。香月院は親鸞がそう解釈したのは、曇鸞が「浄土の菩薩の本願力を以て衆生を化益」すると考えたのを、親鸞はその菩薩の本願力の「本は弥陀の本願力」にあると考えたからであると説明する。親鸞の言う弥陀の本願力とは、曇鸞の右記の注釈の末尾に挙げられる第二十二願に添えて「仏の願力に縁るが故に常倫諸地の行に超出し云々」と述べる注釈中に出るものである。それは右記の「彼の菩薩人天の所起の諸行は皆な阿彌陀如来の本願力に縁る」という中の本願力を教証するための注釈であり、したがって同一の阿弥陀如来の本願力を指すことは言うまでもない。親鸞は曇鸞の不注意な記述の本来の意味を洞察して訂正したのである。

3　五念門を法蔵菩薩の行とする親鸞の解釈

以上『浄土論』に説かれる往生行を概観した。此土においては五念門が修せられ、浄土においてはその結果として五功徳門が修せられる。五念門を修する行者は五逆・十悪の凡夫人であるが、浄土に往生したときには菩薩と呼ばれる。衆生が浄土に往生することが往相と呼ばれ、浄土に生じて再び穢国に帰ることが還相と呼ばれ、往相・還相は衆生の営為とされる。(344)往相・還相は衆生に帰せられるが、往相・還相の廻向は阿弥陀如来に帰せられる。

『論註』の語の理解に関する親鸞の解釈に触れたので、次に序章で留保した親鸞の五念門の往生行に関する解釈について考察したい。先に述べたように、香月院は、曇鸞が「浄土の菩薩の本願力を以て衆生を化益」すると述べた語を、親鸞はその菩薩の本願力を「本は弥陀の本願力」にあるものと解して、菩薩の還相廻向は如来の本願力によるものであると理解したのだ、と言う。親鸞がそう理解したのは曇鸞の「利他」の語義解釈に基づくと考えられる。前述のように曇鸞は「利他」は阿弥陀如来について言われる語であると言う。親鸞はそれに基づいて、『浄土論』の「菩薩如是修五門行自利利他速得成就阿耨多羅三藐三菩提故」を「菩薩は是の如き五門の行を修して自利利他して速に阿耨多羅三藐三菩提を成就することを得たまえるが故に(345)」と敬いを示す送りがなを付して、五念門を行ずる行者を法蔵菩薩であるとするかれの理解を示している。

親鸞がそう理解するのは、曇鸞の「利他」の語義解釈に基づくものであるが、それと共にその語義解釈を教証するために曇鸞が第十八、十一、二十二の三願を引用していることが大きな示唆を与えたものと考えられることについては既に序章で述べた。香月院はその三つの願文の所説が五念門・五功徳門を内容とすることを次のように語る。

今凡是生彼浄土乃至所起諸行との給ふたは、今辯じた如く因果の五門の事で、先ず其の往生の因たる五念門の行は四十八願の中の何れの本願によるぞと云へば第十八願による故、次下に最初に第十八願を引き給ふ。又、果の五門中の前の四門は初の近門・大會衆門で正定聚の位に住し、それから宅門・屋門で涅槃の果を得る。これは四十八願の中で十一の願による故、次に十一願を引いてあり。又、第五の薗林遊戯地門の還相は四十八願中二十二の願による故、次に二十二の願を引いてあり。これ衆生往生の因果總じては四十八願、別しては十

八・十一・二十二の三願によると云ふことで皆縁阿彌陀如来本願力故との給ふ也。(346)

五念門・五功徳門の行は三願に誓われた内容であるから、それを修するのは法蔵菩薩であるとするのが親鸞の解釈である。先に見たように、理綱院・香月院は『浄土論』『論註』においては五念門の行者は五逆・十悪の凡夫とされていると述べる。(347)他方、親鸞は右記のように五念門の行者を法蔵菩薩とする。五念門は浄土で阿弥陀如来にまみえることを目的とする行であるが、その行を阿弥陀如来になるべき法蔵菩薩自身が行ずるとする考えは道理に合わないように思われる。しかし親鸞がそう考えたとすることは存覚の『六要鈔』にも見える。(348)親鸞のその解釈はどのように理解すればよいのであろうか。浅学にして筆者にはそれを充分に考察する準備がないが、五念門を法蔵菩薩の行と解釈するという観点から『浄土論』の菩薩行を理解するとすれば、法蔵の菩薩行と凡夫の菩薩行との関連はどのように理解し得るかを考えてみたい。それには山辺・赤沼師が『教行信証講義』において、教巻冒頭に説かれる二種廻向に関して『論註』の廻向門に言及されていることが参考になるかと思われる。そこでは右記の『六要鈔』が示すように、『論註』が巻末よりひるがえって前を見て初めてその一部の奥旨を知るようにできている書であることが指摘される。そしてわれわれがいま考察してきた巻末の記述に関して、

『論註』では前には『浄土論』の五念門を長々と行者の修行として解釈をしてきて、巻末二十二左にいたり、「然るに覈にその本を求むれば、阿彌陀如来を増上縁となす」と釈し、ここにいたってさきに説きあかした五念門はもと法蔵菩薩の修行であって、衆生の修行でない。彌陀如来が増上縁となり、その本願力に依って衆生に廻向し給うのである、と已前の解釈をここに一變せられたのである。(349)

と述べておられる。両師のこの説明はやや不明瞭で、不注意に読めば、法蔵菩薩の修行する五念門が、阿弥陀如来によって廻向されたものであるかのように受け取られかねない。しかし注意して読めばそうではなく、序章でも述

べたように、次のようなことが意図されているものと考えられる。すなわち、まず法蔵菩薩は三願に基づいて五念門と五功徳門の前二門との行を修して仏国土に往生し、宅門・屋門で涅槃を得て阿弥陀仏となる。仏となるや直ちに園林遊戯地門によって還相廻向のために教化地に至る。その教化のために阿弥陀如来は自ら法蔵菩薩として修した五念門の行を第十八願に摂めて三信十念として凡夫に廻向する、と。

先に、理綱院と香月院が『浄土論』『論註』では五念門の行者を五逆・十悪の凡夫とすると述べることと、親鸞が五念門の行者を法蔵菩薩とすることとは、齟齬をきたすように思われるという疑問を述べた。そのことについてここで考察してみたい。曇鸞は五念門の行者を直接法蔵菩薩と言ってはいない。そう言ったのは親鸞である。親鸞が法蔵菩薩を指すと解したのは、先に述べたように、『浄土論』の「五〔念〕門の行を修して自利利他成就するを以ての故に」の中の「利他」の語が、『論註』に「他利と利他と、談ずるに左右あり。若し仏よりして言わば、宜しく利他と言うべく、衆生よりして言わば、宜しく他利と言うべし。今、まさに仏力を談ぜんとす。是の故に、利他を以てこれを言う」と注釈されて、五念門の行によって成就される「利他」が「仏力」を示唆し弥陀について述べた語と語義解釈され、往相も還相もみな弥陀の本願力廻向に縁るものと解釈されていることに依っている。曇鸞はそのことを論証するために、第十八、十一、二十二の三願を出す。それについて山辺・赤沼師は次のように説明しておられる。

第十八願には三信十念が誓うてあるので、この三信十念は『浄土論』の所明にあてると一心と五念にあたり、教行信證の四法のなかでは行信の二法である。第十一願には正定聚と滅度とが誓うてあるので、その正定聚は五功徳門のなか、近門と大會衆門で、滅度は宅門と屋門である。第二十二願は還相廻向の願であるから、五功徳門中の最後の薗林遊戯地門にあたる。この十一、二十二の二願で、五功徳門がそなわって、これで四法中の證となるのである。一心五念五功徳門は、かくの如く、永劫の昔に、本願に誓うてあるので、この本願に依って報土に往生することも出來、また穢國に還って人天を度することも出來るのである。(350)

この解説によって、親鸞が五念門を菩薩の行と解したのか、凡夫の行と解したのかという疑問は解消される。親鸞は先ず、「利他」の語義解釈によって、曇鸞が五念門を法蔵菩薩の行と領解することを示したものと理解した。さらにその後に第十八、十一、二十二の三願が順次に説かれていることを親鸞は、曇鸞が一心五念を第十八願の三信十念に相当するものと領解したことを示したものと理解した。このように理解することによって親鸞は、「法蔵菩薩は五念門の行によって阿弥陀仏となり、阿弥陀仏は自己の修習した五念門を衆生に第十八願に摂めて三信十念なる凡夫の行として廻向したのだ」とするのが曇鸞の註解の意図であると理解したのである。このように考えれば、親鸞が五念門を菩薩の行と述べることと、理綱院・香月院が『浄土論』『論註』では五念門の行者は五逆・十悪の凡夫とされていると述べることとは、齟齬をきたすものでなくなる。

ただしそのように『浄土論』に説かれる五念門の行者を法蔵菩薩と解するとき、五念門の行を修して自利利他成就することが、「その本を求むるに、阿弥陀如来を増上縁と為す」、「かの浄土に生ずると及びかの菩薩人天の所起の諸行とは、皆な阿弥陀如来の本願力に縁るが故なり」と曇鸞が述べていることと齟齬をきたすことになる。なぜならそう解すれば、曇鸞は「法蔵菩薩の行は、法蔵菩薩自身が将来そうなるはずの阿弥陀仏という強力な縁によって成就する、つまり自分の行が自分自身が将来そうなるはずの阿弥陀仏の本願力に縁って成就する」という矛盾したことを述べていることになるからである。この矛盾はどう理解すればよいのであろうか。

しかしこの一見矛盾と見える記述は、『教行信証』の証巻が、

謹んで真実証を顯さば、則ち是れ利他圓滿の妙位、无上涅槃の極果なり。(351)

と述べて、証巻の主題が真実の証であり、利他円満の妙位であり、無上涅槃という究極的な果報であるとされていることに思い至れば、容易に納得がいく。つまり、親鸞はここで既に「阿弥陀如来」が如何なるものであるかを、つまり仏身論を正式に説明しているので、右記のような様々な文脈に出る阿弥陀如来の意味に関してはすべて、その説明に基づいて考察すべきことが求められているのである。

ここには真実の証が、無上涅槃であり、無為法身であり、実相であり、法性であり、真如であり、一如であるとされ、

然れば、彌陀如來は如より來生して、報・應・化種種の身を示し現したまふなり。(352)

と述べられている。そしてそれに次いで、如来の大悲廻向の利益が説かれ、還相廻向が説かれて、それが経と論とを引文して論証される。その冒頭に、

註論に顯われたり。故に願文を出さず。論の註を披くべし。

と述べる。つまり還相廻向を説く願文は次に引く『論註』に出ているからここには挙げないと述べて、次のように『論註』を引文する。

浄土論に曰く。出第五門とは、大慈悲を以て一切苦惱の衆生を觀察して、應化身を示す。生死の薗、煩惱の林の中に回入して、神通に遊戯して教化地に至る。本願力の廻向を以ての故に、是を出第五門と名づく、と。(353)

ここには五功徳門の第五門である園林遊戯地門が説かれている。そうすれば、この願文が、今われわれの問題にしている、五念門の行者を親鸞が法蔵菩薩と理解する典拠となった、『論註』に引文される三願の内の第二十二願であることが分かる。それゆえわれわれは証巻に説かれる仏身論に関する説明に基づいて、『論註』に「かの浄土に生ずると及びかの菩薩人天の所起の諸行とは、皆な阿弥陀如来の本願力に縁るが故なり」と説かれる五念門の行

者である菩薩を、親鸞が法蔵菩薩と理解する意味を考えなければならないのである。親鸞がこの行者を法蔵菩薩と理解していることは『入出二門偈』に、

第五に出の功徳を成就したまふ。菩薩の出第五門といふは、いかんが廻向したまう。心に作願したまひき。苦悩の一切衆生を捨てたまはざれば、廻向を首と爲して、大悲心を成就することを得たまえるが故に、功徳を施したまふ。彼の土に生じ已て速疾に奢摩他毗婆舎那・巧方便力成就を得已て、生死の薗・煩悩の林に入て、應化身を示し神通に遊び教化地に至りて、群生を利したまふ。即ち是を出第五門と名づく。薗林遊戯地門に入るなり。本願力廻向を以ての故に、利他の行成就したまへり。知る應し。无㝵光佛因位地の時、斯の弘誓を發し、此の願を建てたまひき。(354)

と述べられて、五功徳門の出の第五門を行ずるのが「无㝵光佛因位地の時」の菩薩、つまり法蔵菩薩であることが明言されていることからも明らかだからである。

それゆえわれわれは親鸞が証巻で「阿弥陀如来」を如何なる仏として述べているか、つまり親鸞の「阿弥陀如来」に関する仏身論を検討しなければならない。親鸞は証巻で『論註』を連引するが、前記の引文の少し後で次のような「一法句」の箇所を引文する。そこには二種の法身の説明が為されているからである。

略して入一法句を説くが故にとのたまえり。上の國土の莊嚴十七句と如來の莊嚴八句と菩薩の莊嚴四句とを廣と爲す。入一法句は略と爲す。何故ぞ廣略相入を示現するとならば、諸佛菩薩に二種の法身あり。一は法性法身、二は方便法身なり。法性法身に由て方便法身を生ず。方便法身に由て法性法身を出す。此の二の法身は異にして分つべからず。一にして同じかるべからず。是の故に廣略相入して統ぬるに法の名を以てす。菩薩若し廣略相入を知らざれば、則ち自利利他に能はず。(355)

山辺・赤沼両師の字解によれば、法性法身は「いろも形もなき法性の理体にして、一切の処にみちみち給う」仏身であり、方便法身は「法性法身より衆生済度の為に形を現じて法蔵比丘となり、発心修行して尽十方無碍光如来となり給う」仏身である。(356)諸仏諸菩薩にはこの二種の法身があり、それらが広略相入することを知らないならば、菩薩は自利利他することができず、五念門の行は完成しない。このことからしても親鸞がその菩薩を法蔵菩薩と考えた意味が納得される。つまり菩薩たるものは、法性法身という法性であり真理そのものなるものが、自己にはたらきかけ菩提心を起こさせ、修行を行わせて方便法身なる仏とせしめることが理解できなければ、菩薩行は完成しない。法蔵菩薩も法性法身のはたらきによって自分が発心し、方便法身なる尽十方無碍光如来と呼ばれる仏となることを理解できなければ自利利他を成就することはできない。

『一念多念文意』には阿弥陀如来の二種の法身が次のように語られている。

一實真如ともうすは無上涅槃なり。涅槃すなわち法性なり。法性すなわち如來なり。この一如寶海よりかたちをあらわして、法蔵菩薩となのりたまひて、無礙のちかひをおこしたまふをたねとして、阿彌陀佛となりたまふがゆえに、報身如來ともうすなり。この如來を方便法身とはもうすなり。方便ともうすは、かたちをあらわし、御なをしめして、衆生にしらしめたまふをもうすなり。すなわち阿彌陀佛なり。(357)

以上のように証巻に阿弥陀仏に二種の法身があることが説かれていることを踏まえるならば、『論註』の五念門の行者を親鸞が法蔵菩薩と理解したことも納得がいく。すなわち『論註』に五〔念〕門の行を修して自利利他成就することが「その本を求むるに、阿弥陀如来を増上縁と為す」とか、かの浄土に生ずると及びかの菩薩人天の所起の諸行とが「皆な阿弥陀如来の本願力に縁るが故なり」と説かれる場合の五念門の行者である菩薩を、親鸞が法蔵菩薩と理解した意味が明らかになる。つまり親鸞は法蔵菩薩をして五念門を行じさせ自利利他を成就せしめた、曇鸞の「阿弥陀仏を増上縁となす」と言い「阿弥陀如来の本願力に縁る」と言う〈阿弥陀仏〉を、一切処に遍満する法性法身を指すものと理解したのである。そう理解すれば、一切処に遍満する真理そのものとしての法性法身が、法蔵菩薩にはたらくことによって、法蔵の行じた五念門を第十八の念仏の行に摂めて発願せしめ（往相廻向）、五念門・五功徳門の行を完成させ成仏させる。法蔵菩薩は成仏して阿弥陀仏となったとき、仏の状態に留まらずに直ちに還相の行に着手する。還相廻向については、大乗菩薩行の重要な課題である無住処涅槃との関係から考察すべき課題があり、筆者にはまだそれを検討するに充分な準備はないが、現時点で入手し得た資料に基づいて考察を試みたい。

4　還相廻向論の源流を求めて

曇鸞の言う「還相廻向」の概念を正しく理解するために、瑜伽行派の無住処涅槃の概念の用法を検討する必要のあることが、長尾博士や幡谷博士によって提案されている[358]。両博士の論考は極めて示唆に富むものであり、それを参考に「還相廻向」という考え方の源流について考察してみたい。

近年、『大乗荘厳経論』（以下、『荘厳経論』と略称）の第十七「供養・師事・無量」の章（漢訳の第十八供養・第十九親近・第二十梵住の三品に相当）の世親釈の和訳が詳細な註解を付して出版された[359]。そこには「還相廻向」に関連する興味深い二編の論文が収められている。二編の論文の内の一つは、『荘厳経論』を長年研究してこられた長尾雅人博士が、本論第十七章第二九偈から第六四偈に説かれる「大悲」論を自らテクストを校訂し英訳し、序文と註解とを付して刊行された The Bodhisattva's Compassion Described in the *Mahāyānasūtrālaṃkāra* の序文の和訳である。そこには四無量心の内の悲無量心の菩薩行における重要性が簡潔に述べられている。他の一つは長尾博士のその論旨に沿って、『荘厳経論』第十七章の文脈を追って菩薩行における悲と慈とを明確にするものである。

本書の編集責任者である能任正顕教授の「はしがき」には、長尾博士の「悲」へのご関心が、曇鸞の往相・還相の二種廻向の概念を、「向上・向下の概念に読み替えインドの文脈にさかのぼらせることによって、智慧と慈悲を双輪として涅槃に向かう仏教の基本構造を明らかに」しようとするお考えに基づくものであることが述べられている。長尾博士は悲が特に選ばれ詳しく説明される理由について、注釈者が「四無量のうちもっとも重要でもっとも中心的なものだから」と述べる語を上げておられる。[360]

『荘厳経論』第十七章には、「悲」は樹木に譬えられて次のように説かれる。

この悲という大きな樹木は、最初には根があり、最後には最勝の果実がある。〔すなわち、根は〕悲であり、〔幹は〕忍耐であり、〔枝は〕思惟することであり、〔葉は〕誓願であり、〔花は〕生まれることであり、〔そして、果実は〕衆生を成熟することである。(36)

悲という根が存在しないならば、〔菩薩が〕難行苦行を忍耐することはありえない。〔難行苦行の〕苦を忍耐しないならば、智者（菩薩）は決して衆生利益を思惟することはない。(37)

〔菩薩の〕叡智が〔衆生利益の〕思惟を欠いているならば、白浄の生に生まれようと誓願することはない。〔菩薩が〕勝れた生に到らないならば、決して衆生を成熟させることはありえない。(38)

［1］慈は悲〔という根〕を潤すものである。［2］それ（悲）から〔生じた〕苦において安楽があることによって、〔忍耐という幹が〕太く成長する。［3］広範囲に〔思惟という〕枝が伸びることは、〔衆生利益を〕如理に思索すること（如理作意）によってである。〔以上のように〕知るべきである。(39)

［4］〔古い誓願という〕葉をおとし〔新しい誓願という葉を〕つけるのは、〔勝れた生を得たいという〕諸

の誓願の相続が断絶しないからである。〔自分自身と衆生という〕二種の縁を具足することによって、［5］花も、また［6］それから生じる〔衆生成熟という〕果実も無駄にならないのである。(40)[361]

この「樹木に譬えられる悲」に関する五偈の内容を博士は次のように簡潔にまとめておられる。

この譬喩では、悲の樹が語られ、悲そのものが樹の根になぞらえられている。それに水をかけるのは maitrī（慈）である。こうして、その幹、枝などが繁くすくすくと育ち、悲の樹は花開き、よい果実を実らせるのである。[362]

本論中特に注意を惹かれるのは、本来瑜伽行派の実践的側面に属していると思える悲の考察が、第三二偈においてこの学派に特有の「不住涅槃、無住処涅槃」の理論が唐突に導入されることによって、理論的側面である智慧との関係において説明されるに至ったとされる博士のご指摘である。博士は、智慧は賢者がそれによってこの世界を空性すなわち「否定性」として見ることによって涅槃に達するものであり、それゆえ向上的であり、慈悲は空性である涅槃から降りてくるので、向下的であると言われる。その「降りてくる」ことに関して、博士は説明を他の論文に譲って、ここではただ「否定が不可思議にも肯定に転じることなのである[363]」としか述べておられない。他の論文がレスリー河村編訳の *Mādhyamika and Yogācāra* 所収の Two-Directional Activity in Buddhist Thought であることは注に記されている。この書には The Bodhisattva Returns to this World なる論文も収められており、この論文は幡谷博士によって、菩薩の無住処涅槃・還相廻向を『大乗荘厳経論』等の文献に基づいて詳細に論述した貴重な業績として紹介されている。[364]

宗学に係わる研究者の間で近年、還相廻向の解釈を巡って議論が起こっていると聞く。この種の議論を耳にする度に思うのは、インド仏教にまで遡って検討する努力を少しでもされれば議論はもっと明確になるであろうということである。[365] しかし還相廻向を巡って行われる議論に参考になるようなインド仏教文献に関する研究が僅少であることも事実であり、宗学関係の研究者の怠慢とのみは言えない。そのことを考慮するとき、曇鸞の二種廻向の概念をインド仏教の文献学的視点から考察しようとされた長尾博士の思想研究は貴重である。

他の一編は内藤昭文氏によるものであり、曇鸞の二種廻向を向上と向下の概念によって考察しようとされた長尾博士の研究の意図をよく理解し、先に引用した「樹木に譬えられる悲」に関する五偈を精確に考察しておられる。第三七偈と第三八偈に説かれる樹木に譬えられる悲の成長は次のように説明されている。

菩薩自らに悲がなければ難行を堪え忍べないし、堪え忍べなければ衆生利益を思惟しない。思惟がなければ、衆生済度に相応しい清浄な「生」を願わない。願わなければ、相応しい勝れた生を受けない。その生を受けなければ、衆生を成熟することはできないという。[366]

そして第三九偈と第四〇偈で、「慈」が「灌水（seka）」に譬えられて「慈」によって「悲」が成長する様子は次のように説明される。

根から幹が生長し、最後の果をつけるに至るまで、「根に水が灌がれること」が必要なのである。この場合、根である「悲」が成長し衆生の苦を忍受（忍辱）してこそ、衆生成熟という利他の手段を「思惟」し、その手段のための「願」を発し、衆生救済に相応しい「生」を受け、「衆生を成熟」するのである。その過程において、常に「灌水」に譬えられる「慈」がはたらき続けてこそ、衆生を成熟することができるのである。[367]

「相応しい勝れた生を受けない」等と説かれる「生」が、菩薩が「不住涅槃、無住処涅槃」のゆえに生まれ変わる「生」を意味することは、四無量の異熟果を説く第二二偈に「欲界に生まれること」が説かれることからしても明らかである。それゆえここには「悲」が主となって菩薩の無住処涅槃の実現されることが説かれているのである。

このこと一つとっても長尾博士のご研究とそれを発展させた内藤氏の研究は評価に値するが、さらに氏は、長尾博士が追求しようとされた曇鸞の二種廻向論をインド仏教にまで遡って検討するという課題に、長尾博士が留保された「大悲の根に灌水するものが何故に慈（maitrī, 長尾：慈愛）であるか(368)」という問題を次に引用するような第一九偈に説かれる「慈」の意味を究明することによって、それを考える方法と資料とを提示されたのである。これは「本願力廻向」とか「如来の廻向」の教説を、インド仏教文献に遡って考えるための貴重な資料となる。

内藤氏は「大悲の根に灌水するものが何故に慈であるか」という問題を考えるために、それを菩薩の慈ではなく諸仏の慈を指すものと理解するという提案をされる。この提案は極めて重要である。そのために氏は「慈の無縁」を説く第一九偈に戻って考察する。そこには慈が無縁であることの四つの理由が次のように説示される。

［1］真如を対象としているから。
［2］〔無生法〕忍を体得することによって清浄になるから。
［3］〔身体と言葉の〕二種の〔自在の〕行為があるから。
［4］〔貪欲等の〕煩悩が滅尽しているから。

この説示に対して内藤氏は違和感を覚えると言われる。氏に違和感を起こさせるものは次の三点である。第一には、第一九偈以外では主語は「慈など」であり四無量全体であるのに、この偈とその世親釈には「慈」とのみ記され、「など」と記されていないこと。第二には、第一七偈と一八偈とには四無量については、衆生縁・法縁・無縁の順序で説示がなされているのに、第一九偈には「無縁」のみに言及すること。第三には、右記の［1］から［4］への説示が、『大乗荘厳経論』の通常の菩薩の修習の下位から上位へではなく、上位から下位の段階への順序になっていること。

氏は違和感の原因となっているこれら三点に整合性をもたらし違和感を除去するために、第一九偈が特に「無縁の慈」を論じることは、第三六偈から第四〇偈において展開される「樹木に譬えられる悲」と関連づけて理解すべきことに思い至る。[369] つまり「灌水」に譬えられる「慈」が、この「無縁の慈の修習」を前提としていることに思い至られる。

この着想は氏の違和感を完全に払拭したであろう。われわれにとっても「樹木に譬えられる悲」の修習が「無縁の慈の修習」を前提とするものであることが明らかにされて、菩薩が「無縁の慈」という諸仏の功徳を前以て修習していたことが「灌水」として菩薩に貯えられており、それによって菩薩の修習する「悲」という樹木の根が潤され成長する、という悲の修習の次第が明らかになる。この着想によって、第一点のここにはなぜ四無量の慈のみが説かれるのかという疑問は、仏の無縁の慈の修習が前提となっているという理由が明らかにされることによって取り除かれ、同じ理由によって第二点のここにはなぜ「無縁」の慈のみが説かれるのかという疑問も解消される。しかし第三点の説示の順序に関しては、内藤氏の説明によってわれわれの違和感が完全に払拭されたとは言い難い。しかし実はここにこそ曇鸞の二種廻向論をインド仏教にまで遡って検討するための文献資料を発見する可能性があると思われる。以下に氏の説明に基づきつつ、氏のお考えからは逸れるかも知れないが、筆者の推測をも加えて［1］から［4］への説示の順序について考えてみたい。

第一九偈および注釈には、［2］のみは世親釈によって第八地の菩薩の階位を指すことが明らかであるが、他の三つがどの階位に相当するかは説明されていない。そこで氏は菩薩の慈が無縁とされる理由を［4］から［1］へ順次検討することによって、その階位を確定することを次のように想定される。

［4］の理由を述べる語から、この階位において菩薩が〔貪欲等の〕煩悩を対象として慈を修習することが想定

される。そしてその修習の結果「煩悩が滅尽している」がゆえに、「滅尽」は「対象がない」つまり「無縁」であることを意味するから、その修習は「無縁の慈」の修習である。それゆえそれは見道への悟入の段階に相当する階位を示すものと考えられる。［3］の〔身体と言葉の〕二種の〔自在の〕行為があるからという理由からは、この階位を理解することは難しいと内藤氏は言われる。その上で氏は、「煩悩のなくなった意業から生じる身業と口業は、煩悩による分別がなくなった「慈」から流出したものによって包摂されているという点で、「無縁の慈」という」のだと言われる。(370) しかしわれわれは、氏が注記にそれが「無分別智」による「法縁」の修習であることを示唆しておられることを参考に、以下のように解釈する方が理解し易いのではないかと考え試案を提示したい。つまり、この階位において菩薩は煩悩が滅尽した意業と口業を対象として慈を修習することが想定される。そしてその修習の結果、分別がなくなり「〔自在の〕行為があるから」、分別の「対象がない」「無縁の慈」が修習される。そしてそれは修道の段階に相当する、と。［2］は世親釈から第八地の菩薩の階位を指すことが判明している。［1］真如を対象としているから、について氏は、それは［2］の究極的なあり方であり、無縁の大慈を修習する「究極の菩薩」の階位を示すものと解しておられる。(371)

このような根気を要する詳細な検討を経て、氏は［4］から［1］の説示の方向は向上的な菩薩の修習する「慈」を意味し、［1］から［4］は向下的な菩薩の修習を意味すると結論づけておられる。そして氏は菩薩の修習する「慈」について次のような興味深いことを記しておられる。多少長くなるが示唆に富む発言なのでそのまま引用したい。

この向下的な順序は、第一九偈の「慈」が向上的に修習している菩薩自身のものではなく、その菩薩が「供養」する諸仏の「慈」、少なくともそれらの修習の成就した「究竟の菩薩」のものであることを意味していると考えられる。というのは、「無縁の大慈」は、修習過程の菩薩ではなく、仏陀の大慈であろう。少なくとも「究竟の菩薩」であろう。したがって、この偈の意味は、「究竟の菩薩」でさえ、「供養」を通して諸仏の「慈」を蒙って波羅蜜や四無量を修習しているのであり、ましてそれ以下の菩薩は言うまでもないという意味ではなかろうか。(372)

［4］から［1］の方向を向上的な菩薩の修習と呼び、［1］から［4］の方向を向下的な菩薩の修習と呼ぶことについて多少補足説明が必要かも知れない。［4］から［1］の方向を向上的と呼ぶことについて、［4］は見道に悟入した菩薩の階位であり、［1］は究竟の菩薩の階位であるから、それを向上的な修習と呼ぶことには問題はないように見える。他方、［1］から［4］の方向を向下的な菩薩の修習と呼ぶことは奇妙に思われる。それが奇妙でないことを説明しようとして、右に引用した文を考えられたものと思われるが、それでも内藤氏の説明は充分ではないように思える。

右に引用した文で氏は、いまわれわれが奇妙に感じた［1］から［4］の向下的な順序が、菩薩の「慈」の修習の順序を示すことを意味するものではなく、第一九偈の「慈」が向上的に修習している菩薩自身のものでなく、その菩薩が「供養」した諸仏の「慈」であることを意味している、という注目すべきことを述べておられる。つまり氏は、［1］から［4］の順序は「諸仏の慈」が向下的であることを示している、と言おうとされているのであろう。したがって樹木の根である悲を潤し育てる灌水である慈は、かつて菩薩が供養して菩薩の中に貯えられている諸仏の無縁の大慈であり、第一九偈に説かれる菩薩の慈の修習においても、その修習を完成させるものとして、菩薩のすべての階位においてはたらくものであることを、長尾博士にならって向上的・向下的な慈のはたらきと呼ばれたものと推測する。このように推測するとき、菩薩が悲を成就して「究竟の菩薩」つまり「仏」となるために悲を潤し育てる「灌水」として向上的な方向ではたらく「諸仏の大慈」と、菩薩が仏となったとき、下位のそれぞれの階位にいる菩薩に向かって向下的な方向ではたらく「諸仏の大慈」との、向上・向下二種の「諸仏の大慈」のはたらきとして、［4］から［1］を向上的と呼び［1］から［4］を向下的と呼ばれた氏の意図はより明瞭に理解されるように思われる。

［4］から［1］の方向こそ向上的な菩薩が修習する「悲」を意味し、［1］から［4］は向下的な順序の説示となる、と言われる氏の語をこのように理解することは、氏が次のように述べておられることともよく符合する。

菩薩自らに悲がなければ難行を堪え忍べないし、堪え忍べなければ衆生利益を思惟しない。思惟がなければ、衆生済度に相応しい清浄な「生」を願わない。願わなければ、相応しい勝れた生を受けない。その生を受けなければ、衆生を成熟することはできないという。[373]

ここに「衆生済度に相応しい清浄な生」とか「相応しい勝れた生を受けない」等と説かれる「生」が、菩薩が「無住処涅槃」のゆえに生まれ変わる「生」を意味することは先に述べた通りである。したがってこの「生」は「無住処涅槃」によって生まれ変わる生、つまり曇鸞の言う還相の生に相当する。そしてその生が菩薩が流転輪廻の苦をも厭わず敢えて選び取った「衆生済度に相応しい」生と説かれる。それがここでは［1］から［4］に向下的と呼ばれる、菩薩の生まれ変わる、順次に下位に示される境涯への生に相当する。その生まれ変わりを実現させるものは菩薩の悲であるが、悲を潤し育てるものが「諸仏の大慈」である。ここに菩薩の悲を潤し育てるものが「諸仏の大慈」であるとされていることは、廻向ということを理解する上で貴重な示唆を与える。菩薩の向上的修習が諸仏の向上的な慈によってもたらされることについては既に述べた通りである。そしてここには還相の生が諸仏の向下的な慈によってもたらされることが説かれていると考えられる。それゆえ第一九偈と第三六偈から第四〇偈に説かれていることを考え合わせれば、この章には、諸仏の大慈が菩薩に達し、それによって菩薩の悲を成長させ、次第に菩薩の行を完成に向かって向上せしめ、その行が完成し涅槃が得られたときには、その諸仏の大慈は菩薩をそこに留まらせずに（無住処涅槃）衆生済度の生へ向下せしめるという、向上・向下の二方向にはたらく諸仏の大慈が説かれていると考えられる。これらの偈をこのように解釈することが正しいとすれば、ここには曇鸞の往相・還相の二種の廻向がインド仏教的な形態で説かれていると考えられる。そしてその曇鸞の二種廻向論に対する理解は、親鸞の次のような正像末和讃を彷彿とさせる。

往相廻向の大慈より　還相廻向の大悲をう
如来の廻向なかりせば　浄土の菩提いかがせん

曇鸞の二種廻向論が阿弥陀如来とその浄土という概念と密接に関係して構想された思想であり、それらの概念との関係の下で検討すべきものであることは言うまでもない。それゆえ、その二種廻向論を瑜伽行派の『大乗荘厳経論』に説かれる菩薩の修習法のみに基づいて理解すべきでないことも言うまでもない。しかし、菩薩行の中に智慧と慈悲をどう位置づけるか、就中、仏の慈悲をどのように位置づけるかという課題がインドでも中国でも自覚され、『大乗荘厳経論釈』『浄土論』を著作中の世親がそれについて抱いたと同種の構想を『浄土論』を注釈していた曇鸞が着想し、それを如来の二種廻向論へと展開したと想定することは決して無謀なことではない。

曇鸞が三論宗の人であり瑜伽行派の思想に疎い人であることは既に述べた。したがってかれの二種廻向論が、如上の瑜伽行派の無住処涅槃という教説の直接的な影響によって生まれたものとは考え難い。しかし二種廻向論のみならず、どのような思想であれ、それが生まれるにはそれを生み出す思想の潮流が存在する。二種廻向論もその潮流を視野に入れて考察しなければ正しく理解できないことは言うまでもない。

長尾博士はそのような潮流として、涅槃を悟った菩薩が敢えて決意して輪廻の迷いの世界に生を受ける「故意受生」[374]という菩薩思想の存在を想定され、幡谷博士はそれに加えて『楞伽経』に説かれる、菩薩がすべての衆生を救済するために敢えて永久に救われない存在である闡提に自らがなるという「大悲闡提」[375]の思想の存在をも想定しておられる。そのような思想の潮流の中から、無住処涅槃と二種廻向という共通性の多い教説が誕生したとするのが両博士のお考えである。このように考えるとき、現在種々に議論されている「還相廻向」を、両博士に倣って無住処涅槃（不住涅槃）の教説と対照させて理解するという試みは有益な研究法であると考えられる。特に無住処涅槃の教説に関しては世親・無性・安慧という願ってもない勝れた軌範師の注釈が現存する以上、両博士の試みられた方法に倣わないことこそ、怠慢の譏りを免れないであろう。

親鸞が世親を詠んだ和讃に、廻向が次のように語られている。

願土にいたればすみやかに
無上涅槃を証してぞ
すなわち大悲をおこすなり
これを廻向となづけたり

親鸞は、涅槃を証して起こす大悲を世親は廻向と名づけたものと解し、その廻向を「還相廻向」を意味するものと理解してこの和讃を詠んだものと考えられる。「還相廻向」は曇鸞の造語であり、ここに詠われた還相廻向が曇鸞の解釈を介して見られた「廻向」であることは言うまでもない。山辺・赤沼両師もこの和讃を引用して、

還相廻向は證果の活動である。證りというても、單なる寂靜無爲ではない。その證りに根ざした化他の大活動である。その方面が還相廻向である。[376]

と、その「廻向」を還相廻向を意味するものと理解しておられる。そしてその還相廻向の「大活動」は、浄土に往生すれば「すみやかに」涅槃を証得して、「すなわち」大悲を起こすこと、として説かれている。それゆえこの和讃には、涅槃を証得してもそこに留まらずに、直ちに本願力の廻向によって「大悲」の化他の活動としての還相行が開始されることが説かれている。それゆえここには、意味的には無住処涅槃(377)が説かれていると言うことができる。

註

(10) 大竹晋校註『新国訳大蔵経　法華経論・無量寿経論　他』(大蔵出版、二〇一一年)『無量寿経優波提舎願生偈』解題、二八四頁。
(11) 大竹前掲書二八六―二八七頁。
(12) 櫻部建「『阿弥陀経』の受けとられ方」(『浄土仏教の思想　一』講談社、一九九四年)三一五頁参照。
(13) 山口益『無量寿経優波提舎願生偈の試解』(安居事務所、一九六二年)一五―一六頁参照。
(14) *Vyākhyāyukti*, Der. No. 4069 (Si), 83a1-3. 李鐘徹『世親思想の研究――『釈軌論』を中心として――』(山喜房佛書林、二〇〇一年)六九―七〇頁、堀内俊郎『世親の大乗仏説論――『釈軌論』第四章を中心に――』(山喜房佛書林、二〇〇九年)四五頁等参照。
(15) Parahitabhadra, *Sūtrālaṃkārādiślokadvaya-vyākhyāna*, Der. No. 4030, Bi, 175a5-6. 野澤靜證「利他賢造『莊嚴經論初二偈解説』について」(『宗教研究』第一三巻第二号、一九三六年)六〇―六一頁参照。
(16) 勝呂信静・下川邊季由校註『新国訳大蔵経　摂大乗論釈』(大蔵出版、二〇〇七年)摂大乗論釈解題、二六―二八頁。しかし向井亮教授(「世親造『浄土論』の背景――「別時意」説との関連から――」日本佛教學會年報、第四二號、一九七六年、一六四頁)によれば、真諦の『世親伝』にもチベットの伝承(プトンおよびターラナータの『仏教史』)にも世親の著作中に『浄土論』の名は挙げられていない。向井教授にはこの論文を初め浄土論に関するご論文をお送りいただき、貴重なご教示をいただいた。この場を借りてお礼を申し上げます。
(17) 山口前掲書一六頁。

(18)『瑜伽師地論』巻八一（大正三〇）七五三中一四—二一。
(19)『印度学仏教学研究』第六巻第二号（一九五八年）一八二頁参照。
(20)大竹前掲書二九〇頁参照。
(21)山口前掲書一八頁。
(22)長尾雅人『摂大乗論　和訳と注解　下』第一〇章三〇。櫻部前掲書三一四頁等参照。
(23)向井前掲論文。また藤田祥道「密意趣と大乗仏説論——別時意説の理解に向けて——」（論註研究会編『曇鸞の世界——往生論註の基礎的研究』永田文昌堂、一九九六年）には、大乗仏説論との関係から『阿毘達磨集論』『解深密経』『大乗荘厳経論』に説かれる別時意説が詳細に検討されている。
(24)長尾雅人『摂大乗論　和訳と注解　上』（講談社、一九八二年）三八九頁参照。同書巻末「チベット訳『摂大乗論』とその還元梵文」九四頁、II.31A.
(25)向井前掲論文一六八頁。
(26)同論文一六九頁。
(27)S. Lévi ed., *Mahāyāna-Sūtrālaṃkāra*, Paris, 1907, p. 83, 4-5. ツルティム・ケサン・小谷信千代「チベットの浄土教」（『浄土仏教の思想　三』講談社、一九九三年）二一三頁参照。
(28)大正三一、七五二上二七—中二。別時意趣者、如説若有願生極楽世界皆得往生。若暫得聞無垢月光如来名者即於阿耨多羅三藐三菩提決不退轉。如是等言意在別時故。『雑集論』の著者はチベット訳ではJinaputra、漢訳では安慧とされる。サンスクリット校訂本を編纂したN.Tatia博士は安慧とする（*Abhidharmasamuccaya-bhāṣyam*, Patna, 1976, XXiii）。
(29)Pek. 5531, Mi, 296b7-8. ツルティム・小谷前掲書二一四頁参照。
(30)大正三一、四〇八下三—七。片野道雄『インド仏教における唯識思想の研究』（文栄堂、一九七五年）一八五頁。片野先生には幡谷明『曇鸞教学の研究』を無理にお願いしてお譲りいただいた。先生のご厚情にお礼を申し上げます。
(31)Kotatsu Fujita, ed., *The Larger and Smaller Sukhāvatīvyūha Sūtras*, Hozokan, 2011, p. 93, 7-13. 藤田宏達訳

『梵文和訳　無量寿経・阿弥陀経』（法藏館、一九七九年、第二刷）一六九―一七〇頁参照。

(32) 向井前掲論文一七四―一七五頁参照。

(33) 藤田宏達『浄土三部経の研究』（岩波書店、二〇〇七年）第三節第一項の1「極楽の荘厳」、第二項の2「浄土」の原語と意義参照。

(34) 同書三八四頁参照。

(35) 同書三八六頁。

(36) 同書三五三頁。

(37) 大正二五、七〇八下九―一〇。藤田前掲書三八五頁参照。

(38) 藤田前掲書同頁参照。

(39) 同書三五三頁参照。

(40) 武内紹晃「世親――唯識思想と浄土論――」（『浄土仏教の思想　三』講談社、一九九三年）一七三頁参照。「浄土に願生」を「浄土に往生」に訂正した。

(41) 藤堂恭俊「曇鸞――浄土教を開花せしめた人と思想――」（『浄土仏教の思想　四』講談社、一九九五年）一一五頁参照。

(42) 工藤成性『世親教學の體系的研究』（永田文昌堂、一九五五年）第三編第三章第一節第三項「瑜伽佛教の影響」参照。

(43) 長谷岡一也「世親浄土論に於ける十地經的要素」（『印度学仏教学研究』第六巻第二号、一九五八年）一八四―一八五頁。

(44) 武内前掲書一七九頁参照。

(45) 幡谷明『浄土論註』（東本願寺出版部、一九八〇年）四九頁。野澤靜證『大乘佛教瑜伽行の研究』（法藏館、一九五七年）六五―六六頁参照。

(46) S. Lévi *op.cit.*, p. 65, 14-20. 長尾雅人『『大乗荘厳経論』和訳と註解――長尾雅人研究ノート(2)――』（長尾文庫、二〇〇七年。以下、長尾研究ノート(2)と略称）九六―九九頁参照。

(47) Pek. No. 5531, Sūtrālaṃkāra-vṛtti-bhāṣya, Mi, 208b4–209b3.

(48) 長尾研究ノート(2)一〇〇頁参照。

(49) S. Lévi *op. cit.* p. 65, 21- p. 66, 1.

(50) āryagotraṃ, read āryagotre.　長尾前掲書九九頁参照。

(51) Pek. No. 5531, Tsi, 209b3–210b3.

(52) S. Lévi *op. cit.* p. 92, 14–21.　小谷信千代『大乗荘厳経論の研究』（文栄堂、一九八四年）一五八―一五九頁。長尾前掲書二五九―二六二頁参照。

(53) S. Lévi *op. cit.* p. 92, 24- p. 93, 5.　小谷前掲書、一六一頁。長尾前掲書二六二―二六五頁参照。

(54) Pek. No. 5531, Mi, 300a4–301a8.　岩本明美『大乗荘厳経論』第一四章「教授教誡章」の背景Ｉ（『禅文化研究所研究紀要』二二号、八二頁、注75）および長尾前掲書二六二―二六五頁によって、世親が初地の清浄（śuddhi）と仏地の完全な清浄（viśuddhi）とを区別していることを知った。小谷前掲書一六一―一六三頁の訳をそれによって訂正した。ただし安慧疏ではそうではないことが、長尾前掲書二六三頁注２に注記されている。

(55) 大竹前掲書二九五頁。

(56) 大正一七、六三九下。

(57) Pek Wu. 81a3.

(58) 大竹前掲書二九六頁参照。

(59) 同書二九五頁。

(60) 山口益『中観佛教論攷』（山喜房佛書林、一九六五年）一七三頁。ヨニショマナシカラ・ヨガ（yoniśomanasikara-yoga 如理作意瑜伽）はヨーニショーマナシカーラ・ヨーギン（yoniśomanasikāra-yogin 如理作意瑜伽師）とすべきではないかと思われるが、原文を参照し得ていない。野澤『大乗佛教瑜伽行の研究』一八頁も山口訳と同じ。

(61) Susumu Yamaguchi ed., *Madhyāntavibhāgaṭīkā*, Tokyo, 1966, p. 214, 2-3.　山口益訳註『中辺分別論釈疏』（鈴木学術財団、一九六六年）三三八頁参照。

(62) 野澤前掲書二一〇頁参照。

(63) 早島理「法随法行（dharma-anudharma-pratipatti）――その語義と意義――」（『南都仏教』第三六号、一九七六年）参照。
(64) ツルティム・ケサン・小谷信千代『アーラヤ識とマナ識の研究』（文栄堂、一九九四年、第二刷）三二頁等参照。
(65) 早島前掲論文七頁。
(66) 大正三一、三八六上。早島前掲論文七頁。
(67) 早島前掲論文一〇頁。
(68) 大正二六、四五八中―下。同内容が『集異門足論』（大正二六、三九三上―中）にも見られる。
(69) S. Lévi *op. cit.* p. 84, 15- p. 86, 2. 長尾前掲書二一三頁、早島前掲論文「法随法行」一六頁参照。
(70) Pek. No. 5531, Mi 276a6-277a8. 早島前掲論文二〇―二一頁注12参照。
(71) 長尾博士は「三三昧は恐らく声聞によっても修せられるのであろう。然し彼等にはそれによって初地に入るということがないから、凡夫と同視せられて信解行地の修習とせられ、世間的であるとせられるのであろう」と述べておられる（長尾前掲書二一五頁）。
(72) 山口益・野澤靜證『世親唯識の原典解明』（法藏館、一九六五年、第二刷）一五三頁。
(73) 武田義雄校訂『西蔵文唯識三十頌釋疏』（丁字屋書店、一九三八年）九―一〇頁。山口・野澤前掲書一五四頁参照。
(74) Gajin Nagao ed, *Madhyāntavibhāga-bhāṣya*, Suzuki Reseach Foundation, 1964, p. 19, 21.
(75) S. Lévi ed., *Vijñaptimātratāsiddhi*, Paris, 1925, p. 43, 10-15. 山口・野澤前掲書三九五―三九六頁参照。
(76) 「五停心観」は櫻部建博士によれば慧遠（523-592）の『大乗義章』で初めて用いられた呼称である。Hajime Sakurabe, ON THE WU-T'ING-HSIN-KUAN (*INDIANSME ET BOUDDHISME*, Mélanges offents à Mgr Étienne Lamotte, Louvain, 1980), pp. 307-312. 小谷信千代『法と行の思想としての仏教』（文栄堂、二〇〇〇年）一三八頁。
(77) S. Lévi ed., *Mahāyāna-Sūtrālaṃkāra*, p. 90, 7- p. 91, 19. 小谷『大乗荘厳経論の研究』一四六―一四七頁。長尾前掲書二四六参照。

（78）作意謂能令心警覚。斎藤明等編著『『倶舎論』を中心とした五位七十五法の定義的用例集』（山喜房佛書林、二〇一一年）六五頁参照。

（79）櫻部建・小谷信千代『倶舎論の原典解明　賢聖品』（法藏館、一九九九年）一一四頁以下参照。

（80）Pek. No. 5531, Mi, 292b8-293a3. 小谷前掲書一四八頁参照。

（81）Nagao op.cit., p. 20, 3-5.

（82）Susumu Yamaguchi ed., *Madhyāntavibhāgaṭīkā* （Nagoya, 1934）, p. 24, 1-5. 山口益譯註『中邊分別論釈疏』（破塵閣書房、一九六六年）三七頁参照。

（83）Yamaguchi, op.cit., p. 24, 6-10. 山口前掲書三七—三八頁参照。

（84）大正三〇、八八三下四—一八。

（85）例えば『三十論疏』（S. Lévi ed., *Vijñaptimātratāsiddhi*, p. 15, 12-13. 山口・野澤前掲書一五五頁）には、能識と同様に所識も実体として有であるとする考え（有部）と、所識と同様に能識も世俗としては有であるが勝義としては無であるとする考え（中観派）とが述べられ、『中辺分別論釈疏』（Yamaguchi op.cit., p. 5, 14-18. 山口前掲書七頁）には、内作の士夫を離れていることが法無我であるとする考え（有部）と、一切法の無が法無我であるとする考え（中観派）とが説かれる。

（86）ツルティム・小谷「チベットの浄土教」（『浄土仏教の思想　三』）二一九頁参照。

（87）『無量寿経』（大正一二）二七二中—下。『真宗聖教全書　一』二四—四五頁。藤田宏達『浄土三部経の研究』（岩波書店、二〇〇七年）四一九—四二〇頁。

（88）迦才『浄土論』巻中（大正四七）九一上。藤田前掲書五二三頁注23参照。

（89）向井前掲論文一七〇頁。Kotatsu FUJITA ed., *The Larger and Smaller Sukhāvatīvyūha Sūtras*, 梵文無量寿経梵文阿弥陀経（Hozokan, 2011）, p. 93, 7-11.

（90）藤田宏達博士によれば、浄土三部経がその最初期から重視しているのは、三輩往生段に見られるような、臨終見仏による来迎引接の教説である。しかし魏訳の第十八願とその成就文にはそれが認められないところから、第十八願は、三輩往生段を含む最初期からの教説とは独立に成立したものと考えられる。藤田前掲書四二二頁参照。

(91) 同書一四九頁。
(92) 同書一五三頁。
(93) 同前。
(94) 現存の『無量寿経』の訳者については異説がある。藤田前掲書七六頁参照。
(95) 藤田「無量寿経――阿弥陀仏と浄土――」(『浄土仏教の思想　一』講談社、一九九四年) 九頁。
(96) 藤田『浄土三部経の研究』八七―九〇頁。
(97) 〈無量寿経〉のサンスクリット本 (Sukhāvatīvyūha) は、現在までに知られている写本が完本・端本を合わせて三十九部ある。その内の一部は一九九六年ころにアフガニスタンのバーミヤーン渓谷で発見されたもの (スコイエンコレクション所蔵本) で、現在、松田和信仏教大学教授ら三名の研究者の許で調査が進められている。藤田前掲書第一項一参照。なお藤田博士は近年これらの写本のすべてを照合して批判的校訂本を出版された。Kotatsu Fujita,ed., *The Larger and Smaller Sukhāvatīvyūha Sūtras*, Kyoto, Hozokan, 2011. 博士の長年のご研究の成果の完成に衷心より御礼とお祝いを申し上げます。なお〈無量寿経〉諸本を「初期大経」と「後期大経」とに区別する研究が、静谷正雄『初期大乗仏教の成立過程』(百華苑、一九七四年) 五一―五九頁においても為されている。そこでは「初期大経」の特徴が、法蔵菩薩の誓願において阿弥陀仏の入滅を説くこと、『小品般若』に現れる「無生法忍」などの語句をもたない (般若経の影響をもたない) ことにあることが述べられ、それらが〈無量寿経〉の原初的形態を保存している点であることが指摘されている。
(98) 向井前掲論文一七四頁。
(99) Kotatsu FUJITA op.cit., pp. 88, 17-89, 13.
(100) 向井前掲論文一七四頁参照。
(101) 同論文一七五頁参照。
(102) 藤田宏達「念仏と称名」(『印度哲学仏教学』第四号、一九八九年) 二一一頁。同『浄土三部経の研究』四六六頁参照。
(103) 向井前掲論文一七六頁参照。

(104) 藤田『浄土三部経の研究』四四四頁。
(105) 同書四四四―四四五頁参照。
(106) Kotatsu FUJITA op.cit., pp. 88, 17-89, 13.
(107) 藤田前掲書四四六―四四七頁参照。
(108) 同書四四八頁。
(109) 山口益『中観佛教論攷』一七三頁、野澤『大乗佛教瑜伽行の研究』一八頁参照。山口博士がyoniśomanasikāra-yogaと還元されたサンスクリットは、この文章の主語が「彼等（瑜伽行派）」であることからすれば、yoniśomanasikāra-yogin（or, -yoginaḥ）とすべきであり、その漢訳も如理作意瑜伽師とすべきであると思われる。
(110) 斎藤等編著前掲『定義的用例集』六五頁参照。
(111) 藤田前掲書四六一頁。
(112) 大竹前掲書三一三頁注4参照。
(113) 藤田前掲書五一九、五二一頁参照。
(114) 『続高僧伝』巻六（大正五〇）四七〇上―下。幡谷前掲書八頁。
(115) 藤堂恭俊「曇鸞――浄土教を開花せしめた人と思想――」（『浄土仏教の思想　四』講談社、一九九五年）一二四頁。龍樹の『中論』『十二門論』と提婆の『百論』を三論と呼び、それに龍樹の『大智度論』を加えて四論と呼ぶ。
(116) 幡谷明『曇鸞教学の研究――親鸞教学の思想的基盤――』（同朋舎出版、一九八九年）五四―六一頁。
(117) 同書六五頁。
(118) 藤堂前掲書四二―四三頁。
(119) 藤堂『無量寿経論註の研究』（仏教文化研究所、一九五八年）六七―七五頁参照。
(120) 大竹博士は江戸時代の学僧鳳潭（一六五九―一七三八）の『念仏往生明導箚』によって「鳳潭は曇鸞の註釈が瑜伽師文献を知らないうちに書かれたものである以上、『無量寿経優波提舎願生偈』の原意は曇鸞の註釈によっては理解され得ないと指摘している」と述べておられる。大竹前掲書三〇一頁。
(121) 藤堂「曇鸞――浄土教を開花せしめた人と思想――」六七―六八頁参照。

(122) 早島・大谷本四九―五〇頁。
(123) 藤堂『無量寿経論註の研究』一三二頁参照。
(124) 同書一三二頁参照。
(125) 同書同頁参照。
(126) 同書同頁参照。
(127) 早島・大谷本五二―五三頁。
(128) 五十嵐宝明『正定聚不退転の研究』(大東出版社、一九九九年)。
(129) *DN*, vol. II, p. 93, 21-26. 中村元訳『ブッダ最後の旅』(岩波文庫、二〇〇一年、第四三刷)四六―五二頁参照。
(130) cf. *DN*, vol. II, p. 200-203.
(131) 櫻部・小谷『賢聖品』目次参照。
(132) 櫻部建・加治洋一校註『新国訳大蔵経　発智論Ⅰ』(大蔵出版、一九九六年)六頁。
(133) 櫻部・加治前掲書二一頁。
(134) 櫻部・小谷『賢聖品』一五七―一六三頁参照。
(135) 玄奘訳『阿毘達磨倶舎論』(大正二九)一二一中四―五。
(136) 真諦訳『阿毘達磨倶舎釈論』(大正二九)二七三中一四―一五。
(137) P. Pradhan ed., *Abhidharmakośabhāṣya* (Patna, 1967), 350, 6-7. 櫻部・小谷前掲書一五八頁。
(138) P. Pradhan op.cit., 350, 1-6. 櫻部・小谷前掲書一五八頁。
(139) 五十嵐前掲書七一頁参照。
(140) 大正五、四四九下二七―四五〇上一。
(141) 五十嵐前掲書七六頁。
(142) 同書二五二頁注25。
(143) 大正五、三四上一八―一九。
(144) 大正五、三九中六―九。大正七、一九上一九―二一(第二会　観照品)にも同様に、「舎利子、復た菩薩摩訶薩有

り。先に已に六波羅蜜多を修習す。初発心に已に便ち菩薩の正性離生に入り、乃至、不退転地を証得す」と説かれているのを見る。

(145) 大正六、五四〇中二四―下一。
(146) 大正七、七六三下二五―二九。『大乗仏典2　八千頌般若経Ⅰ』（中央公論社、一九七四年）一〇―一一頁参照。
(147) 大正七、七六四上二四―二八。『八千頌般若経Ⅰ』一三頁参照。
(148) 『大乗仏典3　八千頌般若経Ⅱ』一一七頁参照。
(149) 十住の第七住が不退転住とされる。『仏教学辞典』（法藏館）「ふたい」の項参照。
(150) 『平川彰著作集第三巻　初期大乗仏教の研究Ⅰ』（春秋社、一九九二年、第二刷）四三二頁参照。
(151) 漢訳は大田利生編『漢訳五本梵本蔵訳対照　無量寿経』（永田文昌堂、二〇〇五年）四八頁参照。
(152) Fujita, op.cit., p. 16, 20–23.
(153) 藤田訳『梵文和訳　無量寿経・阿弥陀経』六〇頁。
(154) 『真宗聖教全書　二』一〇三頁。
(155) 藤田『浄土三部経の研究』四三五頁。
(156) 藤田前掲書三二三、四三五頁参照。
(157) 漢訳は大田前掲書一七八頁を参照。
(158) Fujita op.cit., p. 45, 20–24.
(159) 藤田訳『梵文和訳　無量寿経・阿弥陀経』一〇六頁。
(160) 幡谷明「浄土三経往生文類略本・広本・如来二種回向文対照表（以下、幡谷対照表と略称）」（『浄土三経往生文類試解』真宗大谷派宗務所教育部、一九九二年）六七頁。
(161) 幡谷対照表七一頁。
(162) 藤田『浄土三部経の研究』四三六頁。
(163) 同書同頁。
(164) 幡谷対照表七一頁。

(165) 幡谷対照表七一—七二頁。藤田前掲書四三五頁参照。

(166) 幡谷前掲『浄土三経往生文類試解』一六〇頁。

(167) 同書同頁参照。

(168) 親鸞は『一念多念文意』(『真宗聖教全書　二』六〇六—六〇七頁)において、「この二尊の御のりをみたてまつるに、すなわち往生すとのたまえるは、正定聚のくらゐにさだまるを、不退転に住すとはのたまえるなり。……他力信楽のひとは、このよのうちにて不退のくらゐにのぼりて、かならず大般涅槃のさとりをひらかむこと……」と述べて、正定聚と不退転とを同時のこととし、不退転を現生におけることとする。

(169) 藤田前掲書四三五頁参照。藤田博士は、親鸞が正定聚・不退転を現生におけることとしたことによって、親鸞があたかも「現世往生」を説いたかの如くに理解される問題が生じたことに関しても、簡潔で要を得た解説をされている。かつて『岩波 仏教辞典』(一九八九年)で親鸞が「他力信心による現世での往生を説き」(親鸞の項)と記載されたことが新聞にまで取り上げられる問題となったが、第二版ではその記述が削除されたことから、現世往生には否定的な見解が採用されていると考えられる。藤田博士ご自身も、親鸞の「現世往生説」を唱える場合に常にその根拠として取り上げられる『一念多念文意』の「正定聚のくらゐにつきさだまるを、往生をうとはのたまえるなり」という一文も、『唯信鈔文意』の「すなわち往生すというは不退転に住するをいふ。……すなわち正定聚のくらいゐにさだまるとのたまふ御のりなり」という一文も、「現世往生を諷示しているにしても、これを直截に示したものではなく、親鸞の他の著作を見ても、たとえば、「現生往生」というような語をもって積極的に説示した文は見出されない。他方「往生」を命終後の来世のこととする文は種々見出されるから、やはり往生そのものは、伝統的な用法に従っており、これを現世にとり切ってしまうことは困難と言うべきであろう」(同書四三八—四三九頁)と述べて、親鸞が「現世往生」を述べたとする考えに批判的な姿勢を示しておられる。また、藤田博士は浄土三部経に説かれる往生について「三経いずれについても、命終後の往生という伝統的な理解に立っていると考えられる」と述べておられる。博士のこの指摘は、「現世往生」の問題を考える上でも極めて重要である。

(170) 幡谷前掲書一六〇頁参照。

(171) 「二十九有に至らず」については『倶舎論』に、預流の者は、七度までの生有と中有とをそれぞれ人趣において結生し、天趣においても同様に結生するから、合計二十八有まで結生することが述べられている（*AKBh*, 356, 8ff. 大正二九、一二三中一以下。櫻部・小谷『賢聖品』二〇八頁）。深浦正文『倶舎学概論』（百華苑、一九六九年、第三版）二二四頁参照。

(172)『定本親鸞聖人全集』（以下、『定本』と略称。第一巻、六七―六八頁）からの引用を小谷が書き下した。

(173) 長谷岡一也『龍樹の浄土教思想――十住毘婆沙論に対する一試攷――』（法藏館、一九五七年）五三頁参照。長谷岡氏はまた、入初地品第二によれば、無生法忍と般舟三昧とが「如来の家」とせられ、菩薩の初地とは無生法忍によって法の不生を体認せる位であると同時に、般舟三昧によって初めて仏の智見せられた境地として表された、とも述べておられる。一一七頁参照。

(174) 大正一〇、五〇一下二―八。

(175) 大正二六、一八四中二二―二三。

(176) 五十嵐前掲書一四八―一四九頁参照。

(177) 同書一四四頁参照。

(178) 大正二六、四一中一五―一七。

(179) 長谷岡前掲書一一三頁。

(180) 同書一一二―一一三頁。

(181) 大正二六、二六上二九―中二。

(182) 長谷岡前掲書一一四頁。

(183) 大正二六、二四下七―一一。

(184) 同、三九上二。

(185) 同、三九上五―八。

(186) 同、八六頁上一〇―一九。

(187) 長谷岡前掲書一二〇頁。

(188) 大正二五、二六二上一八―二七。

(189) 大正一二六、四三上一〇―一一。
(190) 『印度哲学仏教学』第四号、一九八九年。後に『浄土三部経の研究』に収録。
(191) 藤田『浄土三部経の研究』四六四頁。
(192) 同書四六六―四六七頁参照。
(193) 大正一二六、八六上二四―二五。
(194) 長谷岡前掲書一二五頁参照。
(195) 同書一二四頁参照。
(196) 大正一三、八九九上二七―中一。櫻部建『般舟三昧経記』（安居事務所、一九七五年）五四頁参照。
(197) 大正一二六、四五上一九―二三。
(198) 同、四八中一―二。
(199) 長谷岡前掲書一四二―一四三頁。
(200) 同書一四七―一四九頁取意。
(201) 大正一二六、四九中。
(202) 静谷正雄『初期大乗仏教の成立過程』（百華苑、一九七四年）一三六頁。
(203) 同書一三七―一三八頁。
(204) 大正一二六、四九中一八―二四。
(205) 同、四三上一〇―一一。
(206) 同、四三上一七―二二。
(207) 大正八、五六三下―五六五下。サンスクリット本からの和訳『八千頌般若経』第一七章「不退転の（菩薩の）形状としるしと証拠」（『大乗仏典3　八千頌般若経Ⅱ』一〇七―一二七頁）に相当。
(208) 大正七、八二二中―下。サンスクリット本からの和訳『八千頌般若経』第一七章「不退転の（菩薩の）形状としるしと証拠」（『大乗仏典3　八千頌般若経Ⅱ』七六頁）に相当。
(209) 大正一三、八九九上二八―下一。櫻部前掲書五四頁参照。

(210) 静谷前掲書一二二頁。
(211) 大正二六、三二下五―八。
(212) 同、三二下一四―一九。
(213) 同、八六上一三―一八。
(214) 同、三三上二―四。
(215) 早島・大谷本二九三頁参照。
(216) 大正二六、三二下七―八。或有聞名者即得往生。
(217) 香月院深励『浄土論註講義』（以下、香月院『講義』と略称）（法藏館、一九八一年、第三刷）五〇七頁参照。
(218) 早島・大谷本三一〇頁参照。
(219) 同書三三一頁参照。
(220) 大正二六、二三上二九―中一。
(221) 『大智度論』（大正二五）二七五上七―八。菩薩家者、若於衆生中発甚深大悲心、是為生菩薩家。
(222) 『平川彰著作集第三巻　初期大乗仏教の研究Ⅰ』（春秋社、一九九二年、第二刷）四五九―四六〇頁参照。
(223) 『口伝鈔』一四（『真宗聖教全書　三　歴代部』真宗聖教全書編纂所、二〇一〇年、重版、二二―二三頁）。
(224) 曽我師は、親鸞のこのような「現世往生」を「心が浄土に居ること」と解して、娑婆世界にいる身体と切り離して考えておられる。『曽我量深選集第九巻』（彌生書房、一九七二年）二七六頁参照。
(225) 『菩提資糧論』（大正三二）五二九上。諸仏現在前。牢固三摩提。此為菩薩父。大悲忍為母。
(226) 大正二六、二五中二五―下八。
(227) 櫻部建『増補　仏教語の研究』（文栄堂、一九九七年）五五―五六頁参照。
(228) 曇鸞が無生を「無生法忍」の無生と考えたことについては香月院『講義』五九九頁。早島・大谷本三四八頁参照。
(229) 早島・大谷本三一九―三二〇頁参照。
(230) 同書三二〇頁参照。
(231) 大正二六、三二下五―八。

(232) 早島・大谷本三二〇頁。
(233) 同書三二〇頁。
(234) 同書一一二頁。
(235) 藤田宏達『原始浄土思想の研究』(岩波書店、一九七〇年)六二四頁参照。
(236) 金子大栄『浄土論講話』(文栄堂、一九八八年)二九三頁。
(237) 幡谷『浄土論註』一一〇頁。
(238) 山口「アーラヤ識の転依としての清浄句」『山口益仏教学文集 下』(春秋社、一九七三年)一九六頁。
(239) S. Lévi ed., *Mahāyāna-Sūtrālaṃkāra*, p. 41, 19-20. 長尾雅人『『大乗荘厳経論』和訳と註解――長尾雅人研究ノート(1)』(長尾文庫、二〇〇七年、以下、長尾研究ノート(1)と略称)二三〇頁参照。山口前掲書二〇一頁。
(240) 山口前掲書二〇四頁。
(241) 同書二〇八頁。
(242) 同書二〇八頁。
(243) 同書二一〇頁。
(244) 同書二一三頁注2。
(245) 山口『願生偈の試解』一五九―一六〇頁参照。
(246) 山口前掲書一五八―一五九頁参照。
(247) 例えば、色井秀譲『浄土念仏源流考』(百華苑、一九七八年)、蓑輪編『解読浄土論註 巻下』(東本願寺、一九八八年)一一八頁注2、藤堂前掲書一六三頁、大竹前掲書三五二―三五三頁、松田和信「無量寿経論における「一法句」と「清浄句」」(『佛教大学総合研究所紀要』一九九九年)七六頁等参照。色井師の著書は幡谷明先生からのご教示による。先生には体調のお悪い中、講録の校正をご覧くださり、貴重なご助言をいただいたことを厚くお礼申し上げます。
(248) 大正四、五六四中一九―二二。
(249) 同、七二四下―七二五上。

(250) 中村元『真理のことば・感興のことば』（岩波文庫、一九七八年）二四頁。

(251) PTS, *Dhammapada*, p. 29. これらの頌を含むパーリ語『法句経』第八章の一六頌は『マハーヴァストウ』に引用される頌と共通する。『マハーヴァストウ』冒頭（É.Senart ed., *Le Mahāvastu* III, Meicho Fukyūkai, 1977, p. 434）には次のように説かれる。

sahasram api vācānāṃ anarthapadasaṃhitā |
ekā arthavatī śreyā yāṃ śrutvā upaśāmyati ||
sahasram api gāthānāṃ anarthapadasaṃhitā |
ekā arthavatī śreyā yāṃ śrutvā upaśāmyati ||

(252) 大正一一、七六六上一八—一九。

(253) 大正二一、六六二下九—一五。

(254) 大正二六、七八上七—九。

(255) 早島・大谷本三六七頁。

(256) 『望月仏教大辞典』「イチホウク」の項参照。

(257) 香厳院慧然（『顕深義記伊蒿鈔』巻七）も香月院深励（『浄土論註講義』〈以下、香月院『講義』と略称〉、巻一一）も大集経一五と言うが、大正蔵経には文字通り対応する経言は見当たらない。それに近いものとしては『大方等大集経』巻一七（大正一三、一一九中二一—二五）に、「如句法性句真際句離句滅句尽句涅槃句、総摂一切仏法。以一切仏法同於涅槃故。所以者何。以如是等句皆非句故。一切仏法非句。仮名為句」という経言が見られる。

(258) 『望月仏教大辞典』「イチホウク」の項、龍谷大学編『仏教大辞彙』「イッポウク」の項等参照。

(259) 神子上恵竜『弥陀身土思想の展開』二九三頁参照。

(260) 島津現淳「世親の『浄土論』の一考察——「広」・「略」を中心として——」（『同朋大學論叢』第四一号、一九七七年）。

(261) 『大智度論』巻八二（大正二五）六三九上一一—一二。藤堂博士は巻八三とされるが誤り。

(262) 藤堂前掲書一五九頁。

(263) 同書一三八頁。
(264) 『大智度論』巻八二（大正二五）六三九上三―一一。藤堂前掲書一三八頁。
(265) 『解深密経』巻五（大正一六）七一〇上一八―二〇。
(266) 『深密解脱経』巻五（大正一六）六八六下二二―二四。
(267) 『相続解脱如来所作随順処了義経』（大正一六）七一九中一八―二〇。
(268) 『深密解脱経』巻三（大正一六）六七五中二〇―下三。
(269) Étienne Lamotte,ed., *Saṃdhinirmocanasūtra*, Louvain, 1935, p. 94. 小谷『大乗荘厳経論の研究』一〇四頁参照。
(270) 『解深密経』巻三（大正一六）六九九上八―一二。『深密解脱経』巻三（大正一六）六七五下四―一六。
(271) 工藤前掲書二九二頁。
(272) 野澤『大乗佛教瑜伽行の研究』二三四―二三五頁参照。
(273) 同書二三一頁参照。
(274) 早島・大谷本三六七頁。真実智慧者実相智慧也。（中略）無為法身者法性身也。
(275) 野澤前掲書二三八頁参照。
(276) 同書二三三頁参照。
(277) 菩提流支訳では聖者文殊師利法王子菩薩問品。
(278) 『深密解脱経』巻五（大正一六）六八七中一九―二二。
(279) 同、六八七中二八―下三。
(280) 鎌田茂雄他編『大蔵経全解説大事典』（雄山閣出版、一九九八年）参照。本経については高野山大学准教授の加納和雄氏にご教示を得た。誌面を借りてお礼を申し上げます。
(281) 『大法炬陀羅尼経』巻一（大正二一）六六二下九―六六三上一四。
(282) S. Lévi ed., *Mahāyāna-Sūtrālaṃkāra*, p. 91, 14-15. 小谷前掲書一四七頁。長尾研究ノート(2)、二五〇頁参照
(283) 工藤前掲書二九二頁。
(284) 野澤『大乗佛教瑜伽行の研究』二三四―二三五頁参照。

(285) 同書二三一頁参照。
(286) 金子師は、「瑜伽行の止観は一般には教法を対象とするが、浄土論では浄土の荘厳を対象とすることが述べられる。しかし無量寿経という教の法は真実功徳相なる浄土の荘厳であるから問題はない」という趣旨のことを述べておられる。金子大栄『彼岸の世界』(岩波書店、一九二八年、第二刷)一九九頁参照。
(287) 早島・大谷本三六七頁。真実智慧者実相智慧也。(中略)無為法身者法性身也。
(288) 野澤前掲書二三八頁参照。
(289) 同書二三三頁参照。
(290) 菩提流支訳では聖者文殊師利法王子菩薩問品。
(291) 『深密解脱経』巻五(大正一六)六八七中一九—二二。
(292) 同書六八七中二八—下三。
(293) 早島・大谷本三七〇頁参照。
(294) 藤田宏達・櫻部建『浄土仏教の思想　二』「無量寿経・阿弥陀経」(講談社、一九九四年)三一四頁参照。
(295) 瑜伽行の具体的な修習の仕方についてはツルティム・ケサン・小谷信千代共訳『仏教瑜伽行思想の研究』(文栄堂、一九九一年)を参照されたい。
(296) 早島・大谷本六八頁参照。
(297) 幡谷明『浄土論註』(東本願寺出版部、一九八〇年)一一五頁参照。
(298) 藤田・櫻部前掲書三一五頁。大竹晋校註『新国訳大蔵経　法華経論・無量寿経論　他』(大蔵出版、二〇一一年)『無量寿経優波提舎願生偈』解題二八四頁等参照。
(299) 香月院『講義』四五五頁。
(300) 同書四五六頁。
(301) 早島・大谷本九三頁参照。
(302) 以下、世親は菩薩の四種の功徳には仏国土と仏の場合のようには功徳の名称を付けていないので、説明内容によって名称を付けた。

(303) （　）内は香月院の『講義』三七八頁の説明を参考に補足した。
(304) 香月院『講義』三七九頁参照。
(305) 同書三九六頁参照。
(306) 香月院は智空が「入は往相、出は還相といひだした」と言い、良忠の『記』等にその誤解が引き継がれた旨を述べている。香月院『講義』四〇六―四〇七頁参照。
(307) 同書四〇六頁参照。
(308) 同書四〇七頁参照。
(309) 同書四一六頁参照。
(310) 同書四三九頁参照。講本には四念門とあるが訂正した。
(311) 理綱院慧琳『浄土論註顕深義記伊蒿鈔』（以下、理綱院『伊蒿鈔』と略称）（真宗大系、一九二一年）巻七、七〇三頁上。師香厳院恵然の『浄土論註顕深義記』（以下、香厳院『顕深義記』と略称）の秀逸なることを称えて慧琳（一七一五―一七八九）は、「この記五巻は講主一代の学問の骨髄。発明するところも多く、實に吾宗の牙城なり。四十年來これを研究し琢磨して、あらわすところ文に於ても義に於ても遺すところなし」と言う（巻末後記、一頁）。『伊蒿鈔』はその論註末釈中第一の書として周知されていた師の『顕深義記』を慧琳が宝暦八年（一七五八）と翌年の二度の夏安居において講義した書。因みに大谷派宗学の大成者である香月院深励と、特に倶舎に秀でて「倶舎の宣明」と呼ばれた円乗院宣明は共に学寮で慧琳に師事した同年（一七四九年生）の弟子。
(312) 香月院『講義』四一四―四一五頁参照。
(313) 同書四二一―四二二頁参照。
(314) 論主の「普共諸衆生」と伴ひたまふ衆生は如何なる機の衆生ぞと云ふに、上巻の了りに八番の問答を設けて、この『論』の所被の機は五逆十悪の凡夫人と定め給ふ。香月院『講義』四四八頁参照。
(315) 香月院は『講義』（四二七頁）に実相身と為物身とを「佛因位の昔に諸法の實相を觀じて修行し給ひ、實相の全體をさとりあらはし給ひた所が、佛の自利満足の所じゃによりて今の自利円満の佛身を實相身と名くるなり。爲物と云ふは物の爲めといふこと。物と云ふは衆生のことで、衆生の爲めに正覺成就し給ふ利他円満の佛身を爲物身と云ふ」と説明する。
(316) 香月院『講義』四三〇―四三一頁参照。
(317) 香月院が往生を命終後の事と考えていた記述は『講義』に数多く見られる。例えば、七九、三九六、四二四、四二五、五五八頁等参照。香月院は現世往生を説く者を異解者と呼んで厳しく批判する。「異解者はこゝで一益法門をいひたてるなり。身は娑婆にありながら信の一念に無量光明土に往生して浄土の菩薩になりておるゆへ、穢土の假名人と淨土の假名人とは異なることを得ず一つじゃと言ふ」(一四八頁)。「異解者は眞實報土無量光明土と云ふ時はこの娑婆世界を淨土の内へ入れて、信心得たもの、攝取の光明へおさめとられたものはこの世からはや無量光明土に往生して淨土國中の人天になりておる」(五一八頁)。
(318) 香月院『講義』四三九頁参照。
(319) 理綱院『伊蒿鈔』巻五、四八五頁。
(320) 同書巻五、四八六頁。
(321) 同書巻五、四八五頁。文云欲如實等者。當知不局此土。
(322) 香月院はそれらの末書として了恵の『論註略鈔』や了慧の『論註拾遺鈔』等を挙げている(『講義』四四七―四四八頁参照)。
(323) 香月院『講義』四四七頁参照。
(324) 同書四五一頁参照。
(325) 同書四五四頁参照。
(326) 理綱院『伊蒿鈔』巻五、四八六―四八七頁参照。
(327) 同書巻五、四九〇頁参照。
(328) 香月院『講義』(四五五頁)には如實修行亦とあるが訂正。
(329) 同書四五六頁参照。
(330) 理綱院『伊蒿鈔』巻五、四九三頁参照。
(331) 香月院『講義』四五九頁参照。

(332) 同書四六一頁参照。
(333) 同書四六一頁参照。
(334) 香月院は親鸞の往還の二廻向と五念門・五功徳門との対応関係に対する考え方が曇鸞と異なることを、次のように述べている。

我祖の宣ふは、往還二廻向は様子がかはりて、因の五念門残らずと果の五門中前の四門までを往相と宣ひ果の第五の園林遊戯地門を還相と宣ふ(『講義』四〇七頁参照)。

(335) 香月院は先にも注記したように、曇鸞は「この『論』の所被の機は五逆十悪の凡夫人と定め給ふ」たのであると理解している(『講義』四四八頁参照)。
(336) 理綱院『伊蒿鈔』巻七、六四四頁上。
(337) 早島・大谷本二五八頁参照。還相者生彼土巳、得奢摩他毘婆舍那、方便力成就、廻入生死眺稠林、教化一切衆生、共向佛道。
(338) この廻向門の説示は大乗思想家世親のユニークな視点からなされたものであることが櫻部博士によって指摘されている。藤田・櫻部前掲書三三二頁参照。
(339) 理綱院『伊蒿鈔』巻七、六五二頁下。
(340) 香月院は『講義』(六八一頁)に、「近門大会衆門は三輩中の上輩の往生の相にて、今家から云へば方便化土の相にして眞實報土の證果ではない。夫れ故次の論文の宅門の所で「得入蓮華蔵世界」とあり。これ宅門の所が正しく彌陀の報土蓮華蔵世界に證入するところ、(中略)夫れ故我祖初めの二門を現益とし給う。(中略)『浄土論』は且く因果の相對して次第漸入の相を説くゆゑ、因の五念門は娑婆に於てのこと、果の五門は浄土へ生じてのこと、因果の五門を立て分ける」と述べて、『浄土論』『論註』は五念門は此土、五功徳門は彼土におけることとするが、親鸞は五念門と五功徳門の前二門とは此土、宅門・屋門・園林遊戯地門は彼土のこととする、と言う。そして親鸞は龍樹が現生不退を説き「即時入必定」を説くことに基づき近門・大会衆門の入正定聚の益を現生の利益と考えたのである、と言う。早島・大谷本(四〇八頁)が「五功徳門は、浄土に生まれて得る利益であって、此土における願生の菩薩が修める因行たる五念門にたいして、その浄土における果徳に外ならない」と言うのは、『論註』の説をそのまま示したもの。
(341) 早島・大谷本四〇九頁参照。
(342) 香月院『講義』六九三頁参照。
(343) 理綱院『伊蒿鈔』巻七、六八七頁参照。
(344) 香月院『講義』四六四頁参照。
(345) 『真宗聖教全書　二』三六頁参照。
(346) 香月院『講義』七一二頁。
(347) 同書三八一頁、山辺習学・赤沼智善『教行信証講義』（法藏館、一九八四年、一一冊）九四—九六頁、早島・大谷本二五九頁等をも参照。
(348) 『真宗聖教全書　二』二二四—二二五頁参照。
(349) 山辺・赤沼前掲書九四—九六頁。
(350) 同書書九五頁。
(351) 『真宗聖教全書　二』一〇七頁参照。
(352) 同書一〇三頁参照。
(353) 同書一〇七頁参照。
(354) 同書四八二頁参照。
(355) 同書一一一頁参照。
(356) 山辺・赤沼前掲書一〇三五頁参照。
(357) 『真宗聖教全書　二』六一六頁参照。山辺・赤沼前掲書一〇三五頁参照。
(358) G.M.Nagao, *Mādhyamika and Yogācāra*, Chp. 3, The Bodhisattva Returns to this World（Albany, 1991）. 幡谷明『大乗至極の真宗——無住処涅槃と還相回向——』（方丈堂出版、二〇一三年）。
(359) 能仁正顕編『『大乗荘厳経論』第XVII章の和訳と注解——供養・師事・無量とくに悲無量——』（自照社出版、二〇一三年）。

(360) 能仁編前掲書二五九頁。
(361) 同書八一、八三頁。
(362) 同書二六二頁。
(363) 同書二六〇頁。
(364) 幡谷前掲書一一〇頁参照。
(365) 最近親鸞の二種廻向論に関して発表された論文に長谷正當「『教行信証』と二種廻向の課題」(『真宗教学研究』第三二号、二〇一一年)がある。本論は、二種廻向に関して種々の異なった見解の生じた原因を「親鸞の和讃に二種廻向について二様の理解を示す二群のものがあり、そのいずれが親鸞の真意をあらわすのか決めがたいことにある」として、親鸞の二種廻向論の真意を考察したものである。和讃に説かれる二種廻向に見られる二様の理解の一つは、往相廻向から還相廻向へ回入すると述べるものであり、他の一つは、その見解を否定して、往相と還相の二種廻向を衆生に往相廻向の心行を獲得せしめる如来のはたらきとして、獲信を中心として二種の廻向を捉えるものである、とされる。そして後者の見解として寺川俊昭『親鸞の信のダイナミックス』(草光舎、一九九三年)の二種廻向説を紹介しておられる。この長谷論文は寺川説批判が主たる内容となっている。寺川博士が「現世往生説」を奉じておられることはその書に、往生とは「仏願に乗ずるを我が命とする」感動をえた人に恵まれる新しい〈生の意味〉を表す(二二七頁)と説かれることから明らかであり、その過りであることは既に述べた通りである。長谷論文が「現世往生説」に基づくものであることは、死んで浄土に至り、死後、そこからこの娑婆世界に還ってくることを神話的・比喩的表現と理解しておられることや、鈴木大拙の浄土理解を認めて、浄土を如来の心がはたらいている場所としての報土と考えておられること(六頁)や、浄土に往生することをわれわれが生きる世界に如来の清浄心が流れ込みわれわれはそれを呼吸して生きることができるようになることとして理解しておられること(一七頁)からして明らかである。両師の「現世往生説」が親鸞の往生理解とまったく異なるものであることは本書に累説することによって明らかであり、それゆえその「現世往生説」に基づく二種廻向論が過りであることは言うまでもない。両師の誤解は、本書第二章第八節2a「仏教における二大思想の潮流」において述べた、インド仏教思想史における「死後往生」を説く浄土経典の出現の意味をご存知ないことに依るものである。

先に注記した幡谷博士の『大乗至極の真宗——無住処涅槃と還相回向——』には、両師とは異なりインド仏教以来の思想の潮流をよく考慮した「還相廻向論」が展開されている。ここに博士の論を詳しく説明する余裕はないが、その特筆すべき主張を一点だけ紹介しておきたい。博士は、親鸞の還相廻向論の意義を、息子善鸞の義絶事件との関連の上に見ておられる（一五八—一五九頁）。博士はそう考える根拠を『浄土三経往生文類』の略本と広本との記述（幡谷『浄土三経往生文類試解』七四—七五頁参照）の差違に認める。つまり略本は親鸞八十三歳の時に記され、広本は八十五歳の時に記されるが、博士は二本の間には次のような差違があると言われる。より明確には『浄土三経往生文類試解』に記されているので、ここではそれを引用する。

広本は、略本が往相廻向について難思議往生を明らかにすることで終わっているのに対して、更にそこから還相廻向を展開し、還相廻向を内実とする往生が難思議往生であることを明らかにしている（一七七頁）。

略広二本の間に還相廻向の展開という差違をもたらしめたのが、その中間の親鸞八十四歳の歳に生起した善鸞義絶の事件である、とするのが幡谷博士の領解である。博士は廻向成就ということが「善鸞義絶という非常に痛ましい出来事を通して、宗祖における深い悲嘆をくぐってそのことが明らかにされた」（『大乗至極の真宗』一一七頁）と言われる。

幡谷博士のその言葉は『教行信証』総序の文を思い出させる。そこに「難思の弘誓は難度海を度する大船」と述べ「浄邦縁熟して調達闍世をして逆害を興ぜしむ。浄業機彰れて釈迦韋提をして安養を選ばしめたまえり」と説かれる言葉からは、親鸞が、本願によって成就された「浄邦」こそが衆生の困苦を救うことが真実であると確信していることと、にも拘わらずその真実は「逆害」という悲惨な情況に遭わなければ真に自己のものとして体験されないという、親鸞の深い自己洞察の眼差しが窺える。つまりこの文章からは、逆縁こそ如来の本願を信知せしめるものと親鸞が領解していたことが読み取れる。息子善鸞の引き起こした悲惨な事件を、親鸞がこの「総序」に語られた深い自己洞察を通して、自らへの慚愧の念と如来への感謝の念と共に、自らの上に切実な思いで受け止めたことは想像に難くない。

阿弥陀如来が、釈迦と韋提希とに浄土を求める縁が熟したのを見て、提婆達多と阿闍世とを浄土より派遣（還相廻向）して逆害を起こさせて浄土を求めさせたように、如来が、親鸞に浄土を求める縁が熟したのを見て、善鸞を浄土より遣わし還相廻向して悲惨な事件を起こさせて浄土を切に求めさせた。親鸞は善鸞事件によって自らの浄土往生（難思議往生）にとって還相廻向が不可欠であることを確信した。その事件が親鸞の思想に及ぼした影響の深刻さを考慮して、善鸞こそ如来が本願の重要さを親鸞に体験せしめるために浄土から廻向されたもの（還相廻向）として親鸞は受け止めたのである。そのような確信をもたらす善鸞事件が略本と広本の制作の間にはあった、とするのが幡谷博士の領解であると想像される。それゆえにこそ「略本が往相廻向について難思議往生を明らかにすることで終わっているのに対して、〔広本では〕更にそこから還相廻向を展開し、還相廻向を内実とする往生が難思議往生であることを明らかにしている」のだと幡谷博士は言われるのである。幡谷博士は電話を通じて、善鸞事件によって体験された「還相廻向」は、親鸞に、浄土に往生して穢土に還相し衆生開化の実現のために尽くさなければならないという強い責任感を抱かせるものであったと思われる、という旨の領解をお話しくださった。

親鸞の「還相廻向論」をこのように理解するとき、その意味が明瞭になる。幡谷博士の領解が先に述べたようにインド仏教以来の思想の流れを踏まえてなされたものであることは言うまでもない。前記二師によって為されたような過ちを防ぐために、宗学を学ぼうとされる方には、是非ともインド仏教における浄土教の思想史的位置に関する基礎知識を習得されることが願われる。その習得は決してさほどの苦労を要するものではない。少しの努力で達成される。筆者自身、数年前まではインドにおける浄土経典の出現やその思想の展開について断片的な知識しか持ち合わせていなかった。しかもその断片的な知識で『大無量寿経』や『教行信証』を読んできた。しかし安居本講を拝命し、講義録を作る段になって浄土教に関する基礎知識のないことが痛感され愕然とした。そういう中で藤田先生の『浄土三部経の研究』を読み返してみた。それは筆者に浄土教に関する基礎知識を与えて、まさしく眼から鱗を落とさせる経験であった。筆者は宗学を学ぼうとされる方にこの書をお勧めするが、もちろん他にも良書があると思われる。是非とも正確な基礎知識を提供してくれる良書を座右の書とされることを期待する。

(366) 能仁編前掲書三〇三頁。
(367) 同書三〇三頁。
(368) 「長尾研究ノート(3)」一五六頁注1参照。
(369) 能仁編前掲書一二四―一二五頁参照。

(370) 同書三〇六頁注63参照。

(371) 同書三〇六頁参照。

(372) 同書三〇七頁。

(373) 同書三〇三頁。

(374) saṃcintyabhavopapatti.『長尾研究ノート⑶』二一二―二一三頁参照。cf. Ngao, *Mādhyamika and Yogācāra*, p. 29.

(375) bodhisattvecchantika. 南条文雄『梵文入楞伽経』（大谷大学、一九五六年、再版）六六頁最終行―六七頁一行、安井広済訳『梵文和訳入楞伽経』（法藏館、一九七六年）六〇頁参照。幡谷前掲『大乗至極の真宗』一一〇―一一一頁参照。

(376) 山辺・赤沼前掲書九六八頁参照。

(377) 筆者がここで試みるように還相廻向を無住処涅槃という概念を参考にして考察する場合には、その「涅槃」の意味について注意しなければならない。曇鸞は、菩薩が五功徳門の第五園林遊戯地門で還相の行に向かうに際して、その前段階で涅槃を証すること（証於実際）はない旨を述べる（早島・大谷本三四五頁参照）からである。しかし無住処涅槃は「完全な涅槃にも住せず、煩悩のある迷いの世界にもとどまらない涅槃」を意味するとされ（『岩波仏教辞典』）大乗の菩薩の究極的な行とされる。そうすれば曇鸞が究極の菩薩行と考える還相の行も「無住処涅槃」なる涅槃を証得して実践される行であるべきである。それゆえ還相に向かう前に証することが否定される涅槃（実際）や「大寂滅」は声聞の涅槃であり、無住処涅槃の証得が否定されている訳ではない。

長尾博士は無住処涅槃（不住涅槃）について次のように述べておられる。

声聞にとっても菩薩にとっても、寂静なる涅槃は最高の目標であるが、特に菩薩にあっては、その最高なるものにもとどまらない、すなわち執着しないという立場がある。これを「不住涅槃」という。これが一種の涅槃と見なされ、「不住」が形容詞的に読まれるようになって、「〔涅槃にも〕とどまらないような涅槃」の意味となる（『摂大乗論　和訳と注解　上』六七頁）。

長尾博士は無住処涅槃を「一種の涅槃と見なされ」るものであると言われ、声聞にとっての涅槃（実際）や大寂滅と同じものではないとされる。つまり、無住処涅槃は、菩薩が修行をして最高の悟りの境地に達しても、そこに執着しないで衆生救済に向かう修行の仕方を意味する概念であると考えられる。曇鸞はそのような菩薩の修行の仕方を阿弥陀如来の本願力によるものと考えて「還相廻向」と呼んだものと理解される。このように瑜伽行派の「無住処涅槃」は、曇鸞の言う「還相廻向」と極めて共通するところの多い概念である。

曇鸞が還相廻向の概念を思いつくに至った過程は、先ず、観行体相の文中（早島・大谷本三四一頁）に、「菩薩、七地の中に於て大寂滅を得れば、上に諸仏の求むべきを見ず、下に衆生の度すべきを見ず、仏道を捨て実際を証せんと欲す。爾の時に、若し十方諸仏の神力の加勧を得ずんば、即ち滅度して、二乗と異なることなけん。菩薩、若し安楽に往生せんとして、阿弥陀仏を見たてまつれば、即ち此の難なし」と述べて、浄土が七地沈空の難から菩薩を護ることが考察されていることから窺える。さらにそれは「利行満足」の節の終わりに本願力のゆえに利他行の成就することを説明する文中に、第十一「必至滅度・証大涅槃」の願と第二十二「必至補処・還相廻向」の願とが連引されていることの中に確認される。つまり第十一願は声聞・菩薩の区別なく仏道を求める者の理想である涅槃を成就させるものであるが、菩薩はそこに止まらずに利他行に向かわなくてはならない。それゆえそれに続いて第二十二の還相廻向の願が引用される。浄土はこのような本願によって成就されたものであるがゆえに、往生すれば菩薩は本願力によって声聞の涅槃（大寂滅・実際）を証得するという七地沈空の難から護られ、衆生利益の還相行に向かうことができる。

第二章　親鸞の往生論

――「現世往生」は「即得往生」の誤解に基づく謬説――

一　問題の所在

『岩波 仏教辞典』の「親鸞」と「教行信証」との項目の記事に関連して、親鸞が現世での往生を説いたか否かを巡って様々な議論がなされた。それらの議論の内容と、それ以前に刊行された曽我量深師、上田義文博士ら諸氏による往生に関する論考の要旨とが、中村元博士によって学術誌『東方』に採録され紹介されている。(378) しかし最終的には、それらすべてを中村博士は下記の三つの制約の下に為されたものとして退けておられる。

Ⅰ　いずれも「親鸞」というわく組みの中で論じておられるが、そのわく組みを越えると、また他の理解の仕方も可能になってくるだろう。

Ⅱ　浄土諸経典には、幾種類も異訳が現存しているが、諸論者は特定の漢訳経典のみに準拠している。チベット訳、ウイグル訳かと思われるものはもちろんのこと、他の漢訳経典をさえも考慮していない。

Ⅲ　論争の大部分では、サンスクリット原典が考慮されていない。サンスクリット原典を参照すれば、見解も異なって来るであろう。

中村博士は、親鸞の教説といえども、真宗学的な枠組内でのみ考察がなされる場合には過ちに陥り易く、それゆえ仏教学的な広い方法論をも踏まえて検討されなければ正しい理解は得られないという、極めて妥当な指摘をされたものと考えられる。にもかかわらず筆者は寡聞にして、親鸞の「現世往生説」に関してそのような検討のなされたことをいまだ聞かない。それゆえ本稿では、これら三点を考慮に入れて、親鸞の往生に関する言説に基づいて、そこに「現世往生説」が述べられているか否かを改めて検討したい。

二　現世往生説の典拠

従来、親鸞が「現世往生」を述べたという主張がなされるとき、その典拠とされる主たるものは『一念多念文意』『唯信鈔文意』『浄土三経往生文類』『愚禿鈔』である。それゆえここでも、それらの中で往生に言及する聖人の文章を取り上げて検討することから始めたい。

1　『一念多念文意』

『一念多念文意』では、『無量寿経』第十八願の成就文「諸有衆生　聞其名号　信心歓喜　乃至一念　至心回向　願生彼国　即得往生　住不退転」に出る「即得往生」を説明して、親鸞は次のように述べる。

「即得往生」といふは、「即」は、すなわちといふ、ときをへず、日おもへだてぬなり。また即は、つくといふ。そのくらゐにさだまりつくといふことばなり。「得」はうべきことをえたりといふ。真実信心をうれば、すなわち、无㝵光佛の御こゝろのうちに摂取して、すてたまわざるなり。「攝」は、おさめたまふ、「取」は、むかえるとまふすなり。おさめとりたまふとき、すなわち、とき・日おもへだてず、正定聚のくらゐにつきさだまるを、往生をうとはのたまへるなり。[379]（傍線、句点、小谷付記、以下も同じ。）

この語について櫻部建博士は次のように述べておられる。

〔この語は〕しばしば、正定聚に定まるのがそのまま往生であると聖人は考えていらっしゃる、と見る根拠として上げられています。[380]しかしそれはまったくの誤解だと私は考えます。聖人のことばは、「正定聚に定まるのがただちに往生だ」という意味ではなく、「すなわち往生を得る（即得往生）（（　）内、小谷付記、以下も同じ。）と経文に言われているのは、正定聚に定まることを直截にそう言い表してあるのだ」という意味であります。(381)

櫻部博士は、ここに極めて簡潔に述べられた見解を、別の箇所ではもう少し解り易く次のように説明されている。

「正定聚のくらゐにさだまるを往生をうとはのたまへるなり」とは、正定聚にさだまるのがただちに往生だというのではなく、往生を得ると経文にいわれているのは正定聚に定まるという意味なのだというに過ぎない。(382)

櫻部博士のこの言葉は親鸞が「往生」をどう理解していたかを知る上で極めて重要な指摘である。筆者も「正定聚に定まるのがそのまま往生であると聖人は考えていらっしゃる」と考えて、親鸞においては「往生」が命終後の往生と正定聚に住することとの二義において用いられるものと理解していた。しかし櫻部博士の言葉を目にして、改めて『一念多念文意』の文章を検討し直してみて漸くそれが誤解であることに気づいた。筆者がその誤解に気づくに至った過程を、博士が取り上げられた文章の文脈に沿って説明したい。

まずこの文章が、願成就文の「即得往生」の「即」を、すなわち、ときをへず、日をもへだてぬことと、そのくらいにさだまりつくことを意味する、と述べていることに注意しなければならない。それらは「往生」ではなく、「正定聚のくらいにつきさだまる」ことに懸かる語であり、それを説明する語である。それはこの文の少し後に「即時入必定」を説明する文において、「他力信楽のひとは、このよのうちにて、不退のくらいにのぼりて」と述べる文中においても、「即時」や「このよ」という「現生」であることを示す語は、正定聚・不退転が得られる時を示すものとして用いられ、往生を得る時を示す語としては用いられていないこととも共通する。それゆえ「即得」されるのは往生ではなく、「正定聚」であることは明らかである。ゆえにここで述べようとしているのは、真実信心をうれば、無碍光仏に摂取され、すなわち、とき・日をもへだてず、正定聚のくらいにつきさだまる、という事柄である。

次に「得」はうべきことをえたりを意味すると註解されていることに注意すべきである。親鸞は、正定聚のくらいにつきさだまるということが、命終後にうべき浄土への往生が今この身に「約束されたものとして得られた」ことを意味するもの、と註解しているのである。それゆえ香月院も『無量寿経講義』では「得はうべきことに定まりたこと」であると言い[383]、『浄土論註講義』では「これ我祖、経文の得往生の得の字を、うべきことをえたりと云うと釈し給う」と述べる[384]。さらに「即得往生」が現世で直ちに往生を得ることを意味していないことは、この「正定聚」に親鸞が「わうじやうすべきみとさだまるなり」と左訓を施していること[385]によって、もはや疑う余地はないものと考えられる。もし正定聚に定まることが既に往生していることを意味するなら、その左訓は「已に往生している者が更に往生すべき身と定まる」という奇妙なことを述べるものとなるからである[386]。この左訓は、親鸞が往生を現生でのことと考えていない事実を明確に示している[387]。

さらに親鸞はこの文章の少し後に、『浄土論註』（以下、『論註』と略称）の、

経に言わく。若し人、但だ彼の国土の清浄安楽なるを聞きて、剋念して生ぜんと願ぜんものは、亦、往生を得て、即ち正定聚に入る、と。此れは是れ、国土の名字仏事を為す。いずくんぞ思議すべきや[388]。

という語を引用し、その中の「剋念して生ぜんと願ぜんものは、亦、往生を得て（剋念願生　亦得往生）」という語を「剋念してうまれんとねがうひとと、またすでに往生をえたるひとも[389]」と読み替え、それによって『論註』を現生正定聚を述べる典拠としている[390]。つまり、「剋念してうまれんとねがうひと」を「すでに往生をえたるひと」と区別することによって、その語が「往生を願う人がこの世で正定聚に入ること（現生正定聚）」を述べるものと理解し得ることを明らかにしようとしたのである。親鸞は『論註』のこの語を根拠として、この世で往生を願う人も、已

に浄土に往生している人も、どちらも正定聚に住するものと理解しようとしたのである。

この場合、親鸞が「剋念してうまれんとねがうひと」を「すでに往生をえたるひと」と区別しようとしたのは、前者が現生に居てまだ往生を得ていない存在でありながら、剋念願生することによって、往生を得た人と同様に正定聚に住することが叶うことを明確にするためである。にもかかわらず、もし現世往生を主張する人々の言うように、前記の『一念多念文意』の語が「正定聚に定まるのがそのまま往生である」ことを述べるものだとすれば、「剋念してうまれんとねがうひと」つまり「正定聚に住する人」はそのまま「往生を得ている人」であることとなり、それではその人を親鸞が「すでに往生をえたるひと」と区別したことは無意味となる。ここにそのような無意味なことが述べられているとは考えられない。『論註』を引用して現生正定聚を論証しようとしたこのような語からも、親鸞が正定聚に定まることが直ちに往生を得ることを意味すると考えていないことは明らかである。

香月院はこの『論註』の語を「論註の顕文はおさだまりとして、彼土の正定聚を明かし給ふなり」と言う[391]。つまり師によれば、曇鸞は文面上は正定聚を経説通りに浄土において得られるものとしているが、本心では現生で得られるものと考えており、親鸞はその考えが「亦得往生」の「亦」の文字で示唆されていると理解してこのように読み替えたのである、と言うのである。

経には彼土において得られると説かれる正定聚を現生において得られるものとするこの親鸞の読み替えは、第十八願と第十一願に基づいて浄土において正定聚が得られることを述べる、
易行道とは謂わく。但だ信仏の因縁を以て浄土に生ぜんと願ずれば、仏の願力に乗じて便ち彼の清浄の土に往生することを得て、仏力住持して即ち大乗正定聚に入る。

という『論註』冒頭の語を解説するに際して、既に香月院が親鸞の読み替えを指摘していたことを思い出させる。

香月院は、親鸞のその読み替えは、「今家一流御相伝の窺い様」として『口伝鈔』や『改邪鈔』を初め蓮如に至るまで諸師の書に相伝されていると言い[392]、その相伝は、親鸞が『教行信証』行巻[393]において、『論註』の「入正定聚」が「現生不退」を述べるものであることを証明するために、その語を龍樹の『毘婆沙論』易行品の「即時入必定」の語と並べて引用していることを典拠とするものであると言う[394]。香月院によれば、親鸞がこのように「現生不退」を確立するために『論註』の彼土正定聚を述べる語を読み替えたとする相伝は、例えば存覚の『浄土真要鈔』[395]に、

文の顕説は浄土にうまれてのち正定聚に住する義をとくににたりといえども、そこには願生の信を生ずるとき不退にかなうことをあらはすなり。

と語られるような仕方で伝えられている[396]。

香月院は、親鸞が「現生不退」を確信したのは、『論註』冒頭に「謹んで龍樹菩薩の十住毘婆沙を案ずるに」と表明して『毘婆沙論』の所説の究明を旨とする意を明示していることからして、曇鸞が『毘婆沙論』に逆らって「浄土不退」を述べるはずがないと考えたからだ、と言う[397]。『論註』を『毘婆沙論』の所説を忠実に継承するものと親鸞が考えることから想起されるのは、『毘婆沙論』釈願品之余に説かれる次のような文章である。

或は寿命無量なる有り。或は見る者あれば、即ち必定を得る。名を聞く者も亦た必定を得る。女人にして見る者は、即ち男子の身と成り、若し名を聞く者も亦た女身を転ず。或は名を聞くこと有れば、即ち往生を得る[398]。

ここには、見仏によって即座に必定を得ることが述べられて「現生不退」が説かれ、それと共に、聞名によって即座に往生を得ることが述べられて「現生往生」が説かれている。つまり『毘婆沙論』には「現生往生」と「現生不退」の両方が説かれている。曇鸞はそれを当然理解しているはずである。曇鸞が龍樹に逆らうはずがないと親鸞が考えたとすれば、先に引用した『論註』の、

経に言わく。若し人、但だ彼の国土の清浄安楽なるを聞きて、剋念して生ぜんと願ぜんものは、亦、往生を得て、即ち正定聚に入る、と。

という文章をも、親鸞は「現生往生」と「現生不退」との両方を述べるものと考えたはずである。しかし親鸞は先に見たように、この語を「現生不退」を示す文証としてのみ用いる。このことからしても親鸞の企図が、「現生往生」ではなく「現生不退」を明らかにすることにあったことが知られる。親鸞が「現生不退」を証明するために『論註』の語を読み替えたという相伝は蓮如に至るまで伝えられているが、「現生往生」の相伝はどこにも認められない。それも親鸞に「現生往生」という考えのなかったことを示している。もしかれが「現生往生」を考えていたとすれば、「現生往生」も「現生不退」と同様、浄土教本来の往生行を述べる三輩往生段の所説と齟齬をきたすものである限り、それを主張しようとすれば、その根拠を明示しなければならない事柄である。「現生不退」を明らかにしようと試みたのと同様に、「現生往生」を証明しようとした試みも相伝されたはずである。しかしそういう相伝は残っていない。それも親鸞が「現生往生（現世往生）」を認めていなかったことを示す証左である。

2　『浄土三経往生文類』

「正定聚」に付された「往生すべき身と定まるなり」という左訓は、それもしばしば親鸞が「現世往生」を述べたとする場合に典拠とされる、大経往生・難思議往生を述べる『浄土三経往生文類』の次の語と対照して考察するとき、上で確認したことはさらに確固たるものとなる。

大經往生といふは、如來選擇の本願、不可思議の願海、これを他力とまふす。これすなわち念佛往生の願因によりて、必至滅度の願果をうるなり。現生に正定聚の位に住して、かならず眞實報土にいたる。これは阿彌陀如來の往相廻向の眞因なるがゆえに、無上涅槃のさとりをひらく。これを大經の宗致とす。このゆえに大經往生とまふす。また難思議往生とまふすなり。[399]

ここには、現生で正定聚の位に住するということが、必ずや浄土に往生をもたらすべき原因（真因）として弥陀によって廻向されたものであること、が述べられている。つまり親鸞は「即得往生」という経言を、「真実信心を得るときに、即座に正定聚の位につくことがかなえられる。それは弥陀によって浄土に往生することの真実の因として廻向されたものである」という意味を述べる語として理解したのである。『大経』の「即得往生」が、真実の信心によって正定聚につくことを述べ、そしてそれが弥陀によって廻向された往生のための真実の因であることを述べるものであるとするこの解釈を、幡谷博士は親鸞の「宗教的体験」に基づくものとされている。[400] 幡谷博士の言われる「宗教的体験」を推測するに、それは「即得往生」という経言を「真実信心を得るときに、即座に正定聚の位につくことがかなえられるが、それは弥陀によって浄土に往生することの真実の因として廻向されたものである」という意味を教える語として了解し得たことに対する喜悦の体験であったと考えられる。[401]

このことからしても、親鸞が「往生」を「入正定聚」より後に未来に得られるものと考えていることは明らかである。そのように真実信心をうれば直ちに正定聚の位につきさだまることが、経には「即得往生」と説かれているに過ぎない、というのが親鸞がこの文章で述べようとしている趣旨である。ゆえに、「即得往生」が「真実信心をうれば即座に往生が得られる」ことを述べるものでないことは明らかである。[402]

3 『唯信鈔文意』

『唯信鈔文意』にも『一念多念文意』とほぼ同趣旨の文章が認められる。

「即得往生」は、信心をうればすなわち往生すといふ。すなわち往生すといふは、不退轉に住するをいふ。不退轉に住すといふは、すなわち正定聚のくらゐにさだまるとのたまふ御のりなり。これを「即得往生」とはまふすなり。(403)

ここでも『無量寿経』に「信心をうればすなわち往生する」（即得往生）と説かれる意図が説明される。その経言（御のり）の意図は、「即得往生」とは、不退転に住すということであり、それはまた経では正定聚の位にさだまるとも説かれる。ゆえに『無量寿経』の「即得往生」という語は、信心をうれば直ちに文字通りに往生することを意味するわけではない。(404)

また、この文の少し後には「他力真実の信心をえてのちに、真実報土には往生をとぐるなり」と述べられ、往生をとぐることが、「信心をえてのちに」と述べられていることに注意すべきである。それによれば往生は、信心をえてのちに得られることとされ、ときをへず、日をもへだてずに得られることとは述べられていない。

4　『愚禿鈔』

『愚禿鈔』では親鸞は次のように述べる。

本願を信受するは、前念命終なり。「すなわち正定聚の数に入る」（論註）文「即の時必定に入る」（十住論）文「また必定の菩薩と名づくるなり」（十住論意）文　即得往生は、後念即生なり。(405)

これは『六要鈔』にも言うように、(406)行者が臨終の時に、前念に命を終えて、後念に浄土に往生することを述べる『往生礼讃』前序の文の語を注釈したものである。親鸞は、「前念命終」を、第十八願成就文に「信心歓喜、願生彼国」と説かれ本願を信受することが説かれていることに相当するものと解釈し、それは『論註』と『毘婆沙論』に現生で正定聚の位につくとされていることに相当する語と解釈する。そして「後念即生」を、善導が本来意味した「命終わって浄土に往生すること」とはせず[407]、願成就文に「即得往生」と説かれていることに相当するものと解釈する。このように説かれることが元になって、「本願信受とは、前念にこの迷妄の生命を終わることであり、即得往生とは、そのことに即して、後念に新しい如来の生命に生まれること」であり、「本願を信受するとき、信益同時として現生において往生の勝益をうる」ことを意味するものと解され、即得往生は未来的意味に限定されず、現世での往生を説くものであるかのように誤解されることがある[408]。その場合、覚如の『口伝鈔』に親鸞が「不体失往生」を述べたと伝えられることがそう解釈する拠り所とされることがある[409]。しかし藤原幸章博士は、『口伝鈔』の記録はその「根拠が明確でない」ものであり、体失往生を主張したとされる「証空の思想信仰がここには必ずしも正当に紹介せられていない」[410]ことからして、それを「不体失往生説をもって直ちに親鸞自身の往生観を問うための第一資料とすることは、必ずしも妥当でない」と述べて、「不体失往生」が親鸞の往生理解を示すものと考えることに疑問を呈しておられる[411]。細川行信博士も、証空の著述に「体失往生」という言葉は見出しえない、と述べておられる[412]。

しかし藤原博士は、別の論文において覚如自身が法然の言葉として体失往生と不体失往生に相当する語を述べる次のような文章を引用しておられる[413]。これが博士の本当のお考えと思われる。すなわち、博士は体失往生については、

　諸行往生の機は臨終を期し来迎をまちえずしては、胎生・辺地までもうまるべからず。このゆえに穢体亡失するときならでは、その期するところなきによりて、そのむねをのぶる歟。第十九の願にみえたり。

の文を引文し、不体失往生については、

　念仏往生には臨終の善悪を沙汰せず、至心信楽の帰命の一心他力よりさだまるとき、即得往生不退転の道理を善知識にあふて聞持する平生のきざみに治定するあいだ、この穢体亡失せずといへども事業成弁すれば体失せ

ずして往生すといはるる歟。本願の文（第十八願をさす）あきらかなり。

という文を引用して、ご自身の見解を、

「体失往生」が、文字通り「体失して往生はとぐれ」とあるに対して、一方「不体失往生」が、特に「念仏往生の機は体失せずして往生をとぐ」と示されているからといっても、われわれは早まってこの穢身のまま現身に往生することが、すなわち「不体失往生」であると速断してはならない。

と述べておられる。あるいはまた、覚如の『執持鈔』に示される次のような平生業成を述べる文章も、現世往生を述べるものと誤解されるかも知れない。

しかれば平生の一念によりて往生の得否はさだまれるものなり。平生のとき不定のおもひに住せば、かなふべからず。平生のとき善知識のことばのしたに、歸命の一念を發得せば、そのときをもて娑婆のをはり、臨終とおもふべし[414]。

しかしこの語も子細に読めば、平生の一念によって、往生の得否が「定まる」ことを述べるものであって、そのとき往生が「得られる」ことを述べるものでないことは明らかである。覚如は『最要鈔』においては、

假令身心のふたつに命終の道理あひわかるべき歟。无始よりこのかた生死に輪廻して出離を悕求しならひたる迷情の自力心、本願の道理を聞くところにて謙敬すれば、心命つくるときにてあらざるや。そのとき攝取不捨の益にもあづかり、住正定聚のくらゐにもさだまれば、これを即得往生といふべし。善悪の生處をさだむることは心命のつくるときなり。身命のときにあらず。しかれば臨終を期すべからざる義、道理文證あきらけし。信心歡喜乃至一念のとき即得往生の義治定ののちの稱名は佛恩報謝のためなり[415]。（傍線、小谷付記）

と述べる。この語を、村上博士は、『往生礼讃』では臨終の往生を示す「後念即生」を親鸞が「即得往生」を示す

ものとしたのを、覚如が「平生業成の義に転用」したことを示すものだと言われる[416]。つまり覚如は、櫻部博士の『一念多念文意』の読み方と同様に、「住正定聚の位に定まること」が『大経』には「即得往生」と説かれたに過ぎないものと理解し、即得往生をその文字通りの意味の「往生すること」ではなく、「住正定聚の位に定まること」という平生業成の意味に転用した、つまり解釈し直したのである。このように『執持鈔』や『最要鈔』において覚如は「即得往生」を現世往生を説くものとは理解していない。

香月院も「即得往生」について、

即得往生と云は信の一念の時に往生を得るに定りたることなり。是を摸象記抔の了簡では、一念の時に往生を得已たことで、からだは娑婆に在り乍ら往生を得たことじゃとする了簡なれども、當流相承の御釋には左様なる御釋はなし。信心歡喜の一念同時に往生の定ることを即得往生と云が祖師の御定判なり[417]。(傍線、小谷付記)

と述べて、それを「往生を得るに定まる」ことと解している。香月院はまた、親鸞が「後念即生」を「即得往生」と組み合わせたことについて、

後念即生と云は娑婆に居ながら未來の往生の定ることなり。そこであの經文の即得往生と組合せて即得往生後念即生と御釋されたるものなり[418]。

と述べる。これらはいずれも、信心歓喜の一念の時に、未来に往生することの定まることが経には「即得往生」と説かれているのだ、とするのが親鸞の解釈であることを述べたものである。つまり、親鸞は『愚禿鈔』においても、『一念多念文意』等においてと同様、「即得往生」を「即座に往生が得られる」という文字通りの意味ではなく、「本願を信受すれば即座に正定聚・不退転が得られる」という意味を述べるものとする理解を示しているのである。

『真宗新辞典』も『愚禿鈔』のこの注釈を説明して、『往生礼讃』の文を「信の一念に自力の心が滅して必ず往生

する身とさだまることの意に解して」為されたものであると言う。[419] にもかかわらず、親鸞が「往生する身とさだまる」と述べようとした「即得往生、後念即生」が、現世往生を意味する語であると誤解されるについては、『一念多念文意』を検討した折りに紹介した、櫻部博士の指摘されるように「正定聚に定まるのがそのまま往生であると聖人は考えていらっしゃる」とする思い込みが影響したものと考えられる。

上に引用した専修寺本を底本とする『聖典』では、「すなわち正定聚の数に入る」という『論註』の語も、「即の時必定に入る」という『毘婆沙論』の語も、「また必定の菩薩と名づくるなり」という『毘婆沙論』の取意的引文もすべて、「本願信受、前念命終」の語に対する引文とされる。[420] 他方、常楽寺本と浄興寺本では、「即入正定聚之数」は「本願信受前念命終」の下に記され、「即時入必定」と「亦名必定菩薩」とは「即得往生後念即生」の下に記されている。[421] 香月院や泰通院も常楽寺本・浄興寺本の記述を採る。[422] 村上博士は、『毘婆沙論』易行品の「人能念是仏無量力功徳、即時入必定」の文が「古来『無量寿経』成就の意を龍樹が述べたものと見做すことになっているから、親鸞はそれを「即得往生」の釈とした」とする旨を述べておられる。[423] それが正しいとすれば常楽寺本・浄興寺本の記載の方が妥当である。それによれば親鸞は、「本願信受、前念命終」を『論註』によって「入正定聚」を意味する語と理解し、「即得往生、後念即生」を『毘婆沙論』によって「入必定」を意味する語と理解したことになる。そうすれば親鸞は、村上博士によれば、『大経』第十八願の成就文を「信受本願、即得往生」の二句に縮め、その下に「前念命終、後念即生」の二句を前後に配することによって、「信ずる立ち処に、往生決定して正定聚の身となるということを示された」のである。[424] したがってここにおいても「即得往生」の語は、信の一念において、往生の決定した正定聚の身となることを意味しており、直ちに往生することを意味してはいない。

以上のように『愚禿鈔』における「前念命終、後念即生」の注釈中に用いられる「即得往生」も、「現世往生」

を意味する語としては用いられていないことが知られる。

『愚禿鈔』には、また、便往生と即往生という二種の往生が説かれる。便往生は諸機各別の業因果成の土であり、胎宮・辺地・懈慢界・双樹林下の往生であり、また難思往生であるとされる。それに対して即往生は、

即往生とは、これすなわち難思議往生、真の報土なり。(425)

と説かれる。この即往生が現世往生を述べるものと誤解されることがある。(426)しかしそれも衆生の行業による往生(諸機各別の業因果成の土への往生)と対比して、如来の廻向による往生とされる難思議往生であり、真の報土への往生とされていることを考慮すれば、即往生は即得往生と同様に「現世往生」を意味する語としては用いられていない。(427)

香月院も、この即往生と便往生とについて、『観経』の「発三種心即便往生」の文を『大経』の第十八願成就文に照らして二種往生を立てたのであると述べて、二種往生を次のように説明する。

大經の第十八願成就の文に「若不生者」の成就の相をば「即得往生住不退轉」と説きたまう。是れ眞實報土の往生は臨終に初めて往生が定まるではない。信の一念の時に時を隔てず日を隔てず念を隔てず即時に往生を定得する故、是を即得往生と名づく。其の即得往生のことをいま即往生と仰せられるの也。時に大經の其の次下十九願成就を明かす三輩の文に、化土の往生を説く處に「便於七寶華中自然化生」と爰にこれ便の字が遣いてある。是は諸行往生の人で、一生が間つとめた處の行業に因りて、臨終に於て初めて往生の業が定まりて化土へ往生する事を「便於七寶華中自然化生」と説きたまう。此の便の字を取りて来て便往生を立てる也。(428)

香月院は「即得往生住不退転」という経言が「真実報土の往生は臨終に初めて往生が定まるのではない」ことを説くものだと述べる。つまりその経言は、信心歓喜して浄土への往生を願う時に既に真実報土の往生は定まったこ

とを説くものであり、即得往生とは往生の定まったことを説くものである、と説明する。

香月院が、「即得往生」を、真実報土の往生が文字通り「即得」されるのではなく、「往生が定まる」ことを意味する語と理解していることは明らかである。それはそれに次いで、信の一念の時に即時に往生が「定得」されることが「即得往生」と名づけられると述べられていることによって、さらに確認される。ここでは、真実報土への往生は、信の一念に即時に「得られる」とはされず、「定得される」と言われている。この「定得される」が、その直前に「真実報土の往生は臨終に初めて往生が定まるのではない」と述べられていることからして、真実報土の往生が信の一念の時に「得られるに定まる」ことを意味することも明らかである。真実報土の往生は、信の一念の時に、文字通りに即得されるわけではないが、「得られるに定まる」。そのことが経には「即得往生」と呼ばれるのである、とするのが香月院の解釈である。

先に『浄土三経往生文類』を検討した折りに見たように、親鸞は「即得往生」という経言を、「真実信心を得るとき、即座に正定聚の位につくことがかなえられること、そしてそれが弥陀によって浄土に往生することの真実の因として廻向されたものであること」を述べる語として理解する。ここでは「即往生とは、これすなわち難思議往生、真の報土なり」と述べられる。それは、先に「即得往生は、後念即生なり」と述べていたことと考え合わせると、即往生つまり『大経』に説かれる「即得往生」とは、真実の信心によって現生で正定聚の位につくことを意味する概念である。それは、『観経』に説かれる諸機各別の業因果成の土である化土への往生とは異なり、「凡夫の思いを越えた、弥陀によって浄土に往生すべく廻向されたもの（難思議往生）であるがゆえに、命終後にまちがいなく、真の報土に導くものである」ことを述べようとしたものである。親鸞の往生説の特質を挙げるとすれば、それは現世で往生することではなく、弥陀の廻向によって現世において正定聚・不退転に住し、それを因として来世で浄土に往生すると説くことにこそ求められるべきである。それゆえ大経往生についての親鸞の知見に未来往生が述べられていないとする見解が過ちであることは明らかである。(429) ゆえに「即往生」も現世往生を説くものではない。

三　親鸞が「即得往生」を要注意の語とする理由

以上、親鸞が「即得往生」を「信心をうれば即座に往生する」ことを意味する語と理解していないのはもはや明白である。むしろそれとは反対に、親鸞は上に検討したこれらの文言によって、「即得往生」が、文字通りに「真実信心をうれば即座に往生が得られる」ことを意味するのではなく、「真実信心をうれば正定聚の位に定まり、命終後に往生するに至る」ことを意図する経言であることに注意を促そうとしているものと考えられる。親鸞が『無量寿経』の「即得往生」の語を正しく理解するために、左訓を施してまでこのように注意を促す必要を感じた背景に、われわれは「即得往生」の語がこの経に用いられるに至った思想史的な経緯を考えなければならない。というのは〈無量寿経〉(430)と〈阿弥陀経〉とに対して解説書『浄土論』を著した世親も、浄土経典の「即得往生」と同趣旨の「発願―往生極楽」の経言は「往生が即時ではなく別の時に得られる」ことを述べる「別時意説」であり、文言通りに理解してはならない未了義（不完全）の教説であると批判した事実が知られているからである。

また、「即得往生」という経言を理解するについて、親鸞が『一念多念文意』『浄土三経往生文類』『唯信鈔文意』『愚禿鈔』において右記のように繰り返し解説をほどこし、さらにそれが「往生すべき身と定まる」ことを意味する語であると左訓を付して注記までしていることは、「即得往生」が『大阿弥陀経』にも『平等覚経』にも『如来会』にも現れない、〈無量寿経〉本来の往生思想とは異質なものであること、[431]それゆえそれが文字通りに受け取ってはならない、注意を要する語であることに親鸞が気づいていた可能性を示唆しているように考えられる。というのも、〈無量寿経〉の解説書『浄土論』の著者世親も、それらの経を読む上で、親鸞がなしたのと同様の注意の必要なことを述べていることからしても、そう考えられるからである。

世親がこれら二経を理解するに際して注意を払わなければならないと主張するその考えは、「即得往生」に類する教説を、その著書『摂大乗論釈』において、「ある仏陀の言葉が何かを意図して説かれたものである場合、その言葉が、即刻ではなく、やがて別な時にそれが実現されることを意趣して説かれたものである」という趣旨を述べた所謂「別時意説」と呼び、未了義（不完全）なる経言と呼んで批判したことに示されている。[432]それゆえ「即得往生」に類する教説が世親によってどのように批判され、それが後に中国でどのような問題を引き起こし、その教説の孕む危険性を認識していた親鸞がその危険性から浄土教の往生思想をどのようにして護ろうとしたか、その努力に想いを致すことなくしては、その努力の跡を示す『一念多念文意』等の文章を正しく読み解くことはできない。

四　別時意説と親鸞の「即得往生」理解

『教行信証』行巻には、善導の『往生礼讃』後序の文[433]を引用して、阿弥陀仏を、その名号を称え、身に礼し、心に観ずることの利益が述べられている。そこには次のように『無量寿経』と『阿弥陀経』とが引かれている。

若我成佛、十方衆生、稱我名號、下至十聲。若不生者、不取正覺。彼佛今現在成佛。當知。本誓重願不虚。衆生稱念、必得往生。（『無量寿経』）

若し我れ仏と成んに、十方の衆生、我が名号を称して、しも十声に至るまでせん。若し生まれずば正覚を取らじ（以上、本願加減の文）。彼の仏いま現に世に在まし、仏と成りたまえり。当に知るべし。本誓重願虚しからず、衆生称念すれば必ず往生を得ることを（以上、願成就文取意）。

若有衆生、聞説阿彌陀佛、即應執持名號、若一日、若二日乃至七日、一心稱佛不亂、命欲終時、阿彌陀佛、與諸聖衆現在其前。此人終時、心不顚倒、即得往生彼国。[434]（以下略。『阿弥陀経』）

若し衆生有りて、阿弥陀仏を説くを聞き、即ち応に名号を執持して、若しくは一日、若しくは二日、乃至、七日、一心に仏を称じて乱れざれば、命終わらんとする時、阿弥陀仏、諸聖衆と現じて其の前に在ます。此の人終わる時、心顚倒せず、即ち彼の国に往生することを得。

『無量寿経』を引文するにあたって善導は経文をそのまま引用していない。引文の前半は第十七願と第十八願を組み合わせて作ったものである。それは後に「本願加減の文」と呼ばれ、四十八願の「根本本願」とも見なされ、[435]重要視されるようになる。後半は第十八願成就文を取意的に述べたものである。親鸞はこの引文中の「必得往生」を次のように注釈している。

「必得往生」と言ふは、不退の位に至ることを獲ることを彰すなり。『經』（大経）には「即得」と言へり、『釋』（易行品）には「必定」と云へり。「即」の言は、願力を聞くに由って、報土の眞因決定する時剋の極促を光闡せるなり。[436]

親鸞は、「必得往生」を、「文字通り浄土に往生することではなく、不退の位に至ることを意味する語である」と注釈する。そしてそれは『無量寿経』では「即得」と説かれ、「真実の信心を獲て直ちに獲得されるのが、浄土に往生することではなく、往生の真因の決定することを意味する語である」というように注釈しているのである。

後者の『阿弥陀経』からの引文中の「命欲終時」の語について、宣明は『教行信証講義』で次のような注目すべき注釈をしている。

彌陀經に隠顯二義あり。顯の義では二十願往生の臨終來迎のすがたなり。けれども行巻に引くは隠の義で引く。隠の義では命欲終時とは、命終わらんと欲するときまでと云ふこと。是は吾祖の御指南ありて、一多證文初左に「一切臨終時と云ふは極楽をねがふよろづの衆生いのちをはらんときまでといふことばなり」とありて、臨終時とあるを臨終の時までとよみ、平生のときになさる。(437)

実は、先にわれわれが「1『一念多念文意』」の項において、「即得往生というは」云々という語について検討した『一念多念文意』の文章は、この「一切臨終時というは云々」の文章に続いて引用される『無量寿経』第十八願成就文の「即得往生」の語を注釈したものである。それゆえ親鸞は『無量寿経』の「即得往生」を臨終に至るまでの、平生の事柄と考えていることは明らかである。このことが「現世往生」を述べるものとする誤解を生んだものと考えられる。

しかし先にも述べ、いま引用した親鸞の注釈からも明らかなように、即得されるのは、不退の位に至ること（住不退転）であり、往生の真因の決定すること（住正定聚）であって、往生ではない。親鸞がこのように「即得往生」を、信心が即座に往生をもたらすことを意味するのでなく、正定聚・不退の位につくことをもたらす意味であることに注意を喚起しなければならなかったのは、この行巻に引用される「本願加減の文」と呼ばれる善導の文が作られた事情と密接に関係している。加減の文は、梁唐の時代に「発願即往生極楽」を説く本願が『摂大乗論』を奉持する摂論学派の人々によって「別時意説」であると批判されて浄土教が衰えたことに対抗して、念仏がただ願のみでなく「南無」という願と「阿弥陀仏」と称する行とを備えた、願行具足のものであることを証明するために作られた文章である。[438] 親鸞が吉水時代にすでに『観経疏』玄義分を通じて別時意説を知っていたことは、『観無量寿経集註』で『摂大乗論』の別時意説に言及していることから知られる。[439] また、法然が加減の文を「六八の肝也眼也」と述べ、親鸞に真影を与えた時にそれを銘として授けたと伝えられていること、[440] さらには、親鸞が加点したとされる玄義分に、[441] 例えば「『〈摂大乗〉論』の中に説いて云く、人ただ願を発すに由って安楽土に生ずるが如しと、云々」[442] というように別時意説に関する言及がなされることなどからして、親鸞が別時意説をよく知っていたことは確かである。

親鸞は善導の趣旨を汲みつつ、善導とは異なる角度から「即得往生」の意味を解明することによって、むしろより直接的に摂論学派の批判に答えたのである。それは次に述べるように、取りもなおさず「念仏往生」の意味を明らかにすることになるからである。

「即得往生」の語は、〈無量寿経〉と〈阿弥陀経〉について言えば、康僧鎧訳『無量寿経』に一度、法賢訳『荘厳経』に二度、羅什訳『阿弥陀経』に一度現れる。『無量寿経』に一度現れる「即得往生」は第十八願成就文中のもので、そこでは往生が命終後に得られることが明言されていない。それが「現世往生説」を生み出す元になった。『荘厳経』では「是人臨終」、『阿弥陀経』では「是人終時」という語の後に往生が述べられ、命終後の往生であることが明言されている。成就文の「即得往生」も、それに対応する『荘厳経』では「是人命終、皆得往生」と訳され、往生が命終後と考えられていることは明らかである。それに対応する『如来会』では「随願皆生」と訳され、命終後であることは明言されていないが、「即得」とされておらず「現世往生」であることは明言されていない。「即得往生」がそれぞれ一度現れる『無量寿経』と『阿弥陀経』とのサンスクリット原典とチベット訳にも、「即得往生」を意味する語は見られない[443]。

このように、「即得往生」が「現世往生」を意味するかのように用いられているのは『無量寿経』におけるただ一度の場合だけである。『荘厳経』と『阿弥陀経』ではそれは命終後の往生を意味する語として用いられている。

先ほど考察した行巻の親鸞の、

「必得往生」と言ふは、不退の位に至ることを獲ることを彰すなり。『經』（大経）には「即得」と言へり、『釋』（易行品）には「必定」と云へり。「即」の言は、願力を聞くに由って、報土の眞因決定する時剋の極促を光闡せるなり[444]。

という注釈は、この二通りの「即得往生」の用法を説明しようとしたものである。つまりこの語は本来は『荘厳経』や『阿弥陀経』におけるように命終後の往生を述べる語であった。しかし『無量寿経』では「現世往生」を意味するかのように用いられている。それを如何に解釈するか。行巻の注釈はその解釈の工夫の跡を示すものである。

親鸞はそれに先だって、先に見たように『無量寿経』の引文として第十八願成就文を取意的に引用するが、「即得往生」の用語に問題のあることを考慮して、その語を「必得往生」に代えて「彼仏今現在成仏。当知。本誓重願不虚。衆生称念、必得往生」を『無量寿経』の引文として示している。その上で、右記のように注釈したのである。

つまり親鸞は、「即得往生」は本来命終後の往生を述べる語であり、それゆえ命終に言及しない成就文においては用いられるべきでない語であると考えたのである。それゆえ「即得往生」を「必得往生」に代えて引文し、そうすることによって成就文が「信心を得れば即時にではなく、やがて必ず往生する」ことを述べるものであることを先ず明らかにした。それではなぜ『無量寿経』に「即得往生」と説かれているのか。それは往生が即時に得られるのではなく、不退の位につくこと（住不退転）と、報土往生の真因（住正定聚）となることとが、即時に得られることを示すためである。「即得往生」をこのような意味で用いることは明らかに用語の間違いである。しかし親鸞にとって『無量寿経』は真実の教であり間違いとして認めるわけにはいかない。それゆえ右記のように会通せざるを得なかったのである。

「即得往生」の語はこのように、「即時に往生を得る」という表面上の意味と、それとは別の裏の意味との、二つの意味で用いられる。先に検討した『一念多念文意』中の文章は、「即得往生」が裏の意味で用いられる場合の用法を説明したものである。この文章は『往生礼讃』の「恒願一切臨終時、勝縁勝境悉現前」という語を解説するために記されたものである。この場合の「臨終時」を親鸞は、本来の「臨終の時」ではなく、裏の意味の「命おわらんときまで」を意図する語と解釈する。そして「命おわらんときまで、仏を見、善知識の教えにあって、さまざまのめでたきことども、目の前にあらわれたまえと、願え」というのがこの文章の趣旨であると述べ、その「めでたきことを」示すために『無量寿経』の第十八願の成就文を引文する。その引文中の「即得往生」を注釈したものが「即は、すなわちという、ときをへず、日をもへだてぬなり云々」という語であり、それも裏の意味を述べる文脈中にあることに注意すべきである。

親鸞は、『往生礼讃』の「臨終時」がその語の本来の意味でない、「命おわらんときまで」を意味する語である、と解釈した。先に引用したように、宣明は『阿弥陀経』に説かれる「命欲終時」の語には隠顕二義があり、顕の義では臨終を意味するが、隠の義では命終わらんとするときまでを意味すると解釈するのが、親鸞の解釈の仕方である、と言う。行巻に引文される『阿弥陀経』の「命欲終時、阿弥陀仏、与諸聖衆現在其前。此人終時、心不顛倒、即得往生彼国」の中に二度出る命終の語について、宣明は次のように述べる。

もと經文隠顯二義有るゆえに隠顯二義に叶ふように説くべし。この意をえて經を解すべし。(中略)(「命欲終時」は〕初一念の時より臨終の夕まで。常に阿彌陀如來と無量聖衆と常に念佛行者の前に顯れ給ふ。「此人終時」等とはこれ正く命終るときのことじゃ。平生から攝取の光益にあづかり、往生一定の恩に住して居るゆえに、死ぬるとき心が轉じはせぬ。平生業成の安心ゆえ直ちに往生するなり[445]。

宣明のこの説明は「即得往生」の意味を理解する上で重要な示唆を与える。なぜならそれは、『一念多念文意』の親鸞の「臨終時」の解釈が、かれが経言というものを隠顕の二義に用いられるもの、と考えていたことを明らかにするからである。『一念多念文意』で「臨終時」を隠の義で解釈した親鸞は、それに続いて引文した『無量寿経』の「即得往生」も、この文脈からして、隠の義で解釈すべきものと考えていたと理解される。つまりかれは、この場合の「即得往生」はその表面上の意味でなく、隠の意味で用いられているものと解釈しているのである。それゆえ真実信心を得て即得されるのは、「正定聚のくらいにつきさだまる」ことであり、それを経は「往生をうとはのたまえる」のであり、往生そのものではない、というのが親鸞がこの文章で言おうとした趣旨である。ゆえに冒頭に掲げた櫻部博士の読み方の正しいことは明らかである。

第十八願成就文の「即得往生」をその語の表面的な意味（顕義）においてでない、裏の意味（隠義）で解釈する親鸞の試みは、玄義分に説かれる別時意説に対する善導の反論よりも、より適切な反論となっている。というのは、善導の反論は称名念仏が願行を具足することのみを主張するものであり、《発願―往生極楽》の教説が摂論学派によって批判された「信心が獲得されれば即時に往生が実現されること」（即得往生）については明瞭に反論していないからである。親鸞は、成就文が文字通りに即時に往生が得られることを意味するのではないことを明らかにすることによって、それに反論したのである。その反論は同時に、念仏の行が「命終の時まで願行具足の称名によって、正定聚・不退の位に住して平生業成の生活を営み、命終後に浄土往生を遂げる」ことを内容とするものであり、三輩往生段に説かれる念仏行に相応する、浄土教の正統な往生行であることをも証明したのである。

真実の信心が、現生においては正定聚・不退の位をもたらし、往生すべき身と定まらせ、念仏の行が、命終後に浄土に往生させる、とするのが親鸞の別時意説に対する反論である。世親の「別時意説」批判を親鸞は既に吉水の習学時代に学んでおり、[446]「発願—往生極楽」の教説、つまり「即得往生」に類する経言が、かつて道綽や善導にもたらした危険性に充分気づいていたと考えられる。その危険性を回避するために親鸞は注意深く配慮して「現生—正定聚・不退転、命終後—浄土往生」という往生観を構築したのである。それは例えば曇鸞が『論註』に、

『經』（平等覚経巻一意）言。「若人但聞彼國土清淨安樂剋念願生亦得往生即入正定聚。」此是國土名字爲佛事。安可思議。（経に言わく。若し人、但、彼の国土の清浄安楽を聞きて、剋念して生ぜんと願ずれば、また往生を得て、則ち正定聚に入る、と。此れは是れ、国土の名字仏事を為す。いずくんぞ思議すべきや）[447]

と述べる文に対する親鸞の読み方にも窺える。ここには、心から浄土に生まれたいと願うならば、往生を得て、正定聚に入ることが説かれている。香月院もこの文を説明して、

「亦得往生則入正定聚」は成就文の即得往生住不退轉を引き給ふなり。論註の顯文はおさだまりとして、彼土の正定聚を明かしたまふなり。[448]

と述べて、この文が「往生を願うならば、即座に往生が得られて正定聚に入る」とする曇鸞の考えを示したものとしている。しかし親鸞はこの文を、

もし、ひと、ひとへにかのくにの清淨安樂なるをきゝて、剋念してむまれんとねがふひとと、またすでに往生をえたる人も、すなわち正定聚にいるなり。[449]

と読んで、「また往生を得るもの（亦得往生）」の、「また（亦）」の文字を現生正定聚を示唆する語とみなし、[450]「往生

を得るもの（得往生）」をすでに往生を得ている彼土の人と解し、その人を浄土に生まれたいと願う此土の人と区別している。[451]それによってその文の趣旨を、此土における人が、即座に往生を得ることを示すのではなく、正定聚に入ることを示すものに替えたのである。成就文の「即得往生住不退転」を文字通りに即座に往生し正定聚に住する意と解して「亦得往生則入正定聚」と述べたと思われる曇鸞の文章を、親鸞はそう解することの危険性を慎重に避けて、既に往生している人も、いま往生を願う人も正定聚に住する意を述べるものと解釈し直したのである。

以上のように親鸞は「即得往生」の経言の危険性を避けるために実に綿密な配慮をめぐらしている。それは、親鸞の往生観の主眼は「現世往生」にこそあると主張して、往生を命終後の事として認めることを無意味とする考えを峻拒するものである。しかしわれわれにとって重要なのは、その考えが誤解であることを単に剔抉することではなく、そのような誤解を除いて、親鸞の「命終往生」の教説こそ、仏教の歴史を通じての重要な課題であり、現在でもなおわれわれにとって重要な課題である、生老病死の苦の一つである「死苦」を克服するための重要な指針を与えるものであることを明らかにすることである。浄土教の往生思想から死という観点を剥奪し、生に対してのみ本願を意味づけようとする近代的な往生理解は、空の証得による現世での往生行を説く般若思想では往生のかなわない者をも、本願力によって来世に浄土に往生せしめる思想として出現した浄土教本来の趣旨に沿うものではなく、かえって浄土教の他力の往生行を、般若経の自力の往生行に逆行させるものである。

五　世親の批判する《発願―往生極楽》の教説

世親の批判する「別時意説」については既に述べた(452)。詳細はそれに譲りここではその要点のみを記す。「別時意説」とは、古くは迦才（初唐）によって指摘され、近年になって向井教授が《発願―往生極楽》の教説に相当する経文として明らかにされたものである(453)。教授は、世親によって批判された、発願と往生極楽とが同時に起こるかのように述べる「別時意説」の教説が、『阿弥陀経』の一節（第十七章後半）に見られる次のようなものであることを明らかにされた。

およそいかなる善男子あるいは善女子たちであっても、かの世尊無量寿如来の仏国土〔すなわち極楽〕に対して、心をもって誓願をなすであろう者、あるいはすでになした者、現になしている者は、すべて、無上なる正等菩提に対して退転しない者となり、かしこの仏国土に往生するであろうし、あるいはすでに往生し、現に往生している(454)。

ここには「誓願を現になしつつある者が、現に往生しつつある」ということを意味するものと理解し得る内容が述べられており、それは発願と往生極楽とが同時に起こると考えられた可能性を示唆するように見える。また発願以外に往生の要件は何ら示されていない。このような表現が「別時意説」として世親の批判の対象となった。同趣旨の教説は『無量寿経』の第十八願「もし、われ仏を得んに、十方の衆生、至心に信楽して、わが国に生まれんと欲して、乃至十念せん。もし生まれずんば、正覚を取らじ。ただ五逆と正法を誹謗するとを除く」という文にも見られる。しかし、他の諸本にはこれと部分的に類似する願文は見出されるが、この文にそのまま相当する願文のないことが知られており、また、この文が浄土教の本来の往生行を説く三輩往生の思想とほとんど無関係に成立したものであることが、藤田博士によって指摘されている(455)。

藤田博士はまた、この第十七章(456)を含む「証誠勧信」の段と呼ばれる『阿弥陀経』の後半部（第十一―第十九章(457)）が、前半部と成立の事情を異にする旨を述べておられる。博士は羅什訳『阿弥陀経』の六方の諸仏の名が『仏名経』からの転用であることを検証し、その上で「羅什訳の原本は、元来『仏名経』等で示されるような諸仏名を讃歎する経説の影響を受けて、その後半の部分を構成したものと推定することが可能である(458)」と述べておられる。そして博士は、経の成立事情をそのように想定するときには、「〈阿弥陀経〉の後半部分は〈無量寿経〉より発達した思想を含み、したがってそれよりも成立が遅いと言わなければならぬことになろう(459)」と言われる。

博士によれば、浄土三部経がその最初期から重視しているのは、〈無量寿経〉の上中下品の三種の往生を説く「三輩往生段」に見られるような、臨終見仏による来迎引接の教説である。しかし『無量寿経』の第十八願とその成就文にはそれが認められないところから、第十八願は、三輩往生段を含む最初期からの教説とは独立に後に成立したものと考えられる。

向井教授は、阿弥陀経の前半部と後半部に説かれる往生行の変化は、上輩往生から下輩往生へと教説の重点が移っていく流れの跡を示すものと考えられる、と言われる。前半部末尾の第十章(460)には、誓願をなすこと、多くの善根を修すること、思念をなすこと（念仏）、臨終に見仏をすること、死後に往生すること、が述べられ、上輩往生に求められる要件をすべて満たしている往生行が説かれている(461)。それに対して、第十七章後半には、誓願と仏国土への往生が説かれるのみで、善根を修することも、念仏も、臨終に見仏することも説かれていない。つまりそこには『無量寿経』の下輩往生においてすら求められた、念仏も、臨終に夢中に見仏することも、説かれていないのである。向井教授は、往生思想の展開が上輩往生から下輩往生へと教説の重点が移っていく流れにあることを指摘しておられるが、『阿弥陀経』第十七章後半に説かれる往生行はその流れを越えて、さらに単純化され簡易化された往生行となっている。それが無著・世親の時代の往生思想の基調をなしていたものと考えられる。[462] そのような「往生を即座に得られるものとする教説」の流行に対する反論として為されたものが、その教説を「別時意説」と呼ぶ世親の批判である。

以上、われわれは向井教授の研究を参考に、世親が「別時意説」として批判した《発願—往生極楽》の教説が『阿弥陀経』第十七章に説かれていることを確認した。この教説と非常によく似ているものの、微妙に異なる教説が、『無量寿経』の第十八願成就文に、「あらゆる衆生、その名号を聞き、信心歓喜して、乃至一念せん。至心に廻向して、彼の国に生まれんと願わば、すなわち往生を得て、不退転に住す。ただ五逆と正法を誹謗するを除く。[463]（諸有衆生、聞其名号、信心歓喜、乃至一念、至心廻向、願生彼国、即得往生、住不退転。唯除五逆誹謗正法）」と説かれている。この経文も、藤田博士によって、『大阿弥陀経』『平等覚経』には見出されないところから、「後期無量寿経」の発達段階になって説かれたことが明らかであるとされる。そのサンスクリット本は藤田博士の和訳では次のようである。[464]

およそいかなる衆生たちであっても、かの世尊アミターバ如来の名を聞き、聞きおわって、たとえ一たび心を起こすだけでも、浄信にともなわれた深い志向をもって心を起こすならば、かれらはすべて、無上なる正等覚より退転しない状態に安住する。

それに相当する『如来会』は、同じく藤田博士の和訳では次の如くである。

他方の仏国のあらゆる衆生、無量寿如来の名号を聞きて、乃至よく一念の浄信を発して、歓喜愛楽し、あらゆる善根をば廻向して、無量寿国に生まれんと願わば、願に随いてみな生まれ、不退転乃至無上正等菩提を得ん。五無間と正法を誹毀し及び聖者を謗るとを除く。

これら『無量寿経』の第十八願成就文と、それに対応するサンスクリット本、および『如来会』を対照して見るとき、われわれは『無量寿経』にある「即得往生」に相当する語が、サンスクリット本にも『如来会』にもないことに気づく。それは『無量寿経』のこの箇所がサンスクリット本、および『如来会』より後に成立したことを示している。また、先に述べたように、その語は、藤田博士によって『大阿弥陀経』『平等覚経』に見出されないところから、「後期無量寿経」の発達段階になって説かれたことが明白だとされる段落中に含まれている。静谷正雄教授や辛嶋静志教授によっても、〈無量寿経〉諸本が、「初期大経」と、般若思想の影響を受けた「後期大経」とに、区別されることが明らかにされている[465]。これら諸教授の研究を参考にするとき、新たに挿入された段落中の「即得往生」の教説が、浄土教本来の往生思想とは相容れない般若思想に基づくものであることが明らかになる。般若思想の影響を受けて、『無量寿経』第十八願成就文に無量寿経本来の命終・往生とは異なる「即得往生」の教説が登場することになったと考えられる。しかも「即得往生」は、『大阿弥陀経』にも『平等覚経』にも『如来会』にも言及されず、さらにサンスクリット本・チベット訳にも現れず、四十八願系とは系統を異にする『荘厳経』にも出ない、『無量寿経』にのみ説かれる不思議な教説である。上記のように親鸞はその教説の特異性に気づいており、それゆえそれが文字通り「真実信心を得れば即座に往生すること」を意味するものでなく、「真実信心を得れば即座に正定聚につくこと」を意図するものであることを、「往生すべき身と定まるなり」という左訓を付して示そうとしたのである。

六　現世往生説の由来

以上われわれは、「即得往生」を解説する親鸞の説明を注意深く読めば、そこに現世往生を認める見解の述べられていないことが明白であることを確認した。それゆえ従来の「現世往生」を述べたとする誤解は、その説明を精確に読まなかった不注意に起因すると言わざるを得ない。しかしその誤解の原因を不精確な読みにのみ帰する訳にもいかない事情がある。それは親鸞が曇鸞の『論註』によって「正定聚は現生において得られる」と理解したこととも関連して生み出された誤解だからである。

親鸞は世親の『浄土論』を曇鸞の『論註』によって理解した。曇鸞は〈無量寿経〉に説かれる「浄土への往生」を、『毘婆沙論』に倣って初地において無生法忍が得られることと理解した。そう理解することの過失については既に詳論したので参照されたい(466)。曇鸞は、浄土への往生を「無生の生」と呼び、そう呼ぶことによって「浄土往生」という経言が「無生法忍によって把握される、一切法が不生なるままに生ずる、正覚の境地を意味するものであること」を述べるものと理解し、「往生」から身体性を剥奪した。そのことが後世、親鸞が「現世往生」を説いたとする誤解を生み出すこととなった(467)。

しかし無生法忍は般若経からの影響によって『無量寿経』に新たに取り入れられた語であり、世親の『浄土論』が解説しようとしている〈初期無量寿経〉には用いられていない概念である。それゆえ「無生の生なる往生」という曇鸞独自の往生理解は、〈初期無量寿経〉および『浄土論』においては成り立たない。

『浄土論』には無生法忍の語は用いられない。『浄土論』の往生をそこに用いられない無生法忍によって解釈することは無謀である。無生法忍は初期無量寿経にはまったく用いられない概念である。小品系般若経に用いられたのが初出と見られるところから、後期無量寿経に用いられるのは般若経の影響と考えられている。[468]『浄土論』は、そこに無生法忍の用語が現れないことからしても、後期無量寿経ではなく初期無量寿経を釈経した論と考えられる。それゆえ『浄土論』の往生を後期無量寿経になって用いられる無生法忍の教説によって解釈することは相応しくない。それゆえ往生を「無生の生」とする曇鸞の解釈の間違いであることは明らかである。[469]

七　近代教学の蹉跌

1　曽我教学の過失

a　親鸞の説く往生を「不体失往生」とした過ち

後述のように近代教学の泰斗と目される曽我量深師の説としてよく知られる「往生は心にあり、成仏は身にある」という往生解釈は、『口伝鈔』に記される「体失往生・不体失往生」の伝承に基づくものである。[470]師はその往生解釈を理解し易くするために敷衍して、

この身は煩悩の身でありますからして、この娑婆世界における。娑婆世界においても、心はちゃんと超越して、そうして心は浄土に居るのである。心が常に光りの世界に躍動している、そういう生活を往生浄土というのである。[471]

とも述べておられる。このように親鸞の説く往生を「不体失往生」と解すれば、娑婆世界で心が浄土に居している

生活が往生浄土であり、それゆえ娑婆での利益が即ち浄土での利益でもある、と理解することになる。それは後述するように香月院によって「一益法門」として批判される往生解釈であるが、師はそう理解しても「なにも一益法門ということではない」と言われる。[472] しかし先にも述べたように真宗史学の専門家からは、師の依拠する『口伝鈔』の記録はその「根拠が明確でない」ものであり、体失往生を主張したとされる「証空の思想信仰がここには必ずしも正当に紹介せられ」ておらず、それを「不体失往生説をもって直ちに親鸞自身の往生観を問うための第一資料とすることは、必ずしも妥当でない」とされ、それゆえ「不体失往生」は親鸞の往生理解を示すものと考えることに疑問が呈せられていること[473]を考慮すれば、師の往生理解は改めて検討が迫られる。

藤原幸章博士は『口伝鈔』に親鸞が不体失往生を述べたと記される理由を『教行信証』に基づいて考察して、「体失往生が臨終来迎往生を意味するのに対して、特に信一念の現在時に、いわゆる業事成弁して往生決定の身となりえた体験の事実を際立てるために、敢えて「不体失往生」といい表わしたものとみるべきであろう」と述べておられる。[474] そうすれば、『口伝鈔』のその語は、親鸞が『一念多念文意』で「即得往生」を、文字通りに「往生」が即得されるのでなく、「正定聚・不退転」が即得されることを意味する語であると説明したのと同趣旨のことを述べるものと考えられる。そうであれば「不体失往生」は文字通りに「身体を保ったままで往生する」ことを意味するのでなく、「信の一念の時に往生が決定する」ことを意味する語と理解される。このように「不体失往生」を、身体を保ったままでの往生ではなく、往生の定まることを意味するものと理解することの方が、

「信心のひとはその心つねに浄土に居す」〔末灯〕といわれ、他力の者は穢れた身のままで平生において往生がさだまるから不体失往生であ〔る〕。

とする『真宗新辞典』（「おうじょう」の項）の記述をより理解し易くする。

さらに覚如は『改邪鈔』において、親鸞が「願入弥陀海の往生の正業成ずるとき」を「能発一念喜愛心」とも「不断煩悩得涅槃」とも「入正定聚之数」とも「住不退転」とも注釈していると述べて、それが「即得往生の時分」であると言う。つまり、経に「即得往生」と言われている「時分」とは「往生の正業成ずるとき」であり、「一念喜愛心を発すとき」であり「煩悩を断ぜずして涅槃を得る〔と定まる〕とき」であり「正定聚の数に入るとき」であり「不退転に住するとき」であると言い、「即得往生」が決して文字通り「現生で即時に往生を得ること」を意味していないとする自己の理解を示している。(475) それも『一念多念文意』に準じて「即得往生」が文字通りに「往生が即得される」を意味するものと理解すべきでないことに注意を促すために記したものと考えられる。またそれに続く『改邪鈔』の次のような語は、藤原博士が覚如は「業事成弁して往生決定の身となりえた体験の事実を際立てるために、敢えて「不体失往生」といい表わした」と言われることを裏付けるであろう。

この娑婆生死の五蘊所成の肉身いまだやぶれずといへども、生死流転の本源をつなぐ自力の迷情、「共發金剛心」の一念にやぶれて、知識傳持の佛語に歸屬するをこそ、「自力をすてゝ他力に歸する」ともなづけ、また「即得往生」とも、ならひはんべれ。(476)

ここに覚如が「即得往生」という経言をどのように親鸞から習ったかが述べられている。かれは、肉体を備えた現生の身であっても、自力の迷情が破れて真に仏語に帰属することが、「他力に帰する」こととも呼ばれ「即得往生」とも呼ばれる、というように習ったと言う。このことからも、かれが親鸞から習ったことによれば、「即得往生」は、「自力の迷情が破れて真に仏語に帰すること」を意味するのであって、文字通りに即座に往生を得ることを意味するのでないことは明らかである。藤原博士に倣って言えば、このような「他力に帰する」ことや「即得往生」は、臨終来迎による自力念仏の往生を意味すると想定される「体失往生」とは異なるので、覚如はそれを敢えて「不体失往生」と呼んだのであって、肉体のなくならないままの現世での往生を意味するわけではない。

親鸞に習って「即得往生」を文字通りに理解すべきでないと解する覚如は、「即得往生」のときを「自力の心のつくるときなれば、こころのをはりともいふべし」と言う。[477] しかしそれは「正定聚・不退転」が即得されるときを述べるものであり、その「心のおわり」は「往生」を意味するものではない。本多弘之氏はこの「心のおわり」を「往生」を意味するものと理解しておられるが、[478] それは「即得往生」の誤解に基づくものである。氏は「往生は心にあり、成仏は身にあり」と述べる曽我師を近代教学の泰斗と呼んで[479] 高く評価しておられるが、氏の誤解は曽我師のまちがった往生理解を無批判に継承されたことによるものと考えられる。本多氏の往生理解の過ちは後に詳しく検討する。

b　法蔵菩薩を阿頼耶識と見た過ち

筆者はかつて曽我師の「法蔵菩薩は阿頼耶識なり」という語が仏教学会から愚説・珍説と酷評されたということを聞いたときに、師のその語の意図を窺いたいと思い考察を試みたことがある。曽我師の説が批判される主たる理由は、平川彰博士が指摘された語を援用すれば、阿頼耶識が煩悩具足の凡夫を迷わせ輪廻転生せしめる根拠であり「妄識」であるのに対して、法蔵菩薩は世自在王仏の所において無生法忍を悟った聖種性の菩薩であり、両者にはあまりにも大きな隔たりがあることにある。[480]

さらに師は、法蔵菩薩と阿頼耶識とが思想的に深い関係をもつものと考えられた理由を、阿頼耶識の阿頼耶が漢訳すれば「蔵」という語となりそれは法蔵菩薩の「蔵」だからであると説明された。[481] そのことも批判の対象となった。なぜなら漢訳では「蔵」とされる阿頼耶は原語のサンスクリットでは ālaya であり、法蔵菩薩の「蔵」は

ākaraであり、異なる語であることに師が気づいておられないからである。師は、前記の曇鸞が往生の生を、その生が有情が生まれ変わることを意味するupapattiであることを知らずに、現象が生起することを意味するutpattiの意味と解して「無生の生」と理解したのと同種の誤解をされたのである。

これらは明らかに師の理解の間違いであることを示している。しかし幡谷博士の言われるように、師の言説はおうおうにしてそれが語られた著書の全体、あるいはその表現の背後にある師の思想にまで立ち入らなければ理解し得ないのかも知れないと思い、師の『法蔵菩薩』を何度も読み返して考察を試み師の意図を推し量ってみた。それは平川博士によって指摘されている「蔵」とされる阿頼耶の原語がサンスクリットではālayaであり、法蔵菩薩の「蔵」はākaraであり、前者は住処を意味し後者は鉱脈を意味して相互に異なる概念であるとする批判を検討することを通して、曽我師の意図を汲み取ることを試みたものであった。

法蔵菩薩の蔵はākaraであり鉱脈を意味し、他方、阿頼耶の蔵はālayaであり住処を意味して異なる概念であり、それを混同して「法蔵菩薩は阿頼耶識である」と言われたとすれば、まったくの誤解と言わざるを得ない。しかし師が両者に共通する「蔵」という語に注目された視点に注意しなければならない。師は、阿頼耶識は一切法を蔵する法蔵識であり、それこそがわれわれの真の「自己」であると言われる。他方、法蔵菩薩については「自分自身の心の深いところに仏さまを見出して行こうというのが法蔵菩薩であろうと私は思う」と言われる。確かに阿頼耶識は、一切種子識とも呼ばれ、一切法を種子として蔵しているという点では、師が「法蔵識」と名づけられたのはあながち間違いとは言えない。また法蔵の蔵がākaraであり鉱脈を意味することも、阿頼耶識が『摂大乗論』にも引用される『阿毘達磨大乗経』に「無始時来の界」と呼ばれていることを勘案すれば、阿頼耶識とまったく無関係な概念とは言えない。そこには、無始時来の界は、一切法の等しき依たり。
これに由りて諸趣とおよび涅槃の証得とあり。(482)
諸法を摂蔵し、一切種子の識なるに由り、
故に阿頼耶と名づく。勝者にわれは開示す。(483)

と説かれている。つまり、阿頼耶識が無限の過去からのあらゆる存在の原因であり、あらゆる物事（法）の所依であり、それあるがゆえにすべての迷いの境涯と涅槃の証得とがある。そしてその阿頼耶識は、諸法を内に蔵し、あらゆる物事の種子を有する識である、と説かれる。ここで阿頼耶識の別名として説かれる「無始時来の界」の「界」の原語は dhātu である。dhātu には原因の外に鉱脈の意味もある。そうすれば法蔵の蔵の ākara と同じ意味を有することになり、曽我師が法蔵菩薩は阿頼耶識だと言われることもまったくの間違いだとは言えない。特にこの「界」があるがゆえに諸趣と涅槃の証得とがあるとされていることは、師が法蔵菩薩は阿頼耶識だと言われる趣旨と深い繫がりがある。

諸趣とは輪廻転生の迷いの境涯であり、そこから解脱することが涅槃の証得である。その両方をもたらす根本的な原因がここでは界と呼ばれているが、それは阿頼耶識を指している。その界 dhātu には法蔵の蔵 ākara と同じ、鉱脈つまり物事の根源の意味がある。なぜそれが物事の鉱脈であるかといえば、それが諸法を摂蔵している、一切法の種子を有する識だからである。阿頼耶識があらゆる物事の種子を有するがゆえに、有情は輪廻転生の境涯を繰り返すことになるが、逆にそれを解脱して涅槃を証得することもできる。法蔵菩薩も一切法を蔵するがゆえに、輪廻転生の境涯を繰り返し、その境涯を解脱して涅槃を証得する菩薩である。それゆえ法蔵菩薩は阿頼耶識なのだ、というのが曽我師のお考えではなかったかと推測される。師の「私は、法蔵菩薩の本願というものは種子だと言うのです」[484]という語がその推測を補強するように思われた。

かつては以上のように推測しその時点では師の阿頼耶識理解に賛意と敬意を表すべきと考えたのであるが[485]、近年になって「往生」という浄土教にとって重要な概念に対して師が犯された右記のような過ちが見えてくると、「法蔵菩薩阿頼耶識論」も再検討する必要を感じずにはおれない。

師には他にも法蔵菩薩と阿頼耶識との関係に言及した『如来表現の範疇としての三心観』と題した書がある[486]。それゆえここでさらにその書を取り上げて、師の阿頼耶識説あるいは唯識思想に関する理解のほどを検討してみよう。それは第十八願に説かれる至心・信楽・欲生の三心を阿頼耶識の三相に配当して考察すべきことを論じた書である。

阿頼耶識の三相とは阿頼耶識の自相と果相と因相とを指す。阿頼耶識はそこにすべての雑染法の種子が結果として熏習され、その種子を保持しつつ一切の雑染法を生ずる原因として存在するが、その阿頼耶識の全体像を自相と呼ぶ。その内、生じた雑染法が種子として熏習されて結果となる側面を果相と呼び、その熏習された種子が雑染法を生ずる原因となる側面を因相と呼ぶ[487]。

曽我師は阿頼耶識の自相を自覚相とも呼んで次のように言う。

阿頼耶識といふのは要するに自覚意識そのものでありまして、吾々一切の自覚の原理そのものの自覚意識である。だから一面から見れば吾々一切衆生の感覚的現実の流転の因果の形式といふものもここにある。又従って此流転の形式自体なる自覚の理想的還滅の因果形式といふものもこゝにある。一面から見れば此の流転生死を感ずる業の原理となり、同時に又此の迷ひをひるがへして悟りに到る、悟りの自覚原理、道程となる。迷ひの原理となる、其の迷ひの原理自体、原理を証智する原理が即ち此の悟りの原理でありまして、詰り吾々は阿頼耶識の体験の中にあって本当に迷ふことを感識することが出来るのであります[488]。

説明が師独特の晦渋な表現で為されており、一見難解な事柄が説かれているかのように見える。しかし師の言われんとすることはさほど難しい事柄ではない。簡潔に言い換えればそれは、阿頼耶識が迷いをもたらす原理でもあり、その迷いを還滅させ悟りをもたらす原理でもあるとすること、そしてその両者をもたらすのが自覚意識つまり阿頼耶識の活動（識転変）であるとすること、つまりは「すべては唯識だ」と言うに尽きる。それは先に引用した『阿毘達磨大乗経』に、

無始時来の界は、一切法の等しき依たり。

これに由りて諸趣および涅槃の証得とあり。

と説かれる、阿頼耶識があるがゆえに迷いの境涯と涅槃の証得とがあるとする教説と同趣旨の内容を述べるものである。

以上のように阿頼耶識の自相を説明した後に師は、阿頼耶識の三相に三心を配して次のように述べる。

阿頼耶識の三相の第一の自相といふものは即ち本願の三心の全体としての信楽である。果相異熟識は正に三心中の現実相を示す至心に当る。従って三心の第三なる理想的要求を示す欲生といふものは、正しく阿頼耶識の三相の第三相因相種子識に当る。(489)

阿頼耶識の三相の内の自相が三相の全体像を示すように、本願の三心の内の信楽が三心の全体像を示す。師は、阿頼耶識の果相は異熟識であり、過去世の業の異熟なので現実の境涯という現実相を示すものであるから、三心の内では至心がそれに相当すると考える。そして理想的要求を示す欲生を阿頼耶識の因相である種子識に相当するものと想定する。阿頼耶識の果相と因相とをこのように理解する師の考えはこれより先に次のように述べられていた。

阿頼耶識の体験はその内外二極を反省して二つの意味を有って居って、果相は外的境界を反省せる内在的現実

的意味であり因相は内外的境界を反省せる超絶的理想的意味である。詰り阿頼耶識の理想的極限には因相があり現実的極限には即ち果相がある。(490)

欲生を理想的要求を示すものであり、因相である一切種子識に相当すると述べるところに、先に見た師の「法蔵菩薩の本願というものは種子だと言うのです」と述べる語と共通する解釈の形跡が窺える。法蔵菩薩の本願を種子と捉えるところに師の独自な解釈の根本がある。その解釈が「法蔵菩薩は阿頼耶識なり」とする師の理解の基盤を成している。つまり師は、浄土に往生したいと願う欲生心を、衆生の理想的要求と解し、それが衆生の阿頼耶識の因相である種子識であると解釈し、さらにそれは欲生心が法蔵菩薩の本願の種子として衆生の阿頼耶識の中に存在することを意味する、と言うのである。師はその欲生を、衆生が如来に向かって往生を求める要求ではなく、「如来が諸有の衆生を召喚したまふ所の教勅である」と言う。師が欲生を「理想的要求」と呼ぶ場合の「理想的」とは、それが衆生の要求ではなく如来の召喚によって生ずるものであることを意味する。

以上のように本願の三心の欲生と阿頼耶識の三相の因相とを対応させ、欲生を如来の召喚による理想的要求と解し、それを阿頼耶識の因相である種子識に対応するものと解釈して「法蔵菩薩は阿頼耶識なり」と言うところに、師の阿頼耶識解釈の特徴が最も顕著に顕れている。

ここで曽我師の阿頼耶識理解あるいは唯識説理解の当否を検討したいと考える。それを検討するに際して幸いにも、師が三心を三相に配当すべきことを発見されたのが金子師であることを述べておられる(491)ので、先ずは金子師がそのことを論述された「本願三心の考察(492)」を検討し、その上で曽我師の理解の当否を検討したい。師は「金子氏の配当の仕方など自分と意見を異にして居ると思います」と述べておられる。われわれは両師のお考えがどのように異なるかを注意して見ていくこととする。

金子師は、疑惑を根本煩悩とするわれわれが、疑いに覆われず疑いを交えない疑蓋無雑なる信を現実意識としてもつには、その現実意識と次元を異にする心がその先験原理となっていなければならないのであり、その先験原理こそ如来の本願であると述べて、次のように言われる。

疑蓋無雑の信心は如来の願心の廻向表現であり、至心・信楽・欲生といふことも、根本的には本願の三心であらねばならぬ。(493)

疑蓋無雑の信心である至心・信楽・欲生という三心は、根本的には本願の三心であり、疑惑を根本煩悩とするわれわれには本来生起し得ないものである。したがって本願に説かれるそれら三心は、如来の本願がわれわれに廻向されてそれら三心として表現されたものである、とするのが金子師の三心の了解の仕方である。三心を「如来の願心の廻向表現」と解するところに師の三心理解の特徴がある。

このように三心の全体像を把握した上で師は、至心は名号を成就する真実心であり、欲生は衆生を成就する大悲廻向心であり、信楽は疑蓋無雑の心であると述べる。(494)そして師は、

かく本願に三心を成就することは、やがて衆生の現実に於いて真実の三心なきことを彰はすものである。（中略）本願の三心に反顕せらる、衆生の現実は、反三心の状態に居ることである。(495)

と述べる。そして『教行信証』には至心に反するものとしては「穢悪汚染にして清浄の心無し。虚仮諂偽にして真実の心なし」と説かれ、信楽に反するものとしては「無明海に流転し、諸有輪に沈迷し、衆苦輪に繋縛せられて、清浄の信楽無く、法爾として真実の信楽無し」と説かれ、欲生に反するものとしては「煩悩海を流転し、生死海を漂没し、真実の廻向心無く、清浄の廻向心無し」と説かれているのであると言われる。(496)以上のことから明らかなように、師の三心の解釈の要は、それを衆生の「穢悪汚染」等の現実の心を反顕するものとする点にある。そして師

は、本願の三心が衆生の穢悪汚染なる現実の心を反顕するはたらきを、本願による廻向と捉えて、悪業邪智の自覚そのものが第一に如来清浄真実の至心の廻向である。（中略）三心の現実〔のはたらき〕を罪悪の自覚即ち至心の廻向に於いて感知し、而してその罪悪による苦悩の意識に於いて、如来の大悲を感知するのである。この点からまた罪悪を救ふものは至心であり、苦悩を救ふものは欲生であり、而してこの両者の統一するものこそ信楽である。

と述べておられる。われわれは本願に説かれる三心の経文を読むとき、その経言は逆に三心に背離するわれわれの悪業邪智の心を顕し出す（反顕する）。それが至心の廻向のはたらきである。

阿頼耶識について師は、その一切種つまり因相とは「集諦の考察の終局として頼耶の想定に及べるもの」であるとし、それゆえ「至心の所治たる罪悪は頼耶の因相に根拠するものである」と言う[497]。また異熟つまり果相とは「苦諦の基礎づけとしての頼耶」であり、それゆえ「欲生の対象たる苦悩の衆生とは、頼耶の因相に根拠するものである」と述べる[498]。したがって師によれば、阿頼耶識の一切種子識としての側面を示す因相とは、本願の三心の内の至心によって対治される罪悪の根拠を示すものであり、異熟識としての側面を示す果相とは、欲生によって対治される苦悩の根拠を示すものであることになる。そして自相を師は常に末那識によって「我」と執着される相であり、罪悪と苦悩とは我執が対治されれば除かれるので、至心・欲生を統一する信楽こそがこの我執を破るものであると言う。つまり阿頼耶識の我と執される側面を示す自相とは、信楽によって対治される我執の根拠を示すものである。

師は論の終末にきて次のように言われる。

如実に有限を認知することに於いてのみ、それに即してより高次なる無限を体験する。如来に発見せられて衆生があるのである。それは即ち仏智を須ゐて自己の穢悪を知るのである[499]。

以上に見てきたことからすれば、師においては阿頼耶識の三相は、衆生の罪悪の根拠（因相）と衆生の苦悩の根拠（果相）と衆生の我執の根拠（自相）を示すものとして捉えられている。そして衆生が、自己の真の姿である阿頼耶識の三相を、そのような穢悪汚染のものとして如実に認知するのは、本願の三心によって廻向される仏智によると言われる。つまりそれは三心を説く経言を読むことによって廻向される仏智のはたらき以外にはない、と言われるのである。また本願の経文を読むことによって仏智がわれわれに廻向されるのは、本願が、我執（自相）のゆえに罪悪に堕し（因相）、苦悩する者（果相）が衆生というものであることを発見された如来によって説かれたものだからであるとする旨を指摘しておられる。師のこの指摘は、本願というものを理解する上で非常に示唆に富むが、本願の三心が阿頼耶識の三相を反顕するという師の解釈を、より明らかにする上でも極めて重要である。

師は、三心と三相とを全体的に把握して、本願の三心は無蓋無雑なるものであり、阿頼耶識の三相は穢悪汚染のものであると言う。そして三心を了解するときわれわれは、自己の中にその清浄さは存在せず、逆に阿頼耶識の穢悪汚染の三相が自己の真実の姿として存在することが顕わにされる（反顕される）ことを理解する。阿頼耶識の三相を本願の三心によって反顕されるものとするところに師の阿頼耶識理解の特徴がある。[500]

他方、曽我師の三心と三相に関する解釈は、先に見たように、三心のうちの欲生に重点を置いて、それを三相の因相と関係づけようとするところに師の阿頼耶識理解の特徴がある。師は欲生を衆生の理想的要求と解し、それを阿頼耶識の因相である種子識に対応するものと解釈された結果、「法蔵菩薩は阿頼耶識なり」という有名な教説が誕生することになった。

以上のように両師の三心と三相を対応させる解釈の仕方を対照させて検討するとき、金子師の解釈が三心と三相とを全体的に対応させて両者の意味を理解しようとするのに対して、曽我師の解釈が欲生と因相との関係に比重が置かれ過ぎていることに気づく。金子師の論述の調和がとれているのに対して、曽我師のそれは欲生を衆生の理想的要求と解し、それを因相である種子識に関係づけることに主たる関心が向かっており調和を欠いている。

曽我師の論述が調和を欠くのは、その目的が、法蔵菩薩が阿頼耶識であることを論証するために、欲生が法蔵菩薩の本願の種子として一切種子識である阿頼耶識の中に存在することを論証することに限定された結果である。師の考察が調和を欠き粗雑であることは、三心を三相に配当することを発表された金子師の論文を読んでそれに賛同したと言いつつ、「金子氏の配当の仕方など自分と意見を異にして居ると思ひます。それははっきりと覚えて居りません」と述べるところにも窺える。「阿頼耶識の三つの位といふものは法蔵菩薩の三つの位である」という久しき以前からの着想を「自分がどうしても疑ふことが出来ない」と述べておられる(501)ように、師の念頭にはその着想を論証すること以外には存在しない。したがってその論述は不調和で不合理なものとならざるを得ない。その不調和で不合理な論述がかえって人を魅了をもし、過らせもすることに、われわれは注意しなければならない。

三心を三相を反顕するものとする金子師の解釈は、唯識思想の本質に相応して妥当であり、本願の意味を考える上で極めて示唆に富むものと言える。それに対して、欲生を本願の種子として阿頼耶識の中に存在することを意味するものとする曽我師の解釈は、阿頼耶識を迷いの根拠として説くことを主たる内容とする唯識思想と背離し、本願の種子という師の用語も唯識思想にそぐわない。唯識思想の中にも無漏の種子が本来衆生に備わっていることを主張する説（本有説）もあるが、阿頼耶識説の本来の趣旨は迷いの根拠を明らかにすることにあることは、出世間の清浄なる種子は法界等流の聞熏習によってしか阿頼耶識の中に生じないことを説く、『摂大乗論』の次の言葉からも明瞭である。

一切の種子を有する異熟識（阿頼耶識）は汚染の原因であるのに、どうしてそれの対治である出世間的な心の種子になり得るのか。出世間的な心は未知なものである。それゆえその習気〔種子〕は〔阿頼耶識には〕存在しない。その習気がないときに〔それが〕どういう種子から生じるかを説明しなければならない、と云えば、極めて清浄な法界からの等流〔する教え〕を聞いた熏習の種子からそれは生じる。（一・四五）[502]

先に述べたようにかつて筆者は、法蔵の蔵が ākara であり鉱脈を意味し、阿頼耶識の ālaya とは異なるが、『阿毘達磨大乗経』に阿頼耶識が「無始時来の界」と呼ばれてあらゆる物事（一切法）の所依であり、それあるがゆえにすべての迷いの境涯と涅槃の証得とがあるとされていること、そして「無始時来の界」の「界」の原語は dhātu であり原因の外に鉱脈の意味もあることからすれば、それは法蔵の蔵の ākara と同じ意味を有することになり、曽我師が法蔵菩薩は阿頼耶識だと言われることもまったくの間違いだとは言えない、と考えたことがあった。しかしそれは相当無理な牽強付会の論理であったと言わざるを得ない。

如来蔵系の論書では ākara が gotra と同義の鉱脈という意味で用いられることが高崎直道博士によって指摘されている。[503]そして『倶舎論』では dhātu の同義語に gotra の語が上げられている。[504]それゆえ ākara は dhātu と同義で鉱脈を意味すると言い得る。しかし ākara が鉱脈の意味で用いられるのは主として如来蔵系の論書であって唯識系の論書ではない。インド仏教において如来蔵思想は中観思想、唯識思想とは別の系統の思想である。曽我師が「法蔵菩薩の本願というものは種子だと言うのです」と述べて、本願の種子を衆生の阿頼耶識の中に見出そうとされる思考は、迷いの根拠を阿頼耶識に想定する唯識思想ではなく、衆生を如来を内蔵するものと見る如来蔵思想に相応しい。曽我師が唯識思想を正しく理解しておられたか否かを疑う所以である。

以上、われわれは曽我師が、親鸞の往生思想を誤解しておられることと、師の唯識思想の理解がその本来の方向とは背離する如来蔵思想に傾斜する傾向のものであることを検証した。このように金子師が物事の大筋を正しく把握されるのに対して曽我師がおうおうにして筋を過られるのは、金子師が常に江戸教学を参考にしつつ思考を深められたのに、曽我師はそれを封建教学として切り捨てられたことがその原因を成しているように思われる。宗学を学ぶについては厳に心しなければならないことである。

八　近代教学の終焉

1　二益法門を否定する過ち

本多弘之氏が、覚如の「自力の心のつくるときなれば、こころのおはりともいふべし」という『本願鈔』の「こころのおわり」を「往生」を意味するものと理解しておられる[505]ことが、「即得往生」の誤解に基づくものであることについては先に述べた。氏は「往生は心にあり、成仏は身にあり」と述べる曽我師を近代教学の泰斗と呼んで[506]高く評価しておられるが、氏の誤解は曽我師のまちがった往生理解を無批判に継承されたことによるものと考えられる。

氏はまた親鸞が往生を多義に用いていると言われる[507]が、それは上田義文博士が親鸞において往生が二義に用いられていると言われることと同趣旨の見解と考えられる[508]。しかしそれは共に、「即得往生」という『大経』の第十八願成就文の語を説明した『一念多念文意』の文章を、親鸞が意図した通りに「即得往生」という経文を「正定聚に定まることをただそう言い表したに過ぎない」という意味には理解せず、「正定聚に定まるのが直ちに往生だ」という意味に解した誤解に過ぎない。親鸞は念仏往生について述べるとき、「往生」を多義に用いてはいない。親鸞の語る「往生」は、三輩往生段所説の浄土教本来の往生行において説かれる命終後の往生のみである。われわれは近代教学に学ぼうとするなら余程の注意が求められるであろう。曽我師や上田師がいかにご自身の尊敬する学者であったとしても、本多氏はその説に無批判に乗ずべきではなかった。

親鸞が往生をどう理解したかは、この口伝の根拠が明確でなく記録の信憑性が疑われるものである限り、『一念多念文意』等の親鸞自身の文章に基づいて考察しなければならないことは言うまでもない。香月院は「往生は心にあり、成仏は身にある」とするのと同種の解釈をする者について、

異解者はここで一益法門をいひたてるなり。身は娑婆にありながら信の一念に無量光明土に往生して淨土の菩薩になりておるゆへ、穢土の假名人と淨土の假名人とは異なる事を得ず一つじゃと言う。(509)

と厳しく批判している。

「不体失往生」のみならず、曽我師は思いつかれた言葉や事柄を、その言葉の本来の意味を充分考慮せずに、あるいは、思いつかれた事柄の意味を充分説明せずに発言されることがよくある。先に検討した「法蔵菩薩は阿頼耶識なり」がそうであったように、その言葉をそのまま受け取ると誤解や混乱を生ずることになる。かつて曽我師のこの種の意味不明な発言に苦言を呈した折りに、幡谷博士から、曽我師のその種の発言はそれがなされた著書全体、あるいは思想全体から考慮しなければ師の発言の意図を汲み取ることのできない場合がままある旨の注意をいただいたことがある。近代教学を信奉する人は幡谷博士のこの言葉に耳を傾けるべきである。したがって、曽我師は「近代人として生きるわれわれが親鸞の仏道に直参しようとするならば、清沢満之以前に帰ってはなりません」と言われたとのことであるが、それを言葉通りに解して、「曽我量深に始まる『教行信証』研究の成果を踏まえなければ『教行信証』は読めないと感ずることである。近代以前のものに依るのではなく、近代教学の成果に立って

『教行信証』を読み直す時期にきているのではなかろうか[510]」などと短絡的に無謀なことを考えてはならない。

本多弘之氏は、往生を不退転と理解し、不退転は因の位を指す語なので「往生を果として表現することは許されない」と言われる。そして「難思議往生」が「証巻」に「必至滅度」を述べるところに出され、それを存覚が「証得往生」と言うことについて次のような異議を唱えておられる。

果としての証、証果は因の即時に、因の所に願力によって開示されつつある。それを示す為に「証巻」において難思議往生という言葉を出し、正定聚という言葉も出す。もし証を得ることが往生だと、難思議往生の内容だという使い方であるとすると、難思議往生とは悟りをうるという意味だとするというと、ちょっと往生という言葉の意味としてはあまりに飛躍するんじゃないかという気がするのです[511]。

氏のように往生を正定聚・不退転を意味するものと解すれば、「証巻」の説明が理解できなくなるのは当然である。「証巻」で難思議往生の内容として説かれるのは、利他円満の妙位・無上涅槃の極果・滅度・常楽・畢竟寂滅・無上涅槃等々であり、それらは明らかに「臨終一念の夕に至らしめられる浄土真実の証果」とされるもの[512]である。氏は「往生という言葉の意味」をなすものは「現在の信念」や「生まれてゆく」ことであると言われる。しかし「証巻」に難思議往生の内容として説かれるのは、右記のように明らかに証果であり、それらが正定聚・不退転から「あまりに飛躍する」のは極めて当然のことである。それが疑問に思われるのは、氏が往生を正定聚・不退転と同義と誤解されたことによるものであり、存覚の理解が間違っているのでもなく、ましてや「証巻」の記述に齟齬がある訳でもない。

親鸞が正定聚の位に住することを浄土往生の真因と考えることは、前掲の『往生文類』の述べるところである。難思議往生はその証果であり、それら因と果は「臨終の一念」によって世を異にする。従来の教学では、住正定聚は現世の益に、往生・滅度は当来世の益に当てて、現当二益を述べる。それに異を唱えて氏は「浄土教の未来往生的な教義の歴史[513]」と決別し、往生を因果同時の事象と解して現当一益を主張する近代教学を推進しようとされるが、それが道理に合わないことは右記のような氏の疑問が露呈している。氏の往生理解が曇鸞のそれと同種のものであることは、「曇鸞における彼土というものは必ずしも我々が直感的に思うような、臨終の彼方としての彼土というようなことでもなかろうかと思います[514]」という語から窺える。曇鸞の往生を「無生の生」とする解釈の過ちは既に述べた[515]。その解釈が曽我師を誤らせ[516]、本多氏にまでその弊が及んだものと考えられる。親鸞が正定聚・不退転の獲得と涅槃・成仏の証得とを現生と来生とにおける二益と考えていたことは、『教行信証』信巻結釈の「念仏の衆生は、横超の金剛心を究むる故に、臨終の一念の夕べ、大般涅槃を超証す[517]」という語からも明らかである。横超の金剛心すなわち正定聚・不退転と、大般涅槃とは臨終の一念によって隔てられているからである。

氏の因果同時とする一益法門的理解の誤りであることを明らかにするには、正定聚・不退転（因）の獲得と涅槃・成仏（果）の証得とが仏教において修道論の中でどのように位置づけられてきたかを考察しなければならない。浄土教においては命終後浄土において得られるものとされていた正定聚・不退転を、親鸞が曇鸞の語や経文を読み替えることによって、現生において獲得されるものへと変更したことは、前記のように、香月院によって「今家一流御相伝の窺い様」とされ、『口伝鈔』や『改邪鈔』を初め蓮如に至るまで諸師の書において相伝されたこととして語られ[518]、存覚の『浄土真要鈔[519]』にも伝えられて周知されている。しかし正定聚・不退転の位を現生に移したことを除いて、親鸞が涅槃と成仏の証得に至る修道の階位を現生に移したという伝承は伝わっていない。大乗仏教は既存の部派仏教の伝持した法の修習法に言及する論書を援用する場合、修習法の大枠は変えずに新たな思想を盛り込んで大乗の修習法を作成したことが知られている[520]。親鸞も、当時仏教を総合的に学習する場であった比叡山で学んだ者として、修道の階位に関してはその大枠を仏教の通念として学んだと考えられる。

親鸞において、正定聚・不退転の位の獲得と涅槃・成仏との関係は、無生法忍の獲得と涅槃・成仏（あるいは解脱）の証得との関係として理解されていたと考えられる。それは例えば、『教行信証』信巻に韋提希が無生法忍（無生忍）を得ることが説かれる記述からもそのように考えられる。なぜなら、その無生法忍は山辺・赤沼両師の『教行信証講義』（信巻）の字解に正定聚の位を指すと註解され(521)、そこにおいて無生法忍は喜忍・悟忍・信忍の三忍とされるが、三忍は正信偈に「与韋提等獲三忍」と頌せられ、住田智見師によって「往生成仏を決定したる正定聚の位である」と説明されて、無生法忍の獲得によって往生成仏（涅槃、解脱）の決定することが述べられているからである。成仏は尽智・無生智の獲得を指すと考えられるから、ここには無生法忍によって無生智が得られることが示されている。

成仏すなわち菩提の獲得に至る修道の達成過程は、部派の論書では常に忍と智によって説かれることからして、それが仏教の通念であり知識であったと考えられる。『教行信証』において成仏に至る過程を考察する親鸞もその通念に従ったのである。それゆえ親鸞が成仏に至る過程をどのように理解していたかを考察するには、インド正統仏教の代表的な部派である有部の修道論に集約される仏教の通念を、たとえ大雑把にではあれ一応基礎知識として備えておかなければ、親鸞の修道論に関する理解の如何を知ることはできない。

既に述べたように無生法忍は大乗経論においてのみ用いられる語である(522)。有部の論書では、解脱に至る修道論にとって忍と智との関係が重視され、それに関する説明は極めて多く見られる。しかし大乗の経論おいてはその記述はあまり見られないが、『大宝積経』（大神変会）に無生法忍と無生智とが、

〔菩薩の得るのは〕無生智である。無生忍を得るが故に(523)。

と説かれることからすれば、大乗の経論においても解脱は忍と智の関係によって得られるものと考えられていたことが知られる。大乗の経論に忍と智とによる修道論が、それを中心とする修道論を述べる有部の論書に比して、殆ど見られないことの理由に関しては修道論の変化が関係していると考えられる。修道論の展開についてはかつて考察したことがあるので、[524] 再説することは控えて要点のみを述べれば、修道論は次のように変化する。

仏教の修道が仏陀の教法を正しく体得することを目的とするものであることは言うまでもない。『倶舎論』ではその教法を四聖諦を指すものと理解し、修道論を主題とする第六章「賢聖品」の殆どが四聖諦の修習の解説に費やされている。[525] そのことからも分かるように、有部の教法の修習法の中心は四聖諦の観察にあるが、それに対して大乗においては、例えば、般若経では「般若波羅蜜」の修習における無執着・無所得という仕方での教法の修習が説かれ、瑜伽行唯識学派においては教法をその「影像」を対象として止観を行ずることによって「万法唯識」の真実の体得を目指す修習が説かれるというように、修習法は大きく変化する。その変化が忍と智とによる修道論が大乗で殆ど見られなくなった理由であろうと考えられる。

『倶舎論』には凡夫の段階である四善根位（順決択分）の前二段階においても四聖諦を対象としてそれぞれ十六行相による観察がなされるが、それは次のように説明される。

先ず、苦諦（苦なる有為のすべての存在）について、無常・苦・空・非我という行相（ākāra）を有することを〔それらの存在の〕真実であると観じ、次いで、集諦（苦の原因となる渇愛などの存在）について、因・集・生・縁という行相を有することを〔それらの存在の〕真実であると観じ、それから滅諦（苦の消滅した涅槃の状態）について、滅・静・妙・離という行相を有することを〔それらの状態の〕真実であると観じ、最後に、道諦（苦の消滅に導く方法）について、道・如・行・出という行相を有することを〔それらの方法の〕真実で

あると観ずる。(526)

第三段階の忍位の内の中忍の位以後は、観ずる智慧が散漫になることを防ぎ、それをより鋭利なものとするため、その対象となる四聖諦と十六行相は次第にその数が減ぜられ（減縁減行）、最後の段階である世第一法の位においては苦諦のみを一行相で以て観察する。世第一法の位までが凡夫の段階であり、そこで得られる智は有漏智である。その直後に世第一法位の智慧とは異質な聖者の無漏の智が生ずる。世第一法位は世間法つまり有漏法中の最上の善根を生ずる位であることを意味するが、それが「世第一法」と呼ばれる理由を『倶舎論』の注釈者チム・ジャンピーヤンは次のように説明する。

それ（世第一法）は有漏でありまた〔それより〕以前には無漏なるものはないので、〔見道が生ずるための〕同類因はない。にもかかわらず、それ自体の力で〔無漏である〕見道を引き起こすので世第一法と言われる。(527)

ここには世第一法という世間道が見道という出世間道へと転じ、有漏の智慧から無漏の智慧へと転ずる局面が描かれていて興味深い。世第一法位には無漏の見道と同種の因（同類因）となるようなものは何も存在しない。世第一法に居る行者の精神的・身体的な一切の物事は有漏であり、無漏の見道を生起する原因（同類因）とはなり得ない。しかし世第一法という位に力があり、それが見道を引き起こす。無漏なる見道は有漏なる世第一法から生じはしない。そういう意味では世第一法と見道とには同類因・等流果の因果関係はない。しかし世第一法という位そのものに力用があって、それが見道を引き起こす。

このような仕方で通常の因果関係では説明不可能な異質なものの間で生起する関係が説明されていることは、親鸞が正定聚の位を「往生すべき身と定まる」と述べるとき、かれが「正定聚・不退転と往生」との関係をどのように領解していたかを理解するために重要な示唆を与えるように考えられる。しかも世第一法位は、以下に述べるように正定聚に相当する位であり、それが引き起こす見道が、親鸞にとっては初地であり往生のときに相当することを考慮に入れれば、親鸞が往生への過程をどう考えていたかを理解するために、われわれはなおさら世第一法から見道への修道の展開を注意深く考察する必要がある。七高僧の一人として尊敬する源信に、『十住毘婆沙論』を屢々援用し、その末尾に易行品を引用して念仏を勧め、「われ等、安楽国に往生し、還り来りて慈氏尊を面りにし奉り、法界不二の教を聴聞し、深く無辺のもろもろの法門に入らん」と結ぶ『大乗対倶舎抄』十四巻の大著がある[528]ことからしても、また、「倶舎学のごときは、三井の円珍が頌疏を将来してよりこのかた、南都由来の倶舎学と、叡山三井でのそれとがあい対して、二大分野をわかつ一大現象も起こった[529]」と伝えられることからしても、親鸞に少なくとも倶舎の基礎的な知識が無かったとは考えられない。このことも修道の展開を検討する必要性を認めざるを得ない所以である。

『発智論』には、ある心・心所が世第一法と呼ばれる理由が、その直後（等無間）に凡夫性（異生性）が捨てられ聖者性が得られ、邪性が捨てられ正性が得られて、正性離生に入るからである、と述べられている[530]。その位は行者に必ず四聖諦を現観させるものであるがゆえに不退転とも呼ばれる。つまり不退転の位である世第一法の直後に、聖者としての正性離生の段階（見道）に入ることが述べられている。

その正性離生が『倶舎論』には[531]無漏の苦法智忍であり「決定への趣入」（niyāmāvakrānti）と呼ばれると説かれている[532]ことは既に考察したが、それは不退転・正定聚という位を理解する上で重要なので、改めて世親の説明を確認したい。世親によれば、苦法智忍が「決定への趣入」と呼ばれるのは、それが「正性決定（samyaktvaniyāma）に入るものだからである。玄奘はそれを「即此名入正性離生。亦復名入正性決定[533]」と訳し、真諦は「説此名入正定聚[534]」と訳す。したがって、正性離生と正性決定と正定聚は同義語であり、その原語は samyaktvaniyāma であることが知られる。[535] 世親はその正性決定という語を語義解釈して次のように述べる。
同じこ〔の苦法智忍〕は、また、決定への趣入（nyāmāvakrānti）と呼ばれる。正性決定（samyaktvaniyāma）に入るものだからである。経には「正性は涅槃である」と説かれている。そ〔の涅槃〕に向けて定まっていること（niyāma）が「〔正性〕決定」（niyāma）であって、〔すなわち、涅槃を得ることが〕必然的な状態である。そ〔の正性決定〕に至るのが「〔正性決定に〕入ること」である。そしてこ〔の苦発智忍〕が起こるとき〔行者は〕聖者と呼ばれる。[536]

それゆえ、苦発智忍によって、涅槃に向けて定まった状態である正性決定が引き起こされ、聖者の段階に達することが知られる。

このようにして世第一法位において不退転となり、その直後に正定聚に就いて涅槃に定まった状態となり聖者となって見道における修道が始まる。世第一法の直後に生ずる正定聚は苦発智忍と呼ばれ無漏の位である。この後、見道と修道とにおいて、この苦発智忍を初めとして四聖諦を十六行相で以て観察する所謂「八忍八智」の修習が、預流・一来・不還・阿羅漢の段階において実践され、阿羅漢位において修せられる金剛喩定の直後に、すべての煩悩（漏）が滅尽し、それと共に尽智が得られ、次いで無生智が得られる。[537] この無生智が慧の力によって煩悩が滅せられて得られた無為すなわち択滅無為であり涅槃である。

有部の論書では以上のような修道の過程を経て涅槃は獲得されると説かれる。しかし大乗の経論においてはそのような四聖諦を八忍八智によって観察するという修習法は殆ど見られない。先にも述べるように、忍と智による修習法を述べるものとしては、わずかに『大宝積経』（大神変会）に無生法忍によって無生智の得られることが述べられているのを見るぐらいである。しかし有部の論書のように八忍八智という仕方の修習法ではなく、また『大宝積経』（大神変会）に説かれるように無生法忍と無生智の獲得を直ちに結びつけるのではない仕方で、無生法忍によって最終的には尽智・無生智が得られるとする修習法が般若経に縷説されているのが見られる。そうすれば『大宝積経』に無生法忍による無生智の獲得を説くのも、それが直結することではなく、最終段階において無生智が得られることを述べたものとも解し得る。むしろそう解すべきであろう。

『大般若経』第七巻（初会、相応品）には先に見たように、[538]

> 復た次に舎利弗よ、菩薩摩訶薩有り。先に已に布施浄戒安忍精進静慮般若波羅蜜多を修習す。初發心に已に便ち菩薩の正性離生に入り、乃至、不退轉地を證得す。[539]

と菩薩が六波羅蜜を学ぶ初発心時に、正性離生に入り、乃至、不退転地を証得することが説かれる。有部の阿毘達磨では不退転が得られた後に正性離生が得られるとされていたが、般若経では正性離生の後に不退転が得られると説かれ、不退転地が修行段階の一つにまで取り上げられて重要視されるに至ったことは先に見た通りである。[540] 同第一四五巻（初会、校量功徳品）には、菩薩に六波羅蜜多を修学することが教えられて次のように説かれる。

> 若し我が〔般若波羅蜜多の〕教に依りて修学せば、速に菩薩の正性離生に入り、既に菩薩の正性離生に入れば、便ち菩薩の無生法忍を得、既に菩薩の無生法忍を得れば、便ち菩薩の不退神通を得、既に菩薩の不退神通を得れば、能く十方一切の仏土を歴《へ》、一仏国より一仏国に至り、一切の如来応正等覚を供養供敬尊重讃歎し、此に由りて速に疾く無上正等菩提を證得せん。[541]

ここには正性離生が無生法忍との関連において説かれ、無生法忍を得れば不退神通が得られると説かれる。不退神通が不退転を指すと解することは早計に過ぎるかも知れないが、般若経においては不退転が正性離生よりも高位に置かれることを考慮すれば、あながち早計とも言えない。そして「不退神通を得れば、能く十方一切の仏土を歴、一仏国より一仏国に至り、一切の如来応正等覚を供養供敬尊重讃歎し、此に由りて速に疾く無上正等菩提を證得せん」と説かれることは、般若経典における仏土と成仏とに関する理解を示すものとして、さらには浄土経典における仏土と成仏とに関する理解との相違を示すものとして極めて興味深い。

般若経典においてはここに見られるように、正性離生（正定聚）と無生法忍と不退転に至ること、および他の仏国に至ること、無上正等菩提を証得し成仏することが、現生における事柄として説かれている。他方、浄土経典においてはそれらは命終後の浄土における事柄として説かれる。このような違いが生じるについては、正性離生において凡夫性を離れて聖者となり、四種の沙門として見道・修道を修習して現生において阿羅漢の尽智・無生智の悟りを覚り得る者と、覚り得ない者との間に生じる、修道法に関する見解の違いが原因となったものと考えられる。そのことについては項を改めて考察したい。

ここでは、世第一法（不退転）の直後に見道において苦法智忍が生じ、正性離生（正定聚）に住することとなり、やがて阿羅漢の尽智・無生智（菩提）を得ると説かれる有部の修道法と、正定聚に住し不退転を得て無生法忍を得、やがて菩薩の尽智・無生智（菩提）を得ると説かれる般若経の修道法との、共通点と相違点とを確認しておきたい。

不退転と正性離生（正定聚）との比重をどちらに置くかに関しては有部の論書と般若経とには違いが見られるものの、両者にはむしろ共通点の方が多くあり、その主たるものは修道論の骨格を忍と智とすることにある。有部では八忍八智が立てられるが、般若経では忍は無生法忍に集約され八智は立てられない。智は究極的にはどちらも尽智・無生智を解脱の智とすることが共通している。見道と修道とにおいて観察される八忍八智は、例えば、その最初に欲界の苦諦つまり苦なるすべての存在において、それらが無常であり・苦であり・空であり・我ではないという行相を真実として観察し認可する苦法智忍によって苦諦に迷う煩悩が断ぜられる位は「無間道」と呼ばれ、その直後に苦諦を証得する苦法智によって煩悩から解脱する位は「解脱道」と呼ばれる。[542]

四聖諦のそれぞれに忍と智があるので、合計八つの無間道と八つの解脱道とになるが、それらの忍と智はそれぞれ断と証との刹那であって、前後刹那を異にする。忍も智も無漏であるが、智は忍の果であり同一刹那にはないものとされる。解脱が得られるには忍智の両者が別個のものとして存在しなければならないことは、世親の次のようないささかユーモラスな注釈がなされていることは倶舎を学ぶ者には古来よく知られている。

忍は、煩悩の得を断ずるについて〔現在位の煩悩の得とそれを断ずる未来正生位の慧たる忍との〕間に隔たりがあり得ないから、無間道である。一方、智は、煩悩の得から解脱した人々の上に離繋得と共に生ずるから、解脱道である。そのゆえに〔忍と智とは〕二つとも必ずなくてはならない。二人によって〔その一人が〕賊を追い出し、〔他の一人が〕扉を閉める如くである。[543]

ここに忍と智とが無間道と解脱道という相異なる二つのものとして区別されなければならないことが、わざわざ注釈されていることに、われわれは注意しなければならない。現当二益を否定する本多氏の考えの過ちを明らかにする一つの根拠となるからである。そのことは後に述べよう。ここでは部派の論書に説かれる八忍に代わって、大乗の経論で無生法忍が用いられるようになったことについて少し考察しておきたい。

『望月仏教大辞典』（編纂代表者塚本善隆、世界聖典刊行協会、一九七二年、第七版）の「無生法忍」の項目には、『大般若経』巻四四九（転不転品）に無生法忍が不退転の菩薩が正性離生に入って「少法の得べきものを見ず、不可得の故に造作する所なく、造作する所なきが故に無生法忍と名づく」と述べる経文を引用し、そして、

菩薩は諸法空を観じ、見道初地に入りて始めて一切法畢竟不生の理を見るを無生法忍と名づけたるなり。

と無生法忍が規定されている。「見道初地に入って」とされていることからすれば、無生法忍は有部の修道論の苦

法智忍に相当する。そしてそれが正性離生に入り不退転に住するとされているのは、先述のように『発智論』以来『倶舎論』に至るまで不退転の位である世第一法の直後に、聖者としての正性離生の段階（見道）に入ることが述べられていたのと軌を一にする修道論である。ただし般若経では不退転の位が重視されて正性離生（正定聚）より後の段階とされるに至ったことは先に述べた通りである。ここでも修道論の枠組みに関しては、部派と大乗とに共通の通念の存在することが認められる。さらに当辞典は『無量寿経』巻上の、

我が名字を聞くも即ち第一第二第三法忍に至ることを得ず、諸佛の法に於て即ち不退轉を得ること能はずんば、正覺を取らじ。

の願文（第四十八願）を引用し、続いて『坐禅三昧経』巻下の、

菩薩は見道に應に三種の忍法を行ずべし。生忍、柔順法忍、無生法忍なり。

の経文を引用して、両者は「同説にして、地前に音響忍、柔順忍を得、初地見道に入りて正しく無生法忍を得るの意を示すものといふべし」と説明する。それによれば、第一忍の音響忍・生忍と、第二忍の柔順忍・柔順法忍とは地前の忍であり、無生法忍のみが入初地見道の忍であることになるが、『真宗新辞典』では三種の忍はすべて無生法忍とされる。『無量寿経』では三忍が浄土（化土）において得られると説かれ、『坐禅三昧経』には見道において行ずべきこととされるので、『真宗新辞典』のように考えるのが正しいように思える。いずれにしろ「無生法忍」は正覚を得るに必須の事として説かれていることが分かる。

『望月仏教大辞典』は種々の経論に無生法忍の得られるのが第七菩薩地であるとする説、第七・八・九地であるとする説、十信の凡夫位で得られるとする説などが見られることを述べ、その後に、

初地と説くのは初得の位に拠る。長時には七地に在り、相続は八地に在り、円満は仏地に在りと云へり。

と述べる『法華経玄賛』第九の興味深い記述を示している。このことは有部の論書で忍が八忍として修習されることが説かれていたことと考え合わすと、八忍の修習を考慮して大乗では無生法忍が菩薩地の諸段階において修習されたことを示すものと理解し得る。ここにも大乗の修習法が部派に伝わる修習法と共通する骨格を有することが窺える。それは大乗の経論に説かれる修習法が、部派の論書に伝わる既成の修習法の通念を自らの修習法の大枠として採用しつつ完成されていったものであることを示している。その通仏教的な枠組みは、親鸞の成仏への修道に対する理解の根底にも存在すると考えられる。

ここで先に留保した問題を考えてみたい。先ほど、忍と智とが無間道と解脱道という相異なる二つのものとして区別されなければならないことが『倶舎論』に殊更に注釈されているが、そのことは現当二益を否定する本多氏の考えの過ちを明らかにする上で一つの根拠となる、と述べた。そのことをここで検討してみたい。

先に述べたように忍は無間道であり智は解脱道である。見道における最初の忍は苦法智忍であるが、それを第一心とし第十五心である道類智忍の位までの行者は、預流果の位に向かう者であり預流向の行者と呼ばれる。第十六心の道類智が修道の最初であり、預流果と呼ばれる。(544) 修道では見道で観察した四聖諦を繰り返し修習して三界の修惑を断ずる。

修道の行は、預流果・一来向・一来果・不還向・不還果・阿羅漢向と呼ばれる三向と三果との行者として行じられ、速疾に三界の煩悩を断ずる見道とは異なり、甚だ長期にわたる実践であり、(545) 阿羅漢向の最後の刹那に金剛喩定に入って、最も断じ難い下下品の煩悩に至る合計八十一種類の煩悩を断ずるまで継続される。金剛喩定の次刹那はもはや修道ではなく無学道と呼ばれる。涅槃という証果をもたらす親因となる智慧、尽智・無生智は無学道において得られる。

ここでわれわれは先に述べた忍と智とに区別のあることに改めて注意しなければならない。これらは大地法中の慧の心所に属すものであり、体は慧の心所であり同一であるが作用に違いがあるとされる。忍は生じてもそれが断ずべき疑の得を伴って生じ、決断をなし得ない。他方、智は疑を伴わず、決断をなし得る。尽智・無生智は決断をなして煩悩を断じた智であり、もはや疑を伴わない。それに対して忍は決断をなし得ず、それゆえ疑の煩悩の得を伴う。

世間道である世第一法の直後に生ずる苦法智忍は無漏であっても、それは忍である限り疑の煩悩が伴う。他方、出世間道である見道・修道を経て無学道において得られる尽智・無生智にはもはや疑の煩悩は存在しない。

本多氏は先に述べたように、不退転を往生と理解し、不退転は因の位を指す語なので「往生を果として表現することは許されない」と言われる。そして「難思議往生」が「証巻」に「必至滅度」を述べるところに出され、それを存覚が「証得往生」と言うことについて異議を唱えておられることも既に述べた。

「証巻」で難思議往生の内容として説かれるのは、利他円満の妙位・無上涅槃の極果・滅度・常楽・畢竟寂滅・無上涅槃等々であり、それらは明らかに「臨終一念の夕に至らしめられる浄土真実の証果」とされるものである。(546)氏は「往生という言葉の意味」をなすものは「現在の信念」や「生まれてゆく」ことであると言われる。しかし「証巻」に難思議往生の内容として説かれるのは、右記のように明らかに証果である。不退転は、右に詳しく見たように、有部のように世第一法位において得られるとするか、般若経のように見道初地において得られるとするかに拘わらず、修習の極めて初期の段階において得られる果報である。それに対して滅度や無上涅槃等は見道・修道を経て無学道において尽智・無生智によって得られる果報である。それらが正定聚・不退転から「あまりに飛躍する」のは極めて当然のことであり、それを疑問に思われるのは、氏が正定聚・不退転を往生と同義と誤解されたことによるものである。氏は「煩悩具足の凡夫、生死罪濁の群萌が、如来の本願力回向を信ずれば、もう大涅槃を得るのだ[547]」などと言われるが、それは大変な妄言である。自らの不勉強を棚に上げて、存覚の解釈が真宗の立場から一般仏教の立場に揺れた結果であるかのように言うこと[548]はとても許されることではない。

親鸞は往生行を述べるに際して、基本的には一般仏教の立場に立ちつつ、それが如来の廻向による行であることを示す場合にのみ独自の解釈をする。しかしそういう解釈をする場合には、例えば第十一願成就文や『論註』の語を読み替えて、経や『論註』には彼土の事とされている正定聚を現生の事へと転じた場合のように、自己の読み替えや独自の解釈法を明示するという仕方でそれが親鸞独自の解釈であることを他者に分かるように示している。氏は「一般仏教の感覚で『教行信証』を解釈してしまったら、親鸞聖人が『教行信証』を作った意図がほとんど消えてしまうわけです[549]」と言われるが、われわれには氏が「一般仏教の感覚」をあまりにももっておられないことの方がよほど「親鸞聖人が『教行信証』を作った意図がほとんど消えてしまう」結果をもたらしているようにしか見えない。

氏は、蓮如が存覚の指示を得て、現生に正定聚を得、未来に滅度を得るというように、「正定聚と滅度とは二益であるということを非常に強く押さえ」ていることに疑義を呈しておられる。そういう存覚の領解を、浄土教の伝統の中では、道綽の『安楽集』に「始益」と「終益」と説かれ、法然の『選択本願念仏集』にも「現益」「当益」の二益が説かれていることに依るものだと言われる[550]。そういう存覚の領解はわれわれには浄土教においては極めて妥当であると考えられ、それゆえにこそ存覚に至るまで伝承されたものと考えられる。けれども本多氏はそれを一般仏教の立場での解釈を示すものと考え、「本願による仏法というものは他の仏法とは違うものだということを明らかにするため」に作られた『教行信証』の趣旨から逸脱するものであると考えておられる。

二益という考え方に疑義を呈して氏は次のように言われる。

二益（二つの利益）ということを言うときに、何か二つ違うものを得るような発想、感覚を与えられるのです。正定聚というのは現生の利益だけれども、何を内容とする利益かといえば、必ず仏になることが確定されているような利益でしょう。その結果が仏になったということでしょう。

だから、因と果であるけれども、一つの因果なのです。「二つ」というと何か違うことが与えられるかのように思うけれども、因果の違いだということであって、果まで得るということではありません。我々は因を得るのです[551]。

こうなるとわれわれは、氏の論理的思考能力に疑いを抱かざるを得ない。のみならず氏の日本語の能力すら疑わしく思われる。正定聚が現生において得られる利益であることは氏も認めておられる。それは仏になることが確定された利益である。仏になることは果としての利益とされている。仏となることは、「果まで得るということではありません。我々は因を得るのです」と述べておられるように、正定聚の利益という因の得られたときには、まだ果としては得られていない。それゆえ氏は、正定聚の位に就くという因と、仏になるという果とを二つの別なものとして述べている。にも拘わらず、

因と果であるけれども、一つの因果なのです。「二つ」というと何か違うことが与えられるかのように思うけれども、因果の違いだということであって、果まで得るということではありません。我々は因を得るのです[552]。

などと言われる。これらは講演が文章化されたものであり、表現の不精確さは致し方がないと言われるかも知れないが、文章として刊行される限り、このような辻褄の合わない言説は避けなければならない。

氏はまた「正定聚の利益の成就が滅度でしょう。つまり因が確定したということです[553]」とも述べる。正定聚とい

う因が完成したものが滅度という果であるから、因は果なのである、と言う。あるいは、
正定聚を得れば、もうすなわちそこに証大涅槃の果に至るのです。「すなわち（即）」ということは「ときをへず、日をへだてずして」ということです。時を経ず日を隔てずして証大涅槃というものに至るということです。[554]
とも述べておられる。これは先に詳細に考察した、部派の論書や般若経に説かれる、氏の言う「一般仏教」の修道論において説かれる正定聚・不退転の位から尽智・無生智によって得られる涅槃（滅度）に至る解脱道の修習法から大きく逸脱する。のみならず氏の「因は果である」とする考えは、果は必ず因の中に内具されているとする、バラモン教や数論（サーンキャ学派）の唱えた因中有果論[555]と同趣旨の外道の思想である。因と果とは「一般仏教」では六因五果の関係で考えられる。
氏は別の著書でも住正定聚と滅度とが同時の因果であることを次のように述べておられる。
〔第十一願に説かれる「必至滅度」の〕「必」の語によって、正定聚と滅度とが、いわば連続概念とされているのである。定聚と滅度が別々に立てられるのでなく、因果の必然として本願の中に収められるのである。本願の因果に随順して、住正定聚の身とされるとき、必至滅度の願に乗じて、大涅槃を必定するのである。定聚の信の外に、涅槃を別概念として異なる時に考えるのではない。住正定聚ということが、その信念の内に、大涅槃の至徳を感受しているのである。無上涅槃の真因であるとは、そのことである。時が離れているなら、厳密には因果の必然はいえない。蓋然性でしかない。[556]
氏の言われる「同時」は通常の概念での同時ではない。氏は正定聚と滅度とを「いわば連続概念とされている」ものと言い、それを「同時」と呼んでおられるからである。つまり正定聚と滅度とは連続する概念であり、たとえ両者が現世と来世とにおける事象であるとしても、連続する概念だから同時であると言われるのである。そして第

十一願では「正定聚と滅度とが、いわば連続概念とされている」と言われ、「時が離れているなら、厳密には因果の必然はいえない」と言われる。このように氏は「正定聚と滅度とは時間的に連続するものであり、同時のものである。もし両者が異なる時間にあるものであれば、それらの間には必然的な因果は成立しない」と言われる。この論理は氏の頭の中でのみ成立する論理である。

連続するものを同時と言うのも奇妙であるし、同時でないものに因果の必然性がないと言うことも論理的でない。本来、正定聚（苦法智忍）は聖者の最初期の段階である見道初地において得られ、滅度（涅槃）は最終段階の無学位において得られるものである。それらが連続概念として用いられたことはなく、ましてや同時の因果として生起する事象だなどとは経論のどこにも説かれていない。

そもそも氏の言われるような同時の因果関係は、通常、倶有因と相応因とが士用果に対する場合に認められる因果関係である。倶有因と士用果との因果関係は、互いにあい依って物質的存在を形成している構成要素である四大種（地・水・火・風）の間に見られるような、相互因果の関係を指す。相応因と士用果との関係は、相互因果の関係にあるものの内、心と心所法との関係のみを取り出したものである。正定聚と証般涅槃との関係はそのどちらにもあてはまらない。正定聚は有為法であり、証般涅槃は無為法である。無為法は、不生不滅なものであり、因果関係にないものである。

証般涅槃は択滅無為であり離繫果である。離繫果であり果ではあるが、それを生ずる因をもたない。先に見たように、有部の修道論においては、世第一法の直後に苦法智忍が生ずることについて、つまり有漏法から無漏法が生ずることについて、世第一法位には無漏の見道と同種の因（同類因）となるようなものは何も存在しないが、世第一法という位に力があり、それが見道を引き起こすというように、世第一法と苦法智忍とが通常の因果関係では説明不可能な因果関係にあることを考慮すべきことが注記されていた。阿毘達磨における世親の好敵手衆賢は、苦法智忍という初めての無漏法が生ずる因果関係を次のように説明する。

初無漏の五蘊の刹那は同類因なくして而も生起することを得。餘の有爲法は是くの如き事なし。等無間縁の勢力強きが故に、前因欠くと雖も而も此は生ずることを得。等無間縁の勢力強しとは、初聖道と品類同じきが故に。無量の善法の長養する所なるが故に。初聖道と性相ひ等しきが故に。此は廣く諸の加行を修するが爲めの故に。(557)

衆賢は、世第一法という有漏法から苦法智忍という無漏法が果として初めて生ずる場合の関係は普通の六因五果の因果関係では説明できないことに注意を促し、等無間縁と士用果との関係で理解すべきことを述べようとしたものと考えられる。本多氏のように正定聚によって証大発涅槃が得られると考えるとすれば、正定聚つまり苦法智忍という有為法によって無為なる涅槃が得られることになるから、それも等無間縁と士用果との関係で理解しなければならない。しかし等無間縁と士用果との関係は、直前に過去となったものが縁となって士用果が得られることを意味するから、正定聚に住することと涅槃の証得は同時に成り立つ事象ではない。ゆえに本多氏の「正定聚を得れば、もうすなわちそこに証大涅槃の果に至る」とする説は成立しない。

さらには無学道については、修道という有為法から無生智が得られ、択滅無為、涅槃の得られることが説かれる。この択滅無為は士用果とされる。

衆賢は士用果に四種あることを述べる。それは先に述べた有部の涅槃の証得に至る修道論をより明確に理解する一助ともなり、本多氏の「正定聚を得れば、もうすなわちそこに証大涅槃の果に至る」と述べる正定聚と証大涅槃との因果関係に関する理解の当否を明らかにするものともなるので、以下に衆賢の説明を見ておきたい。

衆賢によれば、倶生の士用果は「同一時に更互に因力の生起する所と為る」ものであり、先ほど上げた四大種のようなものである。無間の士用果は「次後の時、前念の因力に由りて生起せらるゝなり、世第一法の苦法智忍を生ずるが如し」と言う。苦法智忍はここでは士用果とされている。隔越の士用果は「隔遠の時、展轉して因力の生起する所と為る」ものであると言う。この隔越の士用果の因果関係に照らし合わせても、本多氏が「正定聚と滅度とは時間的に連続するものであり、同時のものである。もし両者が異なる時間にあるものであれば、それらの間には必然的な因果は成立しない」と言われることが成り立たないことは明らかである。第四の不生の士用果について衆賢は次のように述べる。

不生〔の士用果〕と言うは所謂る涅槃なり。無間道の力の得る所に由るが故なり。此れ既に不生なり。如何が彼の力の生なるが故に士用果と名くと説くべきか。現見するに得に於ても亦、生の名を説く。我が財の生とは是れ我れ財を得するの義なりと説くが如し。若し無間道に諸の隨眠を斷じて證する所の擇滅、是の如きの擇滅は離繫果、及び士用果と名く(558)。

ここに涅槃が士用果であることが示されている。涅槃は無為法であり不生不滅である。それゆえ「生じた果」〔生果〕とは言えない。それを「生じた」と言うのは、択滅が得られたことが仮にそう呼ばれるのである。涅槃は無為でありその生ずる因をもたないがゆえに通常の因果律を離れたものである。にも拘わらずそれは阿羅漢の修する無漏道によって得られる離繫果とされ士用果とされて「果」と呼ばれる。その場合の有為の道とそれによって得られる無為の涅槃とは如何なる因果関係にあるのか。舟橋水哉師はその因果関係を次のように説明しておられる。

〔因には〕生因と證因との二種があって、普通にいふ因は皆な生因についていふのである。即ち生因とは果を生ずる因である。次に證因とは果を證る因といふことで、其の果は離繫果、其の因は無漏聖道である。かういふのは普通因果律にあてはめぬから、其で無為は無因果と稱せらる丶のである。今少しく精密にいふと、擇滅を得する其の得に對して、無漏道は生因となるが、擇滅其の物に對しては、無漏道は證因であって、決して生因ではない。其れ故、擇滅は生果ではないが、道所證の果といふことになる。(559)（送りがなを多少付記した。小谷）

上に見てきたように、世間的な世第一法という有漏法の直後に、見道初地の苦法智忍（正定聚）という無漏法が生起する場合には、如何なる因果関係が考えられるか、また、有為の修道の直後に、無為の尽智・無生智が得られて涅槃が証得される場合には、如何なる因果関係が考えられるかについて、有部の論書も大乗経論も慎重な考察を重ねている。そこには、涅槃の証得への修道がどのような因果関係において成立するのか、その容易には理解し得ない因果関係を人智を尽くして考察しようとして努力した学僧たちの真摯な求道心が窺える。その努力の中から浄土教の思想が誕生し、やがては親鸞の「横超」という思想が誕生する。

近代教学の蹉跌の原因は、如上の仏教の因果論に関する通念をまったく無視して往生の因果論を展開される無謀さの中にも見られるが、先に挙げた本多氏の「一般仏教の感覚で『教行信証』を解釈してしまったら、親鸞聖人が『教行信証』を作った意図がほとんど消えてしまうわけです」という言葉に顕著に示されている。親鸞が浄土往生の問題を考えたとき、その手中にあるのは先ずは「一般仏教」である。その仏教では解決し得ない問題が浄土教において解決されることを法然より教えられたのである。『教行信証』は一般仏教では解決し得ない問題が浄土教では如何にして解決されるかを論証しようとした書である。したがって『教行信証』を述作している親鸞には、一般仏教の通念が対論の相手として現前していたはずである。親鸞の格闘した一般仏教の通念を知らずして、『教行信証』の意図の理解できないことは極めて明らかである。ここでも本章冒頭（一　問題の所在）で触れた中村元博士の為された、親鸞の教説も真宗学的な枠組内でのみ考察がなされる場合には過ちに陥り易く、それゆえ仏教学的な広い方法論をも踏まえて検討されなければ正しい理解は得られない、という極めて妥当な指摘を改めて思い浮かべるべきである。

親鸞の往生思想が論じられる場合に、近代教学のみならず筆者をも含めて一般に、浄土教の誕生に至る思想史への配慮の欠如していることが感じられる。しかしその思想史に関する認識なくして親鸞の説く浄土往生の意味も充分には理解し得ない。そこで次に浄土教の往生思想がどのようにして誕生したか、その歴史を考察しよう。

2　往生思想成立への思想史を考慮しない過ち

a　仏教における二大思想の潮流

親鸞の説く往生を命終後と認めない近代教学の根底には、仏教史の中で「往生」ということがなぜ必要とされたかという問題を、思想史的に検討してみようという視点の欠如が、それが蹉跌した原因として潜んでいると考えられる。そこで今、往生思想を源流にまで遡って、その出現の理由を考察してみたい。

往生思想の起源に関しては舟橋一哉博士に優れた論考がある(560)。そしておそらくその論考を参考にして、上田義文博士が往生思想の出現に至る思想の展開の跡を、涅槃を現世において得ることを目指す思想と、それを死後に来世に得ることを目指す思想という二つの思想の流れとして、簡潔に説明した論文を発表しておられる(561)。上田博士の論文が思想の流れを把握するには要を得ているので、先ずそれによって往生思想出現への経緯を概観しておきたい。

上田博士は「彼岸」の追求が往生思想を生み出す基礎になると考えて、彼岸への達成を成し得たのは誰か、それを達成するために如何なる方法が試みられたかを、原始仏教から始めて浄土教に至るまでを対象領域として考察しておられる。博士がその考察を着想されたのは、その達成の如何と方法の異なりとが、異なる思想の流れを生み出す元になっていると考えられてのことと思われる。博士は彼岸を次のように説明しておられる。

> 佛教における「彼岸」は、そこにおいてはもはや再死と再生とのない〔つまり輪廻転生することのない〕常住の國という意味で amata（不死、Skt. amṛta）と言われている。これは生死のこの世界を越えた彼岸 the opposite shore として、われわれの生死の國にいるものの到達すべき目的地であると思われる。[562]

また博士は、彼岸のサンスクリット原語 pāra の意味を次のように説明しておられる。

> 漢訳の「彼岸」が「來世」の意味ではなくて「來世」をも越えた涅槃を意味しているように、pāra「彼岸」は「此の世」「此の世界」に對してのみならず、此の世を越えた「他界」「來世」をも越えた彼の岸 the opposite shore である。[563]

そして博士は、このような「他界」や「来世」を越える「彼岸」の国を発見したところに釈尊の独創性を認め、釈尊はその彼岸を現世に見出した、と言われる。釈尊が彼岸を現世に見出したその修道体験が、釈尊を師と仰ぐ仏教教団の主流の修道論となったであろうことは想像に難くない。しかし現世で彼岸を見出し得る者は阿羅漢に限られ、多くの弟子たちは現世で彼岸に到達することはできなかった。そこで阿羅漢に達することができない沙門たちのために、死後に来世で天界に生まれ変わって彼岸への道を歩む修道法が考え出された。

以上の博士の説明から、原始仏教には、沙門が彼岸を求めて修道するについて、阿羅漢となって現世で彼岸に到達する道と、阿羅漢になれず死後に天界に生まれ変わって彼岸を求めてさらに進む道との、二種の道が存在していたことが知られる。

博士によればこの二種の道は大乗仏教においても継承されたと考えられる。博士は、阿羅漢と同様、大乗仏教において現世に彼岸を見出すことを求めた思想家の代表者に龍樹を上げておられる。龍樹の『中論』に「生死には涅槃との如何なる区別もない云々」と述べる語を引用して次のように言われる。

このような、生死そのものが全く涅槃と無差別であるという思想が、大乗仏教の本流であることについては多くの言葉を費やす必要はないと思われる。そしてこの思想が、釋迦の「現世」に「彼岸」を見出した思想をうけて、それをいっそうはっきりさせたものであることも多言の必要はないであろう。[564]

ところで大乗仏教では、原始仏教と違い、最古層に属するとされる『般若経』に既に「十方諸仏」が説かれて諸仏の国土という思想が出現する。そこには、菩薩は修行のために六波羅蜜多を行ずることによって此土と彼土を往来する者となり、一仏国から他の仏国に行き来する者として描かれている。その諸仏の国土として説かれる「仏国土」について博士は次のように言われる。

すなわち「此土」も「彼土」もこの菩薩にとっては佛國土であり、どこの世界の有情も彼にとっては利益されるべき對象であり、これら衆生を利益することはすなわち佛國土を清めることにほかならない。菩薩にとっては生死界は即ち佛國土（淨土）である。[565]

『般若経』に説かれる他方世界である仏国土は、仏の国ではあるが、涅槃界そのものではなく、涅槃に至る道程にほかならない。しかし菩薩は、生死即涅槃と観ずることによって、生死の穢土を厭わずそれを浄化することによって涅槃界・彼岸・浄土へと転ずるのが菩薩行であると説かれる。『般若経』を所依の経とする龍樹は、涅槃に至る道程に過ぎないその仏国土を空観によって浄土として観じ、それによって此土が涅槃の世界すなわち浄土へと転ずることを考える。これは原始仏教における阿羅漢となって彼岸を現世に見出す修道法の流れを汲む仏教の本流の思想である。

他方、このような大乗の菩薩行の本流とは異なる思想が浄土教として出現する。生死即涅槃を観じて穢土を厭わず、利他行を実践して穢土を浄土へと転じ、此土を彼岸へと転ずる、このような大乗の本流である『般若経』に説かれる思想は、大多数の人間にとって実行不可能である。上田博士はそこにそのような困難な「菩薩行をすすめる立場から有情を救済する立場へと進ん」だ浄土経典が出現した意義があるとして次のように述べておられる。

一佛國から一佛國へ生まれて菩薩行を積んで行くというよりも、佛の國土に生まれて佛の力によって彼岸に達しようとする思想が強くなってきた。このような思想では現世に死ぬことが重大な意味をもってくる。[566]（傍線、小谷付記）

上田博士のこの指摘は浄土経典の説く往生を理解する上で大変重要である。博士は、浄土経典の説く往生思想にとっては「現世に死ぬことが重要な意味をもってくる」ことを指摘しておられる。つまり般若経典の説く往生思想は、生死即涅槃を観じて穢土を厭わず利他行を実践して、穢土を浄土へと転じ此土を彼岸へと転ずる能力のある優れた菩薩のための思想である。そのような菩薩は自己の力によって彼岸（涅槃）を現世に見ることができる。他方、浄土経典の説く往生思想は、自己の力で彼岸（涅槃）を現世に見ることができない者のための思想である。それゆえ浄土教の思想においては、現世に死に来世に彼岸を見るための菩薩行を行じて浄土で彼岸を見ることが期せられる。来世に浄土で彼岸を見ることが期せられるのは、阿弥陀如来の本願力によってそれが達成されるからである。能力の劣った儜弱怯劣《にょうにゃくこれつ》な衆生は、かれが現にいま居るこの国土を浄土と見ることはできない。そのような衆生にとって、

地上の國は佛國土ではない。佛國土に生まれるためには此の國土を去らねばならない。佛の力に救われるということは佛の國に生まれることによって成立する。かくて佛國土は必然に来世となる。[567]

と上田博士は言われる。このような来世に重きを置く思想から臨終来迎の往生を頼む思想が生まれた。平安期の浄

土教は現世にではなく来世に立場を置く思想が主たるものであった。それに対して同じ浄土経典に依りつつ現世に立場を置き、彼土よりも此所に立場を置いたのが法然であり、それをいっそうはっきりさせたのが親鸞であった、と博士は言われる。以下の、凡人の救われる国としての浄土の思想においても、「彼岸」は「来世」というよりもむしろ現世にある、とする博士の説明はいささか難解であるが、筆者なりに理解し得たことを述べれば次の如くである。

博士はまず、浄土教の往生を臨終来迎の往生と本願への信による往生との二種に分ける。前者は往生を命終によって実現されるものとして来世に根本的立場を置く。それに対して後者は往生を本願への信によって実現されるものとして現世に根本的立場を置くという点に前者との差異がある、と博士は考える。法然は念仏者を救うという仏の本願を信ずるという点に根本的立場を置いた。それは来世に浄土往生を願うことを従属的なことにした。親鸞はそれを徹底させ、臨終来迎を頼まずと言い、平生業成の説を主張して、穢土と浄土とを分かつ本質的基準が信の成立のとき（入正定聚のとき）にあるとした。上田博士の言わんとされるのは、親鸞は「往生」をもたらす本質的基準という側面から理解することの重要性を指摘しているのだ、ということであろう。そうすれば、浄土をもたらすものは本願への信であるから、「彼岸」はこの信のある今ここに、つまり「現世」にあることになる。

こう考えられたことが後に「現世往生説」を述べた書として知られることになる『親鸞の思想構造』所収の論文へと展開されたと考えられる。しかしその論文に根本的欠陥のあることを博士自ら記しておられることについては、本章第九節「親鸞の往生論」を参照されたい。また、いま考察中の論文の末尾においても博士は、親鸞の場合においても浄土は来世に考えられていたものと認めるべきことを次のように述べておられる。

菩薩ならざる凡夫の救われる國としての淨土の思想においても、「彼岸」は「来世」というよりもむしろ現世にあることが示されたわけである。ただこの場合は、「彼岸」の本質は信にあるとしても、信は「彼岸」の全體を覆わない。正定聚と滅度との区別は無視されない。ここに死後の来世の意義が保存されている[568]。

以上、上田博士の論文に依ってわれわれは、原始仏教の中に彼岸を現世に見る本流の思想と、彼岸を来世に見る傍流の思想があり、それは大乗仏教においても継承され、前者は般若経典の空を観ずる菩薩行の思想となり、後者は浄土経典の本願力による往生の思想となった、という思想史の流れを概観した。ここでいまわれわれは、上田博士の論考の根拠となったと想定される舟橋博士の論文に戻って、往生思想がどのようにして出現したかを考察することにする。

b　往生思想の源流

舟橋一哉博士には「原始佛教における出家道と在家道」と題する論文があり、それには「往生思想の起源に關して」という副題が付けられている。これは四沙門果の思想の中に往生思想の起源を求めた論考である。そして幸いなことにわれわれはこの論文に基づいてさらに詳細な考察が加えられた論文を参考にすることができる。それは藤田宏達博士の『原始浄土思想の研究』第六章第一節に収められた「往生思想とその源流」と題する論文である。以下に両博士の論文に依って往生思想の源流を考察する。

舟橋博士は、大乗仏教の往生思想の起源を、原始仏教における在家者の世間道としての生天思想の上に求めるそれまでの定説を、原始仏教における解脱涅槃（阿羅漢）を求める出世間道としての生天思想に求めることへと変更しておられる[569]。以下に博士のお考えを追って見ることとする。

われわれは先ず博士が世間道・出世間道という語の用法に注意を促しておられることを念頭にしておかねばなら

ない。在家道といえば一般には世間道のみと考えがちであるが、在家者でも郁伽長者のように四諦説を理解する者となったり、給孤独尊者のように縁起の道理を理解し預流となった例があるように、在家者のままで出世間道に進む者のいたことを示しておられる。また在家者に信・戒・聞・施のみならず慧をも加えた五法の説かれることからしても、在家者にも出世間道が説かれ、「出家も在家も慧による解脱にまで到らしめるのが釈尊の教説の最後の目的であった(570)」とされ、「在家でも解脱涅槃（阿羅漢）に至り得ると考えるのが仏教本来の考え方であった(571)」と言われる。この指摘は仏教の本流が慧による解脱に至る思想であることを示していて興味深い。

原始仏教における生天思想については、博士は次のように整理しておられる。

原始佛教における生天思想には二種あると思ふ。一つは在家道における世間道としての生天で、いま述べた所の〔幸福を求めての生天であり、解脱を求めての生天ではないもの〕であり、他の一つは出家道における出世間道としての生天である。この後のものは、現世において最後の涅槃（阿羅漢果）に到達出来なかった出家が、更に生をかへて佛道修行を続けるために、来世を期する場合をいふものである(572)。

博士は、出家道における生天思想の起源を、四聖諦を如実智見する預流の段階と解脱に到達した阿羅漢の段階とが時間的・地位的に隔絶したものと考えられるようになり、両者の間に一来・不還という階位が導入された時点に想定しておられる。つまり預流に達した行者が阿羅漢に至らず死んだ場合に、生前の修行が無駄になってしまうとする徒労感を回避するために修道論の中に輪廻思想が導入され、天界で一来あるいは不還として生まれ変わって、さらに解脱を目指して修行を続けるという出家道の生天思想が生まれた、とするのが博士の考えである。この場合、生天しての修行道は、生前の如実智見によって無漏となっており、見道に達しているので出世間である。博士はこの論文の最後に、生天による往生思想は、直接的には「他方仏土」への往生という思想を前提とし、上記のような解脱を目指す生天思想を間接的な前提として成立したものであることを付記しておられる。

われわれには浄土教の往生思想の起源がより喫緊の関心事であるが、それについては博士は言及しておられない。藤田博士の論文によってそのことを見てみることとする。往生思想の源流と見なされる四沙門果思想に説かれる四種の沙門とは、博士の説明を若干変更して整理すれば次のような者のことである。(573)

預流とは、三結を断尽しており、天と人とにそれぞれ最大七回生まれ変わる（極七返有・極七返生）が、退堕することがない者であり、決定して正覚に向かっている者である。

一来とは、三結を断尽しており、貪・瞋・癡が薄弱になっている者で、ただもう一度だけ天と人とを往復して〔解脱し、輪廻の〕苦を終息させる者である。

不還とは、五下分結を断尽しており、天界に化生すればもはや人間界に還らずにそこで般涅槃する者である。

阿羅漢とは、諸漏が尽きている者で、無漏の心解脱と慧解脱とを現世において現証する者である。

これら四沙門果の教説と結合された生天思想は、在家者の楽を求めての生天思想とは異なり、阿羅漢の解脱を求める出世間道（無漏道）としての天界における修行を求める生天思想である。それが往生思想の起源であるとする舟橋説を評価して、藤田博士はその生天思想と結合した沙門果思想の有する極楽浄土往生思想との根本的な共通点を次のように述べておられる。

これ（生天思想と結合された四沙門果思想、小谷付記）は生天思想を含む點において、形態的に極楽浄土往生思想と類似するばかりでなく、さらにさとりを目的とするという點において、思想的にも共通するところをもっている。とくに、第三果の不還は死後天界に化生して、そこで般涅槃を得るものとせられるが、それはあたかも死後極楽浄土に化生して、そこで般涅槃を得るという思想と構造を同じくしたものといってよい。

あるいは、第一果の預流が「退堕することがない者」というのは、極楽浄土に生まれるものが、地獄・餓鬼・畜生等の悪趣に堕ちることがないといわれるのと同じであり、「決定して正覺に向かっている者」というのは、極楽浄土に生まれる者がすべて「正しい位〔＝さとり〕に決定している者たち」（niyatāḥ samyaktve）であるといわれているのと同じといってよい(574)。

藤田博士の文章を二段落に分けたのは筆者の意図による。というのは、前段は、死後に化生しそこでさとりを目指すという思想の構造が往生思想と一致するという点で、沙門果思想を往生思想の先行思想と考え得る根拠となることを述べるものと考えられ、後段は、退堕することがない者・決定して正覚に向かっている者が不退転・正定聚に相当し、思想の内容が往生思想と一致するという点で、沙門果思想を往生思想の先行思想と考え得る根拠となることを述べるものと考えられるからである。

藤田博士は、四沙門果説は、四果の名称や説明文に相互の関連性を欠くなどの点で杜撰な説という批判を免れ得ない説であるに拘わらず、原始仏教において重要視され、部派仏教では修道体系の基本的階位とされた理由について、

恐らくこの説が、究極の證果を未来の生において実現しうることをともかくも組織的に表明したことによるものと思われる(575)。

と述べておられる。先ほど以来述べ来たったように、原始仏教の本流の思想は「現世における涅槃の証得」を求めるものである。しかし現世において阿羅漢に至り涅槃を証得し得る仏弟子の数は限られており、大多数は現世では阿羅漢に到達し得なかったであろう。それではかれらの解脱への修行は無に帰したと考えるべきであろうか。決して、そうではない。藤田博士はかれらの証果について次のように考察しておられる。

現世においてたとえ阿羅漢果に達することができなくても、修行の効果は決して失われない。佛道修行は生をかえてつづけられるのであり、究極の證果が未來の生において約束されるのである。[576]

原始仏教において、四沙門果説の「生天しての解脱への修道」という思想は、原始経典において異常なまでに重視されていることから、現世での涅槃（diṭṭhadhamma-nibbāna, 現法涅槃）のかなわない大多数の仏弟子の強い願望に答えて出現したと考えられる。大乗仏教においても、浄土経典の「往生しての解脱への修道」という思想が、般若経に説かれるような現世での彼岸の証得のかなわない大多数の仏弟子の強い願望に答えて出現したと考えられる。ただ極楽浄土往生の思想においては「未来の生はもっぱら仏の世界であり、四沙門果説で示されるような生天輪廻の思想は完全に捨てられた」と藤田博士は述べておられる。[577]

阿弥陀仏の教えを受けて解脱涅槃を証得するには、先ず阿弥陀仏にまみえなければならないが、阿弥陀仏にまみえる方法にも大別して二種あることが藤田博士によって明らかにされている。[578]それによれば、一つは『般舟三昧経』に説かれるような、般舟三昧（現在諸仏が面前に現れる三昧）によって現世において阿弥陀仏を見るという方法である。他の一つは『無量寿経』の三輩往生段に説かれるような、臨終来迎において阿弥陀仏を見るという方法である。

以上のように思想史を追って見るとき、原始仏教以来、仏教には現世での涅槃の証得を求める主流の思潮と、それが不可能であることから来世にそれを期待する傍流の思潮とが存在することと、浄土往生の思想が後者に属するものであることとが明らかになる。さらに阿弥陀仏にまみえて教えを受け解脱涅槃を証得するという思想にも、それを現世において実現されるとする思想と、来世におけることとする思想のあることとが明らかになり、『無量寿経』の往生思想が後者に属するものであることが明らかになった。『無量寿経』を真実の教と呼び自己の究極の拠り所とする親鸞の往生思想についても、如上の思想史の流れを念頭に置いて考察しなければならないことは言うまでもない。未来の生としての浄土への往生とそこでの仏道修行について親鸞がどのように考えていたかは項を改めて考察したい。

3　親鸞の読み替えの企図を誤解した過ち

本多氏が二益法門を退けられることの過ちは先に述べた通りである。氏の誤解の原因が「即得往生」という第十八願成就文の語を説明した『一念多念文意』の文章を、親鸞が意図した通りに「即得往生」という経文を「正定聚に定まることをただそう言い表したに過ぎない」という意味には理解せず、「正定聚に定まるのが直ちに往生だ」という意味に解した誤解にあることも先に述べた。以下の事柄も既に述べたことであるが、ここでは本多氏の親鸞の往生思想に対する誤解を明らかにするために、その要点をかいつまんで述べることとする。

「即得往生」の語は、〈無量寿経〉と〈阿弥陀経〉に関して言えば、康僧鎧訳『無量寿経』に一度、法賢訳『荘厳経』に二度、羅什訳『阿弥陀経』に一度現れる。『荘厳経』では「是人臨終」という語の後、『阿弥陀経』では「是人終時」という語の後に往生が述べられ、往生が命終後とされていることは明らかである。往生が命終後であることを明言していないのは、『無量寿経』第十八願成就文中にただ一度現れる「即得往生」の語のみである。それが「現世往生説」を生み出す元になった問題の語である。しかしその「即得往生」も、それに対応する『荘厳経』では「是人命終、皆得往生」と訳され、往生が命終後と考えられていることは明らかである。それに対応する『如来会』では「随願皆生」と訳され、命終後であることは明言されていないが、「即得」とはされておらず「現世往生」であることは明言されていない。「即得往生」がそれぞれ一度現れる『無量寿経』と『阿弥陀経』とのサンスクリット原典とチベット訳にも「即得往生」を意味する語は見られない[579]。

このように「即得往生」が「現世往生」を意味するかのように用いられているのは『無量寿経』におけるただ一度の場合だけである。親鸞は『教行信証』行巻に、

「必得往生」と言ふは、不退の位に至ることを獲ることを彰すなり。『經』（大経）には「即得」と言えり、『釋』（易行品）には「必定」と云へり。「即」の言は、願力を聞くに由って、報土の真因決定する時剋の極促を光闡せるなり。(580)

という注釈を施している。それは「即得往生」という語が本来は『荘厳経』や『阿弥陀経』におけるように、命終後の往生を述べる語であることに親鸞が気づいていることを示している。親鸞はこの注釈に先だって、『無量寿経』の引文として第十八願成就文を取意的に引用するが、そこでは「即得往生」の用語に問題のあることを考慮して、その語を「必得往生」と替えてそれを『無量寿経』の引文として示している。このように「即得往生」を「必得往生」と替えて引文し、それを右記のように注釈していることからして、親鸞が「即得往生」は本来命終後の往生を述べる語であり、それゆえ命終の事象に言及しない成就文においては用いられるべきでない語であると考えたことが知られる。

それでは何故そういう相応しくない箇所にその「即得往生」という語は入れられることになったか。それを考えるには、われわれは〈無量寿経〉の成立史に関する若干の知識を必要とする。大乗経典の成立史に詳しい研究者たちによれば〈無量寿経〉は「初期無量寿経」と「後期無量寿経」とに分かれる。「後期無量寿経」は般若思想の影響を受けて登場したことが明らかにされており、(581)「即得往生」の語はそこに現れる語である。

先に見たように『毘婆沙論』では「現生不退」も「即得往生」も、般若経の説く空の教説を体得した、高度の修行を達成した菩薩によって、現生で証得される境地として説かれていた。(582)その無量寿経本来の命終・往生とは異な

る。

「即得往生」の教説は、般若経典の洪水の余波を受けて『無量寿経』第十八願成就文に漂着したものと考えられる。

親鸞は二十年に及ぶ叡山での学習により仏教全般に亙って相当な知識を蓄えたことが予想され、先に見たような般若思想と浄土思想の異なりや往生思想の出現に至る思想の潮流についても、方法は近代仏教学とは異なるものの、近代仏教学の研究者にはとても及ばない知識の蓄積によって自ずから領解するところがあったであろう。また、親鸞の学習の場が恵心教学の根本道場であり、その修学が浄土経典を中心とするものである以上、〈無量寿経〉の学習に際して諸訳を参照して綿密な学習を行ったであろうことは当然予想される。それゆえ〈無量寿経〉に「即得往生」の教説の登場することの異様さに気づいており、だからこそ、それが文字通り「真実信心を得れば即座に往生する」とは決して理解してはならない語であると注釈して、同学の人々に注意を喚起したのである。近代教学を信奉する人々は親鸞の注意に気づかずに、その語を文字通りに理解するという過ちを犯してしまったのである。

『往生礼讃』の「前念命終　後念即生」という語も、親鸞は「前念命終」を「本願を信受すること」と解し、「後念即生」を願成就文の「即得往生」に意趣されていることに相当するものと解釈する。にも拘わらず親鸞の意図を無視して「本願信受とは、前念にこの迷妄の生命を終わることであり、即得往生とは、そのことに即して、後念に新しい如来の生命に生まれること」であり「本願を信受するとき、信益同時として現生において往生の勝益をうる」ことを意味するものと解し、即得往生は未来的意味に限定されず、現世での往生を説くものであるかのように誤解された信楽博士の誤解については既に述べた[583]。先に見た本多氏の二益法門を退けるお考えや、あるいは「親鸞は往生が現在に「決定」するということの意味を、現在は護持の利益で、未来には浄土得生の利益だというように、時間を二分するような意味に止めておくことに満足しなかった[584]」と述べることも、信楽博士の「信益同時として現生において往生の勝益をうる」のと同種の考えであり、それゆえ「現世往生説」に類する説と言える。

本多氏の誤解は、「即得往生」の語を浄土教における命終後の浄土往生の意味とは異なる、般若思想における現世での仏国土への往生と混同して理解されたことと、そのように往生を現世において得られるかのように誤解されることを防ぐためになされた親鸞の配慮を理解されなかったことが原因となっている。そこには〈無量寿経〉では本来浄土において得られることとされる正定聚・不退転の位を現生にうつすために親鸞の行った読み替えに関する誤解も関係していると考えられる。

親鸞が正定聚・不退転の位を現生に移すために『論註』や『無量寿経』第十一願の文章を読み替えたことが、香月院に「今家一流御相伝の窺い様」と呼ばれて周知されていることは前述[585]の如くである。なぜ親鸞は周知されるほどに読み替えをしたかといえば、それは言うまでもなく、〈無量寿経〉に正定聚・不退転が命終後に浄土に往生して得られる利益とされているからである。命終後往生しての利益とされていることを、恣意的に現生で得られる利益とすることはできない。それゆえ『論註』や第十一願の文を読み替え得ることを根拠にして、正定聚・不退転の位に就くことを現生で得られる利益としたのである。このような親鸞の読み替えの企図から考えても、親鸞が現生での利益と命終後の往生という利益を区別して理解していることは明らかであり、本多氏のそれらを別立せず一益とする理解の過ちであることは明らかである。

九　親鸞の往生論

親鸞の往生論を理解するには、親鸞が正定聚・不退転を現生に移し替えた動機を解明することと、「三願転入」の文の趣旨を理解することとが求められる。以下にその二点を考察することによって親鸞の往生論を理解したい。

1　親鸞が不退転を現生に移し替えた動機

親鸞が右記のような一見強引と思える仕方で読み替えをしてまで、正定聚・不退転の位に就くことを現生で得られる利益とした動機について改めて検討してみたい。香月院であればその動機を、曇鸞が『毘婆沙論』に逆らって「浄土不退」を述べるはずがないから親鸞は「現生不退」を確信したのだ、と説明するかも知れない(586)。幡谷博士であればそれを親鸞の宗教的体験に帰せられるであろう(587)。しかし先述した世間智から出世間智が生じ、有為の道から無為の解脱涅槃が生ずる修道の過程を振り返りつつ、いま改めて親鸞が正定聚・不退転の位を現生に移した動機を考えてみると、香月院や幡谷博士とは異なる視点からその動機を考える余地が残されているように思われる。

親鸞は正定聚と不退転との概念を区別せずに使用するので、以下は正定聚をもその中に含めて「不退転」と呼び、その位を現生に移行させた理由を考察の対象とする。既に見たように不退転を菩薩の修道段階のどこに位置づけるかについては経論の間に異論がある。経について言えば、般若経典は概して現生において初地の段階でそれが得られると説き、浄土経典は命終後に浄土に往生したときに得られると説く。論について言えば、龍樹の『十住毘婆沙論』では現生において初地の段階で得られると説き、世親の『十地経論』では第八地で得られると説く。したがってそれを修道のどの段階に位置づけるかは一定していない。ただここでも般若経典と浄土経典とでは、前者がそれを現生で得られるとするのに対して後者が命終後に得られるとする違いが認められる。

親鸞が不退転の位を現生へと移行させた理由を考えるとき、先ずは龍樹の『十住毘婆沙論』の影響が想起される。不退転は般若経においては菩薩の修行段階の名称とされるほど重要視されている。世親の『十地経論』でも第八地で得られるとされ高い悟りの段階に位置づけられている。しかし龍樹はそれを低い段階に移して見道初地において得られるものと解釈し、現生において得られるものと考えるからである(588)。

しかし龍樹は往生をも現生で証得されるものと認めている(589)。現生での往生を認めれば、往生して得られる不退転が現生で得られることは言う必要がない。そうであれば、不退転が現生において得られることを、親鸞がわざわざ曇鸞の文章を読み替えてまで「現生不退」を証明したことの意味がないことになる。親鸞がそのようなことに気づかずに、無意味なことをしたとは考えられない。それゆえ龍樹の影響で不退転を現生に移行させるために読み替えを行ったとは考えられない。むしろ龍樹の『十住毘婆沙論』に説く「現世往生説」には一顧だにしなかったと考えるべきであろう。そのことからしても親鸞が「現世往生」を認めていないことは明らかである。

親鸞は龍樹の「現世往生説」は無視して、「現生不退転」の説のみを採用したと考える方がまだしも妥当である。しかしむしろ親鸞が不退転を現生に移した背景に、不退転を得させる無生法忍の修道論上の地位に変化の認められることがその要因になったと考えられる。『無量寿経』にも得忍によって不退転を得ることが説かれる。第四十八願には、他方の仏国土で阿弥陀仏の名を聞いた菩薩たちが、第一・第二・第三法忍を得ず不退転を得ないなら正覚を取らないことが誓われている。これら三法忍は、その後に説かれる「道樹講堂」の経文(590)によって、第一は音響忍、第二は柔順忍、第三は無生法忍を指すとされる。香月院はこれら三法忍を菩薩の地位に配当して、音響忍は初地から三地、柔順忍は四地より六地、無生法忍は七地から十地に得られるとされるものに相当すると言う[591]。そして「道樹講堂」の経文の講義の箇所ではこれら三法忍を浄土（化土）の道場樹の益であると言い、

浄土へ生じて不退をうること。其中の化土の相とし給うのが祖師の卓見。仰ぐべきことなり。

と述べる[592]。

この「道樹講堂」の経文は『教行信証』化身土巻に、

阿難、若し彼の国の人天、此の樹を見る者は三法忍を得ん。一は音響忍、二は柔順忍、三は無生法忍なり。

と引用される。この経文には「彼の国の人天」とあり、三法忍の得られるのが浄土においてであることが知られる。香月院は、三法忍を浄土（化土）に生まれた者の益とする親鸞の解釈が、曇鸞の『讃阿弥陀仏偈』に「音響柔順無生忍、随力浅深咸得証」と説かれることに基づくことを次のように述べる。

これ化土の品位階次の相で、我力量だけに三忍をさとるなり。報土往生のものは娑婆に居ながら甚深法忍をうるゆえ、往生した處で大涅槃を證るなり。吾祖忍を化土の相と見給ふは此の謂なり[593]。

山辺・赤沼両師は『教行信証』化身土巻の当該箇所の字解で三法忍を『浄影疏』によって菩薩の十地に配して[594]、次のように言われる。

音響忍は佛菩薩の音聲に順って得る忍であり、柔順忍は諸法平等の理を觀じ、それに順じて證る忍、無生法忍は諸法平等の理に體達することである。かような根機に応じて、忍に浅深が分かれる。是が階次ある化生の相である。

このように両師は、親鸞は証得の段階に応じて種々に説かれる忍を化土に往生して得られる忍と見なしている、とする旨を示しておられる。両師のこの字解は、先述の香月院が『玄一疏』によって三忍を凡夫ではなく「菩薩の

地位」に配したこと、その後に「道樹講堂」の経文の講義の箇所にきたって三法忍を化土の益と述べることを参考にしての註解と考えられる。両師の『教行信証講義』はここだけでなく、常に仏教一般に関する該博な知識が駆使されていることは言うに及ばず、『浄影疏』等の注釈書や香月院等の講録が随時参照されて講じられているために説明が明瞭であり正確である。未だにそれを陵駕する解説書はないと言われる理由がよく分かる。

右記のように、香月院は親鸞が三忍を浄土（化土）における益とした理由を、経には三忍が「凡夫位」ではなく菩薩位に配されていることに認めている。また三忍のうち無生法忍については、

これは仏の教えをからずに自分に思惟して諸法の真理に随順して観ずることなり。(595)

と注釈している。ここには親鸞が『無量寿経』に説かれる無生法忍を、往生後に浄土で得られるものであり、凡夫に得られるものではなく、菩薩自身の思惟による自力的なものとして理解していることが指摘されている。この指摘は親鸞が不退転を現生に移行させた理由を考察する上で重要な意味をもつ。『無量寿経』には、香月院によって「報土往生のものは娑婆に居ながら甚深法忍をう」ると言われるような、凡夫が現生で得る「無生法忍」は説かれていない。したがって親鸞が『無量寿経』に基づいて直接、無生法忍によって得られる不退転を、凡夫が現生で得るものへと移行させたとは考えられない。このように見てくると、親鸞が不退転を現生に移行させたのは、善導の『観経疏』によったのではないかという思いに行き着く。というのは、親鸞は『教行信証』信巻に無生法忍の獲得について、『観経疏』序分義に依拠して次のように述べているからである。

又た云く。心歓喜得忍と言ふは、此は阿彌陀佛國の清淨光明、忽に眼前に現ぜん。何ぞ踊躍にたへん。茲の喜に因るが故に即ち無生之忍を得。亦た喜忍と名く。亦た悟忍と名く。亦た信忍と名く。是れ乃ち玄に談ずるに、未だ得處を標さず。夫人をして等く心に此の益を悕わ令むと欲す。勇猛専精にして、心に見んと想ふ時、方に

忍を悟るべし。此れ多く是れ十信の中の忍なり。解行已上の忍には非るなり。(596)

ここには『観経疏』序分義に「心歓喜するが故に無生法忍を得る」と説かれることが説明されている。金子師が言われるように、この無生法忍の利益は第三十四願に依るものである。(597)即ちその願が成就するならば、浄土の光明が眼前に生じ、踊躍歓喜の心が生じ、その歓喜の心によって無生法忍は得られる。親鸞は、第三十四願が成就して無生法忍が得られるのを予め何時と示すことはできないが、それが成就して無生法忍が得られた例を示すことはできると言う。それは例えば『観経』に、韋提希が心を専一にして阿弥陀仏を見奉りたいと願った時に、その信心の利益として夫人はそれを得た、と説かれている如くである。親鸞は、韋提希が得た無生法忍が序分義に喜忍、悟忍、信忍とされ、いずれも凡夫の得る忍であることを明示している。さらに夫人の得た止観の境位を、『観経疏』に韋提希は第七華座観によってそれを得たとされることに基づいて、聖者の段階ではなく、凡夫位の十信の段階という低い段階であることをも示している。つまり親鸞は、『大経』第三十四願に説かれる無生法忍を、第四十八願に説かれる第一・第二・第三法忍、つまり菩薩の証得の段階に応じて浄土（化土）に往生して得られる聖者の諸忍から区別し、それを『観経』に説かれる凡夫である韋提希が現生において獲得した忍へと読み替えたのである。

親鸞が、本来『大経』では命終後浄土に往生して得られるものとされていた無生法忍・不退転を、現生において得られるものへと移行すべきものと考えた背景には、親鸞の胸中に『大経』本願文に説かれる無生法忍の教説と、『観経疏』序分義等に説かれる無生法忍の教説とから感得される両者の関連性（幡谷博士は宗教的体験と呼ばれる）を、言語化し明瞭化しようとする企図があったと考えられる。このことからは、親鸞の不退転の位置を現生に移行するための読み替えの企図が、無生法忍を本願による凡夫の信心として解釈することにあったことが明らかになる。それゆえにこそ親鸞は、第十一の本願文や成就文あるいは曇鸞の『論註』を牽強付会と思える強引な仕方で読み替えてまで、不退転を現生における事としようとしたのである。

以上のように第十一の本願文や成就文および『論註』の語を読み替えて、不退転の位を、その本来の命終後に浄土に往生しての利益ではなく、現生における利益へと転じようとした親鸞の企図を見てくるとき、本多氏がその読み替えの企図を理解せずに、現生の利益と命終後浄土往生しての二種の利益を親鸞が認めていなかったかの如くに言われることの誤解であることは明瞭である。氏は次のようにも言われる。

> 「二益」という考え方は、法然が語っているにもかかわらず、親鸞は一度もその語を用いなかった。ということは往生を本願の信心の成就する一念の時との関係において、別の時を設定して把握するべきではないと、親鸞は信じていたからではないか。臨終を差し挟むのは、『観経』『阿弥陀経』であって、『大経』の往生ではないというべきであろう。
>
> 本願成就の信心の利益を現当二益に分けるということの問題性は、信仰における時間とその利益を、非信仰的日常意識の分別で捉えようとするところにあるのではないか。親鸞にとっては、現生正定聚こそが念仏往生の信念の利益であって、正定聚の信念には往生も成仏もすでに本願の必然性として内観せられてあったに相違ない。正定聚は滅度の利益と別立するべきものではなく、本願（第十一願）の因願として、成仏の必至なる（必至成仏道の）位なのである。[598]

ここにも先に見たと同様の、信心の利益（正定聚）と、その時に「必然性として内観せられてあった」往生・成仏の利益とを別立すべきでないとする奇妙な説が掲げられている。しかも両者を別立するのは非信仰的日常意識の分別だと言われる。それらを別立しない自らの見方は信仰的非日常意識によるもので正しく、別立するのは誤った見方であり、それによっては親鸞の聖教は理解できないかのように言い立てられるのは、後に第十節で言及する池田勇諦師の、近代仏教学の方法論によっては親鸞の信心による往生の思想は解明されない、という旨の言説と同種の暴言であり、近代教学を奉ずる系統の人々に屡々見受けられる偏見である。本多氏は上の引用文においては、往生・成仏は本願の必然性として内観せられると言われる。その少し後にはそれを敷衍して次のように述べておられる。

> 因にたいしての真実の果は、願力の因果に信順するところに、必然として内感されるであろう。われらは果上の仏智をそのまま顕わに体験するのではない。どこまでも願力不思議と頂くのである。願力不思議の用らきにおいて、因を確立するとき即時に、果上の功徳が「此の身」に我らの本来性として感受されてくるのである。(599)

信心の利益と往生・成仏の利益を別立するのを「非信仰的日常意識の分別」として非難し、信仰的非日常意識によって真実の果である往生・成仏を内感し感受するとされる氏の言論には、氏のような大仰な言説は好まないが、親鸞の信心による往生の教説を、実証的考察を拒む神秘的直感の教説として理解しようとする危険性が潜んでいるように見える。興味深いことに氏が二益法門の提唱者として批判される存覚も、時に氏とよく似たことを述べて一益法門を提唱したこともあるようである。香月院は存覚の神秘主義的理解を次のように非難している。

> 常楽臺（存覚、小谷付記）は御釋では彼土正定を立てたまふことあり。或は現生正定を隠の義、傍の義と宣ふ處もある。左様かと思へば又現生に於て涅槃の眞理を密かに證するなどと宣ふこともあれども、祖釋に無きことは常楽臺の一義なりと片付けておくべし。(600)

本多氏の「真実の果は……必然として内感される」「果上の功徳が此の身に……感受されてくる」と言われるのと、存覚の「現生に於て涅槃の真理を密かに証する」と言われるのとの間にどれほどの径庭があると言うのか。本多氏が「我らは果上の仏智をそのまま顕わに体験するのではない」と言い、存覚が「涅槃の真理を密かに証する」

と述べるところまでよく似ているではないか。

本多氏は香月院師らの江戸教学を「封建教学」と呼び「講録学」と呼んで、それが「いかにも学問らしい顔をしながら、本当の実存、本当の宗教的実体を構築するという課題を忘れて、自己防衛のために言葉を羅列する。そういう教学になってしまっている」と批判しておられる。しかし先に見たように精確な論述で定評のある山辺・赤沼両師の『教行信証講義』は現在も版を重ねてわれわれを啓発し、今なお他の追随を許さない。その講義の基礎を成しているのは香月院師らの「講録」である。堅牢な城郭が堅実な礎石の上に築かれる一例である。近代教学が堅実な礎石になり得ないことは既にして明白である。本多氏の江戸教学批判の言葉は近代教学にこそ相応しい。

不退転を現生へ移行させるための親鸞の読み替えは、不退転が命終後に浄土に往生して得られる利益と説く『無量寿経』の教説をそのままに信じていたからこそ行われたことである。もし親鸞が往生を現生において得られることと考えていたなら、その読み替えは必要でない。『無量寿経』本来の往生思想を説くとされる三輩往生段には、不退転は命終後浄土に往生した時に得られることとして説かれている。もし親鸞が往生を現生において得られるものと考えていたのであれば、現生で往生を得れば現生で不退転は獲得されると考えたはずである。そうであれば親鸞は往生が現生で得られることを証明する読み替えをこそするはずである。そのことさえすれば往生と不退転とが現生で得られることを一挙に証明することができるからである。しかし不退転を現生に移行させるために読み替えをしたという伝承は、香月院流に言えば「今家一流御相伝の窺い様」として覚如の『口伝鈔』『改邪鈔』や存覚の『浄土真要鈔』、さらには蓮如の『御文』に至るまで諸師の書に相伝されているが[601]、往生を現生に移行させるために読み替えをしたとする伝承はどこにも残されていない。『教行信証』信巻には金剛真心を獲得することによって現生で得られる十種の利益が説かれ、正定聚に入ることは挙げられているが、往生を得ることは挙げられていない。

これらのことからも親鸞が往生を現生における事と考えていないことは明白である。

先ほど、親鸞が不退転の位置を現生に移行した理由について、龍樹の『十住毘婆沙論』の影響の可能性は考え得るが、そこに説かれる「現世往生説」には親鸞は一顧だにしなかったであろうことを述べた。今その考えを改めて検討してみよう。龍樹は先に述べたように、(602)『十住毘婆沙論』釈願品之余に「現生往生」と「現生不退」との両方を次のように述べる。

或は寿命無量なる有り。或は見る者あれば、即ち必定を得る。名を聞く者も亦た必定を得る。女人にして見る者は、即ち男子の身と成り、若し名を聞く者も亦た女身を転ず。或は名を聞くこと有れば、即ち往生を得る。(603)

と語る。ここには、見仏によって即座に必定を得ることが述べられて「現生不退」が説かれ、それと共に、聞名によって即座に往生を得ることが述べられて「現生往生」が説かれている。香月院によれば、曇鸞は『論註』冒頭に「謹んで龍樹菩薩の十住毘婆沙を案ずるに」と表明して『毘婆沙論』の所説の究明を旨とする意を明示していることからして、かれが『毘婆沙論』の所説に逆らうはずはないと考えられる。(604)そうすれば『論註』の、

経に言わく。若し人、但だ彼の国土の清浄安楽なるを聞きて、剋念して生ぜんと願ぜんものは、亦、往生を得て、即ち正定聚に入る、と。

という語も「現生往生」と「現生不退」との両方を述べたものと考えられる。しかし親鸞は先に見たようにこの語を「現生不退」を示す文証としてのみ援用する。

親鸞が龍樹と曇鸞のこれらの「現生往生」と「現生不退」との両方を述べる文章を目にしていたことは明らかである。しかし親鸞は曇鸞の語を「現生不退」を述べるものとして読み替えて援用するだけで、「現生往生」にはまったく触れていない。龍樹と曇鸞との「現生往生」に取り合わないのは、浄土教における命終時の浄土往生の修道

論における意味をよく理解していた親鸞にとって命終往生は自明の理であったからに相違ない。いまや親鸞にとって「往生」は「現世往生」ではなく「来世往生」のみを意味することは明らかである。

2　三願転入の往生論

親鸞の往生論は『教行信証』化身土巻に自らの宗教的遍歴を述べた「三願転入」と呼ばれる一文に凝縮して示されている。大須賀秀道師は「三願転入の自督が三々の宗義成立の基準となり、それが広本一部の撰述せられる根拠であると見られる」と言われているが[605]、そのように「三願転入」の宗教体験が親鸞をして、三経という教の真仮、三願に説かれる行の真仮、三機の信の真仮、三往生という証の真仮を分かたしめたのである。親鸞に教・行・信・証の真仮の批判をなさしめたのが「三願転入」の宗教体験であるが、親鸞はその体験の遍歴を次のように語っている。

是を以て愚禿釋の鸞、論首の解義を仰ぎ、宗師の勸化に依りて、久しく萬行諸善之假門を出で永く雙樹林下之往生を離る、善本徳本の真門に廻入して偏に難思往生之心を發しき。然るに今特に方便の眞門を出でて選擇の願海に轉入せり、速に難思往生之心を離れて難思議往生を遂げむと欲す。果遂之誓良に由有る哉[606]。

名畑應順師は三願転入を「宗祖がみずから経歴せられた信仰生活の事実をしみじみと回想しての告白である[607]」と言われる。ここには名畑師の言われるように、親鸞の精神的閲歴の跡が、これまで永きにわたって、先ずは双樹林下の往生を求めて仮門の万行諸善に努め、その後に善本徳本の真門に廻入して難思往生を求めて修行したこととして回想されている。そしてそのことを回想しつつ、親鸞は「しかし今は特に方便の真門を出て選択本願に転入していた」と述べ、「難思議往生を遂げむと欲す」という願いを表明し、果遂の誓いのゆえあることの実感を表白している。

「三願転入」の三願が『無量寿経』の第十八、十九、二十の三つの願であることは言うまでもない。それら三願の文が次の如くであることもよく知られている。

たとひ我、佛を得んに、十方の衆生、心を至し信樂して我が國に生れんと欲ひて、乃至十念せん。もし生れずば、成覺を取らじ。唯五逆と正法を誹謗せんをば除く。（第十八願）

たとひ我、佛を得んに、十方の衆生、菩提心を發し、諸の功徳を修し、心を至し願を發して我が國に生れんと欲はん。寿終る時に臨んで、たとひ大衆と囲繞してその人の前に現ぜずば、正覺を取らじ。（第十九願）

たとひ我、佛を得んに、十方の衆生、我が名號を聞きて、念を我が國に係けて、諸の徳本を植えて、心を至し廻向して、我が國に生れんと欲はんに、果遂せずば、正覺を取らじ。（第二十願）

これらの願は、上記の「三願転入」の文に説かれる順序と所説内容、およびその所説内容を主たる教説とする三部経とに関連づけて、通常次のように配列される。

第十九願　観無量寿経　双樹林下往生　要門（諸行と同格の念仏）
第二十願　阿弥陀経　難思往生　真門（自力の念仏）[608]
第十八願　大無量寿経　難思議往生　弘願門（他力の念仏）

ここに親鸞の「経歴せられた信仰生活の事実」が述べられていることは名畑師の言われる如くであろう。しかし「廻入」と呼ばれる要門から真門への展開と、「転入」と呼ばれる真門から弘願門への展開とを、親鸞の生涯の特定の時点に位置づけるについては種々異論がある。名畑師は異論を大別して、転入を吉水入室時に見るものと、それ以後吉水門下にある時、あるいはそれ以後にまで及ぼして考えるもの、および歴史的事実でないと考えるものとに三分しておられる。そして師は、古く光遠院（一六四四—一七二一）は転入の時期を流罪の前後と見、皆往院（一七四八—一八一六）は吉水門下にある間と見、雲澍院（一八一四—一八八七）など大谷派の近代の諸師は吉水入室時と見る人が多く本願寺派にも同様に見る人が多い旨を述べておられる。[609] 山辺・赤沼両師はそれ以外に、道隠（一七四一—一八一三）の吉水入室以前に三願転入ありとする説、慧空（一六四四—一七二一）の聖人の生涯に三願転入の事実なしとする説を上げておられる。[610] それ以後の諸説については古田武彦氏や安富信哉博士が七種に文類整理して紹介しておられる。[611] しかし未だ定説とされるものはない。

古田氏は歴史学者の視点から、「三願転入」を述べる坂東本『教行信証』の原本状況を確認し、その当該部分が美濃紙・八行本文であり、坂東本の約八割を占める基本筆跡に属することに基づいて、転入の時点を、「三部経千部読誦」の自力行を放棄した時から元仁元年（親鸞五十二歳）の『教行信証』執筆時に至るまでの十年間とされる。[612]

親鸞に「三願転入」が起こった時期を検討するために、古田氏が当該部分に用いられる「然るに今特に」の語の「今」という語を、親鸞と同時代の文献である『恵信尼文書』、『覚信尼消息』、『愚管抄』における使用事例をすべて検証し、その結果、叙述時（執筆時）を示す場合が圧倒的に多いことを実証されたのは優れた業績として評価される。また、その全生存期間が親鸞の生涯の中に含まれる道元の『学道用心集』等の著作を検討して同様の結果を得、さらに「今」の語が総計四九五個にも及んで頻出する『正法眼蔵』を検証して、「すべての事例が一つの例外もなく、明晰なる叙述時現在の用法を中軸とする意義において使用されていた」結果を得られたことも評価される。氏はそれゆえ「今特に」の「今」の語は、『覚信尼消息』中に二例見られる「添加」（さらに）の意味で「いま一体」等というように用いられたり、『愚管抄』中に三例見られる「即刻」の意味で「タゞ今世ハウセ候ナンズ」等というように用いられたものではなく、叙述時（執筆時）現在を示す意味で用いられたものであることを確認しておられる。

古田氏の歴史学的にして文献学的な検証は詳細精密に行われており、その検証過程を追って見ていくとき、われわれにも「今」が親鸞の『教行信証』執筆時の元仁元年を指すことはほぼ間違いがないように思われる。その検証結果を踏まえて古田氏は、転入は親鸞が「三部経千部読誦」という自力の行を最終的に否定した建保二年（親鸞四十二歳）から元仁元年（親鸞五十二歳）の十年間の中において起こったことであると言われる。[613] しかしそうであれば次のような問題が生ずることになる。つまり親鸞は吉水入信時の体験を「後序」に、

然るに愚禿釋の鸞、建仁辛酉の暦、雑行を棄てて本願に帰す。[614]

と述べるが、その「本願に帰す」は何を意味するのか。しかもこの語の後には、自らの事を語ることの少なかった親鸞には珍しく、『選択集』の書写と法然の真影の図画とを許された事を感激の思いを込めた言葉で記述しているのである。この言葉こそ弘願門に転入した喜びを語る語に相応しい。元仁元年（親鸞五十二歳）を転入の年とすれば、建仁辛酉暦（親鸞二十九歳）の入信はまだ真に他力念仏には覚めていなかったことになるのか。そうすれば『御伝鈔』に入信の折りのことを「たちどころに他力摂生の趣旨を受得し、飽くまで凡夫直入の真心を決定しましけり」と述べる語も真実を述べたものではないことになる。

転入を『教行信証』執筆の頃と見る立場からは、伝記上に幾つかの転機を見出して、それを三願転入に説かれる事柄に当てはめようとして幾つもの努力がなされてきたことを、稲葉秀賢師は次のように紹介しておられる。

例えば、宗祖の弘願転入を『御本書（教行信証、小谷付記）』制作の頃と見る立場では、宗祖の叡山修学時代を聖道門から第十九願への帰入の時期とし、更に吉水入室の時に第十九願から第二十願への廻入（原文は転入）が行われ、更に越後時代の試練を経て始めて『御本書』制作の頃に弘願に転入せられたとする説がなされて来

た如くである。(615)

古田氏の説は、ここに紹介される吉水入室時には第十九願から第二十願への廻入が行われたのであり、したがって弘願にはまだ転入していなかったとする説と等しい。古田氏は、建仁辛酉暦の文面の「棄雑行兮帰本願」という雄勁簡潔な語は「吉水入室当時の若々しき親鸞にこそ、もっとも適切である。すなわち、三願転入の論理成立以前の素朴な形姿が、これを改変することなく摘出記録せられていると見なす時、もっとも自然に理解せられ得る」と述べ、その上で、廻入から転入に至る期間を吉水入室の建仁元年から元仁元年の二十年間と見ておられる。古田氏は、転入は建保二年（親鸞四十二歳）の「三部経千部読誦」の否定の時から元仁元年の十年間の中において成立し来たった、と言われる。その時期が何年何月何日と限定されないのは『浄土和讃』に、

定散自力の称名は　果遂のちかいに帰してこそ
おしえざれども自然に　眞如の門に転入する

と親鸞自ら証言しているからだ、と言われる。確かに「おしえざれども自然に」は「いつとはなく自然に(616)」とか「いつのまにやら自然に(617)」と訳されて、時期の限定されないことを示すものと解されるかも知れない。しかしこの語は金子師の領解のように理解するのが妥当だと考えられる。すなわち、第十九願では、如来は化土の報土に往生した修諸功徳の衆生に対しては、それが真実報土でないことを教えずに「じっと衆生の心のとけてくるのを待っておいでになるよりほかない」。しかし第二十願において、

植諸徳本の根機に対しては、じっと待つというよりも、果遂の願力を加えて、真実広大の報土を知らしめようという思し召しが見えています。念仏するものは、「教えざれども自然に、真如の門に転入する」とはこのことであります。(618)

それは自力であるとか、それは他力であるとか、そういうことは教えられないでも、とにかくお念仏を申しておればおのずからお念仏のお徳で「真如の門に転入する」ことになる。(619)

と金子師は言われる。つまり第十九願では教えずにじっと待っておられた如来が、第二十願では、如来はやはり真実報土を教えはしないものの、果遂の願力を加えることによって、衆生は自然に真実報土の門に転入する、というのである。つまりこの和讃は、自力の念仏の過ちが教えられなくても、自ずからにして他力の念仏に転入することを述べるものであって、転入が自覚されないまま達成されることを述べるものではない。ゆえにそれは転入の時期が限定されないと親鸞が考えたとする根拠とはならない。それゆえわれわれには大須賀師の転入を元仁元年の『教行信証』執筆時とする説が妥当だと思われる。山辺・赤沼両氏が「聖人の三願転入の自覚は御本書御制作の当時というた方が最も事実に近いものであろう(620)」と言われるのも、大須賀師と同様の見解を述べられたものと考えられる。

上記の「宗祖の叡山修学時代を聖道門から第十九願への帰入の時期」に配当することに関して、古田氏は「〝十九願〟期の終結点は吉水入室時点であっても、その開始点は叡山入山時点ではない。永遠劫の過去より叡山時代にいたるまでの無量に長い時限が、親鸞にとっての十九願世界、そしてその時限なのであった」として、久遠劫の昔から吉水入室時点までとされている。第十九願期の終結点を吉水入室時点に置く氏の見解には同意できないが、親鸞にとって廻入に至るまでの時期を「久遠劫の昔から」とされるのは、後述するように「今特に」の語を理解する上で重要な視点である。

「三願転入」の文中に出る「今」の語の用法を考えるとき、われわれには転入時点を元仁元年の親鸞五十二歳の頃とする大須賀師や山辺・赤沼両師の説が妥当なように思われる。しかしそうすれば建仁元年親鸞二十九歳の吉水入室の折りの心境を述べた「雑行を棄て本願に帰す」という語の中の本願は、他力念仏を説く第十八願ではないこととなる。そうすれば『選択集』の付属と真影の図画とを許されたことを喜んで「是専念正業の徳なり、是れ決定往生の徴なり」と「後序」に述べられたのは何故だったのか。この矛盾をどのように解消するか。

その矛盾を解消するために大須賀師は次のように考える。師は、親鸞の言う「今」が指示するものは「外的な時処という今よりは、寧ろ内面の自督のそれの今でなくてはならない」と述べ、そうすれば『教行信証』執筆当時の「今」は、そのまま吉水入室当時の「今」と離れぬこととなり、矛盾が解消されると言われる。師の説明は多少理解し難いところがあるが、その意を推察すれば、つまりはこの「今」の語は、外的、客観的に「何年何月何日」と限定される時間としての「今」だけを指示するのではなく、内面に感じられる「今」をも指示する語として理解すべきだ、と言われるのであろう。そう理解してこそ三願転入の自覚は、

それが過去に繋がれる等流相續の信でありつゝ、而も現實に新に喚び覺されたものであってこそ、「今特」にの告白に添へる感激の高潮がその意味を持つ。[621]

と言われる。このように師は「今」の語を、内面に感じられる「今」をも指示する語として理解することによって、転入の現実に自覚された時期を元仁元年の『教行信証』執筆時としつつ、それが親鸞の内面において建仁元年の吉水入室時の心境に繋がるものであるとされる。そうすれば吉水入室時に既に他力の念仏への信心は徹到していたことになり、元仁元年の転入の記述と建仁元年の「雑行を棄てて本願に帰す」という言葉とは矛盾しない。建仁元年には素朴であった信が三願転入時には純化されたのであり両者に本質の相違はない、とするのが師の考えである。[622]三願転入に説かれる事柄を伝記上の転機に当てはめる説を紹介する稲葉師の、先に引用した「例えば、宗祖の弘願転入を云々」という説明とほぼ同様の説明が大須賀師の論文にも見られること[623]や、稲葉師も大須賀師と同様、三願転入の文が親鸞の身証における事実を述べるものであることは認めるがそれを年次的記録と見ることは拒否するここ[624]

となど、多くの類似点があることから、稲葉師は大須賀師の見解を継承しておられると考えられる。両師の考察は正確で充分納得のいくものである。しかし大須賀師が「今」を、『教行信証』執筆時においても感得され、吉水入室時においても感得された「今」として、過去に繫がれる等流相続の信を示す「今」として用いられていることを述べるのに対して、稲葉師は「それは一回的な事実としての今ではない。この今は一回的に過ぎ去って再び来らざる今ではなくて、常に新しく今として現前する永遠の今である」等と言われる。そして、

吉水入室の今がそのまま何時も今として体験せられるような今、それが「今特に」の今である。[625]

と言われ、未来の信を示す「今」でもあると言われる。親鸞がその意味でこの語を用いた用語例として『教行信証』後序の、

聖道の諸教は行證久しく廢れ、淨土の眞宗は證道今盛なり

の語を上げておられる。そうすれば稲葉師は「三願転入」の文を建仁元年の回心以後反復された宗教的体験を述べるものと見ておられることになる。それはわれわれには納得し難いお考えである。「永遠の今」というような用法は古田氏の調査し整理された用例中には見られない。また稲葉師のお考えは、古田氏によって「事柄全体を宗教的な〝永遠の相下〟において、〝超時間的な時点〟において理解せんとする」[626]ものであり、「親鸞の文面の有する、いきいきした具体的迫力、実体験的切実性に対し、みずから眼をそむけんとするもの」[627]と批判される見解である。名畑師は「今特に」の語は、「今さらなる確かな充足と、新たなる感銘とを伴う現実を語られるものと伺われ」「生動した実感を伝えるものである」と語られる。師が「三願転入」の文に「生動した実感」の備わっていることを感得されるのは、この文が記された元仁元年を、法然の十三回忌に相当し、親鸞の意識に深く刻まれている年として認識されているからである。古田氏と名畑師の言われることに耳を傾けるとき、われわれには親鸞の脳裏に深く刻み

込まれた師の年忌の年に造られたこの文が、必ずやこの「今」は亡き師の教化によるものであることに感謝しつつ記されたであろうことが鮮明に理解される。そしてそこに用いられる「然るに今特に」という語が、「これまでは三願の真仮が充分には理解できておりませんでした。しかし今は理解できました。仮門はずいぶん以前に出ておりました。いまは特《こと》に方便の真門を出て真実なる門である選択の願海に転入しました」と師に告げる言葉として理解されるほど現実感のある語であることが理解される。「永遠の今」というような現実感に欠ける語とは異質な語である。

稲葉師の『真宗概論』は真宗学の書には珍しく論旨が明快で実証的な好著であり、屢々参考にさせていただいているが、「今」を「永遠の今」とされることは右のような理由で評価できない。親鸞が『教行信証』執筆時のある時点で、三願の構造的意味を理解し得たことを自覚した「実体験的切実性」を述べる言葉が「いま特に、願海に転入せり」である。「永遠の今」という解釈はその切実生を消し去ることになる。師は三願真仮の実践的意義を明らかにされたのが三願転入の告白であると言われる。それゆえ、三願転入は親鸞の人生に一回限り起こった経験を回顧されたものではない、と言われる。自力の念仏が批判せられて他力の念仏へ転入することは親鸞のその後の人生に何度も起こった可能性を考えられて、そのことが起こる時を「今」と述べたのであるから、その「今」は「永遠の今」である、とするのが師のお考えであろう。

「今」という語自体の用法だけに関して言えば、「今として現前する永遠の今」という稲葉師の解釈は正しいかも知れない。しかし「三願転入」の文においては「今特に」と述べられていることに注意すべきである。この「今特に」の語は、「三願転入」における「願海への転入」が吉水入信時の「本願への帰入（以下、転入と区別するために帰入と呼ぶ）」とは差異のある念仏往生への帰依であることを示すものである。その差異については後に考察する。

ここに用いられる「今」は永遠の今という未来に繋がるのではなく、吉水入信の時、さらには輪廻転生の始まりのない過去に結びつけて用いられた語として理解する方が親鸞の意にかなうものと思われる。そのことを以下に検討する。

古田氏は親鸞の和文著述（『親鸞聖人全集』和文篇）に出現する十九個の「今」の文字のうち、叙述時（執筆時）現在を示す用法十二例から注目すべき用例として次のような例を示しておられる。

　おほよそ過去久遠に三恒河沙の諸佛のよにいでたまひしみもとにして、自力の菩提心をおこしき、恒沙の善根を修せしによりて、いま願力にまうあふことをえたり。（『唯信鈔文意』専修寺本）[628]

この語を引用して古田氏は、これが康元二年正月二十七日に八十五歳の親鸞が「いなかのひとびとの文字をもしらず、あさましき愚痴きわまりなき」人々のために書いたものであり、したがって、この文中の「今」は、各個の特定個人の「過去の特定入信時点」を指すものではなく、また康元二年の執筆時点という「特定の年」を指すものでもない、と述べて次のように言われる。

　「過去久遠」という、インド的仏教的な、おびただしい時間の拡がりに対して、ここは末法日本の専修念仏親鸞集団の人々の生存し、新しき信心にむかいつつある、対照的に微少な現在時点が「今」と呼ばれているのである。そしてそういう叙述時現在は、康元二年という執筆時点を基軸として語られているのである。[629]

古田氏は、この「今」は、特定個人の「過去の特定入信時点」を指すものでもなく、また康元二年の執筆時点という「特定の年」を指すものでもない、と言われる。それは「三願転入」文中の「今」が、親鸞という特定個人の建仁元年の吉水入信時という特定の時点を指すものでもなく、元仁元年の『教行信証』の執筆時を指すものでもない、という氏の説を裏付けるためである。「三願転入」は「三部経千部読誦」の自力行否定の時から元仁元年に至る十年の間におのずから自然に成立したものであり、その時期が何年何月何日とは限定されないとする氏の立場からそう解釈されるのである。

われわれは先に大須賀師の論文によって、「三願転入」の文中の「今」を、『教行信証』執筆時の「今」を指示しつつ、それが親鸞の内面において建仁元年の吉水入室時の心境に繋がる「今」をも指示するものとする解釈を見た。その視点から古田氏の引用された『唯信鈔文意』に出る「今」の語を見ると、「三願転入」の文から氏とは異なる意味が新たに浮かび上がってくる。それは親鸞の「今」という語の用法に、「過去久遠」ということに対して「対照的に微少な現在時点」を指示する場合があるとする氏の指摘よって示唆される意味でもある。

われわれは大須賀師の論文によって、「三願転入」の文中の「今」を、現実のこととしては元仁元年の『教行信証』の執筆時を指し、同時にそれは親鸞の内面においては建仁元年の吉水入室時の「本願への帰入」の心境に繋がる「今」を指すものと理解した。そしてその「今」を親鸞は、「過去久遠」に対して「対照的に微少な現在時点」を指示する「今」を意味する語として使用することが古田氏の指摘によって教えられた。『唯信鈔文意』の「おほよそ過去久遠に三恒河沙の諸仏のよにいでたまひしみもとにして云々」という語は、「三願転入」の文に至る自釈の直前に引文される『法事讃』の語を思い出させる。[630]そこには次のように述べられていた。

また云わく。帰去来《いざいなん》、他郷には停まるべからず。佛に従いて本家に帰せよ。本國に還りぬれば一切の行願自然に成ず。悲しみ喜び交わり流る。深く自ら度《はか》るに、釋迦佛の開悟に因らずは彌陀の名願いずれの時にか聞かん。佛の慈恩荷いても実に報じ難し、と。

また云わく。十方六道、同じくこれ輪回して際なし。修修として愛波に沈み苦海に沈む。佛道人身得難くして今すでに得たり。浄土聞き難くして今すでに聞けり、信心發し難くして今すでに發せり、と。[631]

われわれは「三願転入」の文に用いられる「今」の用法を理解するためにいささか遠回りをしたようである。しかし遠回りをし、『唯信鈔文意』の「おほよそ過去久遠に云々」の文中の「今」の用法を知るに至ったことによって、「三願転入」の文の極めて近くにあった『法事讃』のこの語の存在を思い出すことができたのである。「三願転入」の「今」が善導のここで発している三度の「今」に導かれたものであることに気づかされた。そしてその遠回りのお陰で今や、当然のことながら、この善導の『法事讃』の語に続いて為される「三願転入」の文に至る親鸞の自釈の意味もよく理解できるようになった。親鸞は次のように自釈を始めている。

眞に知ぬ。専修にして雑心なる者は大慶喜心を獲ず。故に宗師は云へり。彼の佛恩を念報することなし。業行を作すと雖も心軽慢を生ず。常に名利と相應するが故に、人我自ずから覆て同行善知識に親近せざるが故に、樂みて雑縁に近づきて往生の正行を自障鄣他するが故に、と。悲しき哉、垢鄣の凡愚、无際より已來、助正間雜し、定散雑するが故に、出離其の期无し。自ら流転輪回を度るに、微塵劫を超過すれども、佛願力に歸し叵く、大信海に入り叵し。良に傷嗟すべし。深く悲歎すべし。凡そ大小の聖人、一切の善人、本願の嘉號を以て己が善根と為すが故に、信を生ずること能はず、佛智を了せず、彼の因を建立せることを了知すること能はざるが故に、報土に入ること无きなり。(632)

親鸞は「まことに知りぬ。専修にして雑心なる者は大慶喜心を獲ず」という語で自釈を始めている。かれは大慶喜を獲ることのできない理由、つまり真実の信心が得られない理由を、『法事讃』の語によって理解し、その理由を次のように説明する。

『法事讃』には、際限のない輪廻転生の苦海の中ではそこから救い出される道は甚だ得難いが、しかし「今」仏の慈恩のお陰で、仏道の人身を得、浄土の教えを聞くことを得、信心を発すことを得ることのかなったことが述べられている。親鸞のみならず仏弟子にとって輪廻転生の苦から解脱することが究極の目標であることは言うまでもない。『法事讃』で善導は、その究極の目標が、「今」つまり今生で、仏の慈恩のお陰で得られたと述べる。親鸞の自釈は、この善導の語を、逆説的に、自分自身が仏の教えに大慶喜心（真実の信心）を抱けない理由を述べるものとして受け止めたことを示している。

親鸞はここにおいて大慶喜心を抱けない理由を、善導の『往生礼讃』の語を引用して、仏恩を念報することがないから、行法を修めながらも心に慢心を生じ、好んで雑縁に近づいて、往生の正行を自ら障碍することに見出している。そして、親鸞は善導のその語の中に自己の姿を見て「悲しきかな垢障の凡夫」と悲嘆の語を発している。始まりの無いほどの過去から正助二行を雑え定散二心を雑えた自力行から離れることのできなかった自分には、流転輪廻からの出離は期し難い。そのことを思えば仏の願力に帰することも大信海に入ることも自分には実行し難いことである。

善導は、輪廻転生の苦から解脱する道が、仏の慈恩のお陰で「今」得られたことを示唆している。にも拘わらず、親鸞はその善導の示唆する「仏の慈恩のお陰による道」という教えが受け入れられずに、輪廻を解脱する道が自力の行によって獲得し得るものと考えてきた。そう考えた理由を、親鸞はいまや善導の言葉によって、ひとえに自分が「善知識に親近しなかったから」であると教えられた。「善知識に親近」し得ないがゆえに、つまり「師の教えをあるがままに聞き得なかった」がゆえに、自分は本願の名号による利益までをも自己の善根としてきたのであり、それゆえ、報土が建立された因を理解し得ず、ましてや報土には至れない身であったことを教えられたのである。

このようにして親鸞は、輪廻を解脱する道が自己の努力によって得られるものではないことを知ることによって、初めて善知識に親近し得たのである。善知識に親近し得た「今」、求めて来た道が仏の慈恩によって、つまり果遂の誓いによって既に得られていることを自覚したのである。親鸞が弘誓の門による往生を難思議往生と呼び、方便の真門による難思往生と区別するのは、それが果遂の誓いによって得られる往生だからである。本願を信じ念仏を称えれば、たとえそれが自力の念仏であったとしても、その自力の念仏を発さしめた果遂の誓いによって「教えざれども自然に真如の門に転入する」からである。その不思議をかれは「果遂の誓い良に由あるかな」と述べたのである。その自覚が確立するに至る、求道上の心境の展開を説明しようとしたのが「三願転入」の文である。

したがって次に二段に分けて引用する「三願転入」の文は、このような心境の展開を経て選択の願海に転入した自覚に至る経緯を述べたものとなっている。

是を以て、愚禿釋の鸞、論首の解義を仰ぎ、宗師の勧化に依て久く萬行諸善の假門を出て、永く雙樹林下の往生を離る。善本徳本の眞門に回入して偏に難思往生の心を發しき。

然に今特に方便の眞門を出て、選擇の願海に轉入せり。速かに難思往生の心を離れて、難思議往生を遂げんと欲す。果遂の誓い良に由ある哉。(633)

この文の前段には論首（世親）、宗師（善導）を同行とし善知識として、万行諸善を以て臨終来迎を期する双樹林下の往生を離れ、念仏往生に専念するに至ったことが述べられる。後半は果遂の誓願の力によってそこからも出て選択の願海に転入したことが述べられている。

後半の文に「今」の語が用いられていることに注意すべきである。先に述べたように、文脈上この「今」は、直前に引文された善導の『法事讃』に「仏道人道、得難くして今すでに得たり云々」と三度も発せられた「今」の語に導かれたものと考えられる。善導が「今」と言うのは、輪廻転生から解脱する道が、仏の慈恩のお陰で「今」既に得られていることを示唆してのことである。親鸞は、善導のその示唆によって自分が輪廻転生を離れる道が、果遂の誓いのお陰で「この身に」既に得られていることを理解したのであるが、そのことを「今特に」選択の願海に転入したと述べたと考えられる。

このように「今」は、仏や諸師のお陰で無始時来の輪廻転生から解脱する道が得られた「この生涯において」「この身において」を意味する語として用いられている。親鸞の著書に「今特」という用例は他には見られない。「特」の字に「コトニ」と「ヒトリ」との訓を付した例はここ以外に二度見られる。その一つは行巻に出る元照律師の『観経義疏』からの引文に見られ、他の一つは同じく行巻の終わり近くに行巻の要義を重ねて解釈する親鸞自身の自釈の部分に見られるものである。後者は親鸞自身の用例であり、そこには、

圓滿福智藏、開顯方便藏。良可奉持、特可頂戴也。(634)

と記されて、

第十八願には如来真実の福徳と智慧との利益が満たされている。その利益に至る方便の門が第十九、第二十願として開かれており。それゆえ〔これら三願を〕奉持すべきであり、特に頂戴すべきである。(635)

旨が述べられている。親鸞は、「三願転入」の「然るに今特に(636)」の場合と同様に、この「特」の字の右に「コトニ」、左に「ヒトリ」という訓を付している。ここで「特に頂戴すべき」とされるのは三願である。「コトニ」頂戴するべきとは、「殊に大切なものとして」頂戴しなければならない、というのであろう。「ヒトリ」は『歎異抄』第十八条の「弥陀の五劫思惟の願をよくよく案ずれば、ひとえに親鸞一人がためなりけり」の語を思い出させる。そうすればここには「親鸞一人のために説かれた本願を殊に大切なものとして頂戴しなければならない」という自身の思いが表白されたものと理解される。

この用例を参考にして「三願転入」文中の「然るに今特に」で親鸞が述べようとしたことを考察すれば、親鸞は

「久しく第二十願に説かれる念仏行に努めてきた。しかし今殊に果遂の誓いのお陰で、親鸞一人のために説かれた選択の願海に転入することができた」と言おうとしたものと考えられる。このことからも「今」が、「永遠の今」というような、従仮入真の論理が自覚されれば繰り返しいつでもその時を「今」と呼び得るような、抽象的で観念的な時を示す「今」を意味する語でないことは明らかである。親鸞の生涯にはその後にも自力の念仏が他力の念仏へ転換されたという自覚は生じたかも知れない。しかし親鸞はそれを「転入」とは呼ばない。三願の間にある真仮の関係を批判する論理が初めて明確になり、その論理によって自己の信心の遍歴が、仮門から真門への廻入と、果遂の誓いによる真門から弘願門への転入として認識し得た元仁元年『教行信証』執筆時の「今」の自覚が、「三願転入」と呼ばれる親鸞の宗教体験である。

前段に出る論首と宗師とが誰を指すかに関しては異論がある。その中から世親と善導を指すものと解したのは、信頼すべき円乗院や開華院が世親と善導を指すと解したとされること[637]、および金子師もそうされていることに倣ったのである。さらには、親鸞は、世親を万行諸善（第十九願）の仮門なることを教え、善導を善本徳本（第二十願）の真門なることを教えた師であると考え、「論首の解義」を仰ぎ、「宗旨の勧化」に依って、と述べたものと解したからである。それに対して後段に師の名を上げないのは理由があってのことと考えられる。なぜなら教える師の名を上げないことは、第二十願から第十八願への転入について、

定散自力の称名は　果遂のちかいひに帰してこそ
おしえざれども自然に　眞如の門に転入する

と、師から教えられなくても自然にそれが実現することを述べる『浄土和讃』の語と符合するからである。あるいはまた、三願転入の次第を述べた後に「果遂の誓い、良に由《ゆえ》あるかな」と本願力の確かさを感嘆する語を発してい

ることともよく相応するからである。

ここに法然の名を上げないことが、「転入」が親鸞の生涯において起こった時と、それを記述した時とを示唆している。方便の真門（第二十願の教え）を出て、弘願門（第十八願の教え）に転入した（真実の信心を得た）のは、元仁元年の「今」『教行信証』を執筆している時であり、親鸞五十二歳の時である。しかしその「今」は執筆時の時期のみを意味するものでなく、大須賀師の言われるように他力念仏が「いま得られた」ことを確信した吉水入信時の心境に繋がる「今」であり、無始時来の輪廻転生から解脱する道が「此の身」「此の生涯」で得られたそのことを示す「今」でもある。

他方、建仁辛酉暦の「雑行を棄てて本願に帰す云々」と述べる一文中に出る念仏往生の願への帰入は、法然への深い感謝の念を述べることによって表明されている。ここにわれわれは、元仁元年時に「願海に転入し」た親鸞と、建仁元年時に「本願に帰す」と述べた親鸞との間に、差異を認めざるを得ない。大須賀師は、建仁元年には素朴であった信が三願転入時には純化されたのであり両者に本質の相違はない、と言われる。確かに他力念仏への信心の徹到ということに関しては両者に差異はない。しかし上述のように考察してきたわれわれには、その両者の間にはかなりの径庭があると考えられる。両者の間に径庭を生ぜしめたものは「三願転入」の文に込められた親鸞の真仮批判の精神であると考えられる。以下にそのことについて考察したい。

建仁辛酉暦の「雑行を棄てて本願に帰す」の語に続いて述べられる元久乙丑の年の記述には、三経、三願、三往生の真仮に関する言及はまったく見られない。しかし元仁元年の『教行信証』執筆時に記された「三願転入」の文には先に見たように、「万行諸善の仮門を出でて、双樹林下の往生を離れ」と述べられ、「方便の真門を出でて、選択の願海に転入し、速やかに難思往生の心を離れて、難思議往生を遂げんと欲う」と語られ、万行諸善を説く第十九願は仮門と批判され、それを詳説する『観無量寿経』に説かれる往生は双樹林下往生として批判される。善本徳本を説く第二十願は方便の門として批判され、それを詳説する『阿弥陀経』に説かれる往生は難思往生として批判される。ここには三経という教の真仮、三願に説かれる行の真仮、三往生という証の真仮が批判されている。親鸞に真仮の批判をなさしめたのが、元仁元年の『教行信証』執筆時における「三願転入」という三経、三願、三往生に対する批判的論理の確立であり、その批判論理を述べたものが「三願転入」の文であることは先に述べた。

稲葉師は、善導は第十八願を行の願と見たため、それと対立する他の諸行を廃して念仏を立てるために行の真仮を批判する立場を取ったのに対して、親鸞は行の真仮をさらに根源的に追求するために信の真仮批判の立場を取ったと言われる。師は親鸞が信の真仮批判の立場を取ったことを、「三願転入」において信の純化が語られる根拠と見ておられるように考えられる(639)。われわれは今ここに来たって、稲葉師のこの視点が、「願に真仮の別を見ることによって、この三願、三機、三往生の系列を明らかにし、三願を開説したものが浄土の三経であるとしたのは、全く宗祖の己証に出づるものである(640)」と述べて親鸞の真仮批判を明確に示した名畑師の言葉と共に、「三願転入」を理解する上で極めて重要であることを改めて思うことである。

以上、大須賀、名畑、稲葉、古田四師の論を参考に「三願転入」の文を考察してきた今、われわれにはそれが書かれた経緯がほぼ見えてきたように思える。建仁辛酉暦の吉水入信時の本願帰入は、それまでの、流転輪廻以来の万行諸善の自力の無効であることを親鸞に自覚させ、念仏行も本願の名号までも自己の善根とする自力の行でしかなかったことを自覚させるものであった。他力念仏によってしか救われないことを確信した、他力念仏への信心の徹到した帰入であった。しかしこの帰入は元仁元年の『教行信証』執筆時の転入とは異なる。

元仁元年は師法然の十三回忌を迎える年である。『教行信証』を執筆している親鸞の胸中には、他の年にも増して師への強い謝念が存在したであろう。吉水入信時の本願帰入のことを回顧すれば、法然を初めとする善知識によようやく親近し得て果遂の誓いの由あることが理解できた「今」、自分の経てきた本願帰入への遍歴の跡が、三つの本願の意味と共に明瞭に確認される。その確認は、三願の間に真と仮、真実と方便の関係が存在することを知らせるものであった。このような確認を経て「三願転入」の文が、吉水入信時の本願帰入への信心の遍歴を、三願に対する、真仮、真実方便の批判の論理を述べるものとして記された。それゆえ吉水入信時の本願への「帰入」と、「三願転入」時の「転入」との間には、大須賀師の言われるように本質的な相違はないとしても、批判の論理を介したものか否かという点では明確な径庭を認めざるを得ない。

最後に「今」の問題にもう一度立ち戻りたい。この「今」は親鸞の往生思想を理解する上でも重要な語だと考えるからである。先述のように、古田氏の調査によってわれわれは「今」が『唯信鈔文意』に、

おほよそ過去久遠に三恒河沙の諸佛のよにいでたまひしみもとにして、自力の菩提心をおこしき、恒沙の善根を修せしによりて、いま願力にまうあふことをえたり。(641)

と出ること、そしてそれが親鸞の「今」という語の用法に、「過去久遠」ということに対して「対照的に微少な現在時点」を指示する用例のあることを知った。善知識に親近し得ずに流転輪廻を繰り返した生涯の悠久の長さに比べれば、法然を初めとする諸師に遇うことを得た極めて微少な現在時点である「今」は、親鸞にとって輪廻転生から解脱するために得難くして得られた「此の生涯」を指し「此の身」を指す語である。『教行信証』行巻には法照禅師の『五会法事讃』所引の慈愍三蔵の『般舟三昧経』に依る次のような語で始まる讃文が引文されている。

今日道場の諸衆等、恒沙曠劫より總て經來れり。
此の人身を度《わた》るに値遇し難し。喩えば優曇華の始めて開くが若し。

正しく希に浄土の教を聞くに値《もうあ》えり。正しく念佛法門開けるに値えり。
正しく彌陀の弘誓の喚《よばい》たまうに値えり。正しく大衆の信心あって回するに値えり。(642)

『五会法事讃』には、その基になったと考えられる、先に引用した善導の『法事讃』に説かれる「帰去来」という語を初め同趣旨の表現が多く見られる。「此の人身を度るに値遇し難し」という語も『法事讃』の「仏道人身得難くして今すでに得たり」という語と同趣旨であり、「正しく希に浄土の教を聞くに値えり。正しく念仏法門開けるに値えり」は「浄土聞き難くして今すでに聞けり、信心発し難くして今すでに発せり」と同趣旨である。法照も善導と同じ唐の時代の人である。善導の、人間としての境涯を「得難き仏道をすでに得た境涯」として受け止める、浄土教の人間観が既に定着している状況が窺える。

その人間観が『法事讃』『五会法事讃』を通じて親鸞にまで届いたのである。無限に続くかに思われる流転輪廻の中で、永きに亙って（久しく）万行諸善・善本徳本の自力の諸行を志してきたことであった。流転輪廻の境涯の長さを思えば「此の人間という境涯」は比ぶべくもなく短い。「にもかかわらず今（然るに今）」この境涯において、果遂の誓いのお陰で、これまで修した双樹林下往生のための仮門（第十九願）や難思往生のための方便門（第二十願）ではない、私一人のために説かれた殊に（特）《ことにひとり》大切な難思議往生のための弘願門（第十八願）に転入し得たことである。ここには久遠劫よりの流転輪廻に永別し、難思議往生を遂げ得る「此の身」に対する喜びがある。それは原始仏教以来尊ばれてきた「最後身」に通じる解脱観でもある。親鸞はそれを弥勒菩薩に見ている。『教行信証』信巻の自釈に親鸞は次のように述べる。

眞に知りぬ。彌勒大士等覺の金剛心を窮むるが故に、龍華三會の曉、當に無上覺位を極むべし。念佛の衆生は横超の金剛心を窮むるが故に、臨終の一念の夕べ大般涅槃を超證す。故に便同と曰うなり。しかのみならず、金剛心を獲る者は則ち韋提希と等しく、即ち喜・悟・信の忍を獲得すべし。是れ則ち往相回向の眞心徹到するが故に、不可思議の本誓に籍《よ》るが故なり。(643)

弥勒は「補処の弥勒」と呼ばれて、釈迦牟尼仏の説法に洩れた衆生のために三回の説法の会座（龍華三会）をもつとされる菩薩である。弥勒が無上正等正覚を悟って仏となるのは、それを悟り得る金剛心を究めているからである。念仏の衆生は横超の金剛心を極めているから、臨終の一念の夕べに大般涅槃を超証する。つまり成仏する。それゆえ弥勒と同等である。(644)それだけでなく、つまり真実信心を得た者は聖者である弥勒と同等であるだけでなく、凡夫である韋提希とも同様にして、喜忍・悟忍・信忍の三忍を獲得する。それはとりもなおさず、如来によって与えられた往相廻向の真心が徹到しているからであり、これは皆、阿弥陀如来の誓願のお力によるものである。(645)

親鸞は、念仏の衆生と弥勒とは金剛心によって仏となることが共通するので同等である、と言う。その金剛心は、金剛心を獲る者は三忍を獲得すると言われて、三忍と等しいものとされる。先に本章第八節1「二益法門を否定する過ち」の項において述べたように、親鸞においては喜忍・悟忍・信忍の三忍は無生法忍とされ、往生成仏の決定した正定聚・不退転の位とされる。三忍は凡夫である韋提希によっても得られたものである。凡夫に三忍が得られ、正定聚・不退転の位が得られるのは、浄土に往生する行である如来に与えられた念仏の真心が徹到しているからである。そしてそのことはすべて自己の念仏の力によるものでなく、阿弥陀如来の誓願の力によるものである、と親鸞は言う。ここには「三願転入」を考察した折りに見た「本願の嘉號を以て己が善根と爲す」と述べ「果遂の誓い良に由《ゆえ》あるかな」と嘆じた言葉に通ずる心境が窺える。

この自釈の中にも、親鸞の往生理解が「現世往生」でないことが明瞭に示されている。親鸞は先ず、弥勒と念仏の衆生とが金剛心によって仏となると述べる。しかしその場合に親鸞が、弥勒は龍華会座の暁に仏となると述べ、念仏の衆生は「臨終の一念の夕べ」に仏となると述べていることに注意しなければならない。弥勒は「一生補処」の菩薩とも呼ばれ、この最後の生涯を終えれば仏となる菩薩とされるに拘わらず、龍華会座の暁に正覚を究むと言い、命終には言及しない。それは、既に本章第八節2ａ「仏教における二大思想の潮流」で述べたように、原始仏教以来、仏陀釈尊を初め聖者は現世で彼岸（涅槃）に到達し得るものと考えられており、聖者弥勒の正覚を語る親鸞の念頭にもその通説が存在するからである。それに対して念仏の衆生は「臨終の一念の夕べ」に仏となると親鸞は言う。

仏になることと往生することとが親鸞においては同時に成立することと考えられていることは、例えば住田智見師が真仏土について「仏身仏土は如来大悲の所成にて、我等凡夫所生の真仏土なれば往生即成仏すべき云々」と言われ、

凡夫往生すれば、直ちに法性常楽を得る。「極楽無為涅槃界[646]」たる浄土なる故に、果門を以て取らば常に仏なり[647]。

と言われる如くである。真仏土への往生は『教行信証』の次の語によってよく知られている。

往生と言うは、大經には皆受自然虚无之身无極之體と言えり[648]。

『無量寿経』の「自然虚无之身、无極之體」が、「自然」「虚無」「無極」という語が『老子』『荘子』『淮南子』などに出る語であること、直接的には『大阿弥陀経』の文を受けたものであり、ほぼ同文が『平等覚経』にも見られるが他の異本には見あたらないことから、これら旧訳三本において付加された中国思想の影響を示すものであることが藤田博士によって指摘されている[649]。したがって「自然虚無の身、無極の体」の語それ自体が仏を意味するとは言い難いが、それが「容色微妙にして、天にあらず、人にあらず」と言われていること、虚無も無極も道家で「道」の本体を表す言葉とされていることからして[650]、親鸞は仏と理解したと考えられる。

このように親鸞においては往生と成仏とは同時のこととして捉えられている。そして先に引用した信巻の自釈に「臨終の一念の夕べ大般涅槃を超証す」と述べているように、涅槃を証得すること即ち仏となることは「臨終の一念」とされる。それゆえ、親鸞が往生を「臨終の一念」に得られることと捉えていることは明らかであり、決して往生を現生において得られること即ち「現世往生」などと考えていないことは明白である。寺川俊昭博士は『浄土三経往生文類』に説かれる大経往生、真実報土の往生、難思議往生に関する親鸞の知見には「どこにも未来往生ということが述べられていない」と言われる。確かにそこで臨終往生を述べる経文として引用されるのは、親鸞自身も言うように、双樹林下往生を語るものばかりで、難思議往生に関しては臨終や命終を示す語は見あたらない。しかし難思議往生に関する親鸞の知見に「どこにも未来往生ということが述べられていない」ということが真実でないのは、如上の信巻の自釈に真仏弟子の真仏土への往生を「臨終の一念の夕べ大般涅槃を超証す云々」と注釈する語からしても明らかである。博士はまた、『大経』に説く浄土である無量光明土を次のように現生で自証される世界であると言われる。

無量光明土はこの世界の延長上にあるのではなく、この現生の境界に「無明闇」を感ずる、その無明に立った分別が破られたところに開かれる世界、つまり分別が破られ転ぜられたところに開示され、自証される世界(後略)。(651)

これが博士を信奉する近代教学に与する人々の「難思議往生は現世往生を意味する」と主張する強力な根拠となっていることは、夏秋の両安居の聴衆から発せられた言葉の端々に窺えたことであるが、博士のお考えの過ちであることも同じく「臨終の一念の夕べ大般涅槃を超証す云々」という語によって明らかである。

以上、親鸞の往生理解が「臨終往生」あるいは「来世往生」を示すものであることを理論的側面から考察したのであるが、それはまた感覚的側面からも親鸞がそう理解していたことを確認することができる。親鸞の感覚的側面からの往生理解を示すものは、何よりも先ず『末燈鈔』一二に収められる有阿弥陀仏に宛てられた手紙に、

この身はいまはとしきはまりてさふらへば、さだめてさきだちて往生し候はんずれば、浄土にてかならずかならずまちまいらせさふらふべし。あなかしこあなかしこ。

と記された語である。この語についてはそれに通じる金子師のお言葉と共に次節で改めて味読したい。さらには師法然の遷化に際して詠まれた次のような和讃が思い浮かぶ。

命終その期ちかづきて　本師源空のたまはく
往生みたびになりぬるに　このたびことにとげやすし
本師源空命終時　建暦第二壬申歳
初春下旬第五日　浄土に還歸せしめけり

親鸞がこのように往生を命終時として和讃にまでして詠じようとする胸中には、師の遷化を尊ぶ思いがはたらいていることは言うまでもないが、そこには師の帰って行かれた国を自らも帰るべき国として浄土を欣求する思いが強くはたらいているのを感ずる。あるいは浄土は「久遠劫よりいままで流転せる苦悩の旧里はすて難く、いまだ生まれざる安養の浄土はこいしからずそうろう」(652)と時として言わざるを得ない凡夫親鸞にとっては、師の法然が浄土を命終を期として帰って行かれた場所として想いみることは、興盛《ごうじょう》なる煩悩に疲弊した人生に励みや指針を与えるものであったに相違ない。曇鸞を想い詠んだ和讃には次のように述べている。

世俗の君子幸臨し　勅して浄土のゆへをとふ
十方佛国浄土なり　なにゝによりてか西にある

鸞師こたへてのたまはく　わが身は智慧あさくして
いまだ地位にいらざれば　念力ひとしくおよばれず

この和讃で、曇鸞は「十方世界はすべて仏国であり浄土であるはずであるのに、あなたはなぜ西方の阿弥陀の浄国のみを願生されるのか」と問われて、「自分は智慧がまだ浅く初地の位にも至っていない。それゆえ十方世界のどこでもが仏国だとは念ずることができない」と答えたとされる。親鸞はこの和讃で、弥陀の浄土が経に「西方」と方角が限定されて説かれることの意味を語ろうとしたものと考えられる。つまり経に「西方」と説かれるのは、智慧の浅い凡夫に浄土を念じ易くするための方便としての「教説」なのだと言わんとしているのである。聖者ならざる身に「十方世界が浄土であるから、そこに往生することを願え」と教えられても、十方世界への往生は願い難い。「日の沈む西方に仏のまします浄土がある」と教えられるとき、そこへの往生はイメージし易くなる。この和讃は浄土往生を念じるというまったく宗教的な事柄が、「西方」と空間的限定を与えられることによって、現実感を伴って受け止められる「教説」となることが示されている。そして親鸞は曇鸞の往生を次のように詠じている。

六十有七ときいたり　浄土の往生とげたまふ
そのとき霊瑞不思議にて　一切道俗帰敬しき

ここには浄土往生が曇鸞六十七歳のこととして述べられて、往生を遂げるという宗教的な事柄が、「命終」という時間的限定を与えられることによって、現実感を伴って受け止められる「教説」となることが示されている。右に引用した親鸞の手紙や和讃の言葉は、親鸞が浄土往生を、「西方」という空間的限定と、「命終」という時間的限定とを伴う「現実の出来事」として理解していたことを示している。

『教行信証』信巻の自釈に語られる、現生において真実の信心である金剛信を如来より賜り、それによって正定聚・不退転の位に就き、臨終の一念の夕べに往生するや直ちに大般涅槃を超証して仏となる、とするのが親鸞の謂わば理論的な往生論である。それに対して『末燈鈔』所収のお手紙に「この身はいまはとしきわまりてそうらえば、さだめてさきだちて往生しそうろわんずれば[653]」と述べ、また「明法の御坊の往生のこと、おどろきもうすべきことにはあらねども、かえすがえすうれしうそうろう[654]」と語られ、繰り返しよき往生に志すことを勧め、和讃に「六十有七ときいたり　浄土の往生とげたまう」と詠じられるのが世間的な往生論である。両者が共に命終往生を説くものであることは言うまでもない。

十　親鸞の説く「命終往生」の意義

近年大谷派のある研究会において池田勇諦師によって「往生浄土に真仮あり」と題する講義がなされた。その中に師の親鸞の往生論に関する誤解や、親鸞研究の方法論に関する言及に看過できない問題があると考えるので、以下に師の講義を論評したい。師と同様の発言は近代教学の信奉者にしばしば認められるものである。したがってこの論評は師個人の過失や誤解の剔出を目的とするものではない。たまたま筆者が最近入手した師の講義に近代教学の問題点が典型的な形で表れているので、失礼ながら師の講義の記録を援用させていただいただけであり、他意はないことを前以てお断りしておく。

文中に近代教学と近代仏教学という紛らわしい用語を用いたのでここに簡単に説明を加えておく。近代教学とは、清澤満之の信念を継承する、曽我量深、金子大栄、安田理深という方々の思想的営為による真宗教学の流れを指す[655]。

他方、近代仏教学とは、パーリ語原典・サンスクリット原典・チベット訳・漢訳などあらゆる仏典を用いて学問的に研究する仏教学を指す[656]。

先ずその発表が講話や法話の類ではなく「研究会」でなされた講義であることを確認した上で師の発言を検討したい。師は、未来往生か現在往生か、死後往生か生前往生かという発想そのものが問い返されなければならない、と言われて、往生が来世か現世かを問題とするのを無意味なことのように主張しておられる。しかし、金子大栄師は、親鸞聖人が最も喜ばれたことは「現生不退」ということであり、その現生不退は来世の往生ということがあって成り立つことであるとして次のように述べておられる。

> 念仏申させて貰うことによって、有難いという感覚をおこさせるものとは一体何だろうかと〔考えますと〕、そういう場として〔考えること〕は、私には後の世というものがあるの〔だということ〕であります。有難いという感覚をおこさせるものがあるのであります。死ねばお浄土へ行けるのであると〔思うのであります〕。人間の生涯の終わりには浄土へ行けるのであり、死の帰するところを浄土におくことによって、それが生の依るところとな〔るのであ〕って、浄土を憶う心があると、その心から光りがでてきて、私達に不安の只中にありながら、そこに安住の地を与えられるのであります。……来世の往生ということがあって、はじめてそこに現生不退が成り立つのであります。未来往生という時間的な、永遠の場ができなければ、現生不退ということもでてこないでしょうし、又現在安住ということもでてこないでしょう[657]。（〔　〕内、傍線、小谷付記、以下同じ。）

周知のように、親鸞にとって「現生不退」は正定聚に住することを意味し、往生すべき身となることを意味する。それゆえにこそ「現生不退」は親鸞にとって重要な教説である。そのことを示そうとして金子師は「来世往生」

「未来往生」という教義がわれわれに大切な教えであることを右記のように指摘されたのである。金子師のこのご指摘は『末燈鈔』一二に収められた、親鸞が有阿弥陀仏に宛てて記されたお手紙の次のような言葉に通ずるものである。

> この身はいまはとしきはまりてさふらへば、さだめてさきだちて往生し候はんずれば、浄土にてかならず〳〵まちまいらせさふらふべし。あなかしこ〳〵。[658]

この親鸞の言葉からしても、未来に往生を説くことが決して無意味なことであり得ないことは明らかである。金子師の「来世往生」というお考えがこの時限りのものでないことは次の講義の言葉からも明白である。

> 思ふに往生といふことは真宗にありても必ず未来のことであらねばならぬ。親鸞にありては「真実報土のきしにつく」と「無上大涅槃のみやこにいる」とは同じことであった。……往生を現生にあらしむれば、滅度をも現在にあらしめねばならぬであろう。……難思議往生も必ず未来の事であるべきであろう。即得往生は未来であり、住不退転は現生である。
>
> そこ（『一念多念証文』、小谷付記）には即得往生を直ちに、日をもへだてず浄土に生るゝのであるとは解していない。ときをへだてず「そのくらゐにさだまりつく」（『一念多念証文』、小谷付記）ものは、摂取不捨に依る住正定聚である。……往生浄土といふことが未来にあればこそ、摂取不捨や住正定聚の現生にあることが特に信心の歓びとなるのではないか。また往生浄土といふことが未来にあればこそ、臨終一念之夕、超証大般涅槃ということも特に感銘深く領会せらるゝのである。[659]

金子師の「一念多念証文には即得往生を直ちに、日をもへだてず浄土に生るゝのであるとは解していない。ときをへだてず「そのくらゐにさだまりつく」のは、摂取不捨に依る住正定聚である」とする指摘は大変重要である。

これとまったく同じ指摘を櫻部建博士がされていることは既に述べた[660]。それに基づいて筆者はかなり詳細な「現世往生説」批判を記したのでそれを参照されたい[661]。両師のご指摘および筆者の論考によって、親鸞が往生を現世ではなく来世の事と考えていたことの論証は尽くされていると考えられる。

しかし池田師は、往生が未来か現在かを問うという発想は親鸞の心を窺う場合には適切でないと言われる。それは大谷派教学の基礎を築いた香月院の往生を命終後の事と繰り返し注意していることを無視し、来世往生の教説を大切だとする金子師の考えを親鸞の心を窺うものではないと退けることをも意味する。その上、師は往生を来世や現世に限定することが無意味であると言われながら、自らは無自覚の内に現世往生を主張するという自己矛盾を犯しておられる。師の来世往生説否定の根底には曽我量深師の往生理解が窺える。

曽我師が『口伝鈔』に説かれる「不体失往生」を誤解されていることは既に検証した[662]。筆者の体失・不体失往生に関する理解は藤原幸章師の論文に依るものである。曽我師の「不体失往生」の理解は、その言葉の表面上の意味に基づいて「身体を保ったままで往生すること」を意味する語として解されたものであるが、藤原師は覚如上人が親鸞の往生思想をどう理解しているかを検討した上で、その意味するところを考察され、それに基づいて「体失往生が臨終来迎往生を意味するのに対して、特に信一念の現在時に、いわゆる事業成弁して往生決定の身となりえた体験の事実を際立てるために、敢えて不体失往生と言い表したものとみるべきであろう」と言われる。それは根拠の提示されない曽我師の文字の表面上の理解とは異なり、論拠を明示しての遙かに信頼のできる考察である。今回の池田師の講義の過ちは、藤原師の論考を参照し検討する努力をされなかったことが大きな原因となっている。

池田師は曽我師の誤った解釈を踏まえて、親鸞の往生を「不体失往生」（体を失わずして得る往生）を意味するものと理解しておられる。そして師は次のように言われる。親鸞の往生浄土観は不体失往生であり、体を失わずして得る往生である。他方、体失往生の方は親鸞においては体失成仏と言い得る。不体失往生とは正定聚に住することである。正定聚に住することも滅度に至ることも元は阿弥陀の本願の第十一願に説かれることである。第十一願は国中人天の利益である、と。

ここに池田師の、親鸞は現世往生を説くと誤解された原因がよく顕れている。師は親鸞の往生浄土観は不体失往生を説くものだと言われる。つまり親鸞は現世往生を説いているのだと主張しておられるのである。そして不体失往生が体を失わずして得る往生（現世往生）を意味すると理解し得る理由を、師がそこで第十一願に言及されていることからすると、次のように推測されたものと思われる。

不体失往生は正定聚に住することであり、体失成仏つまり滅度に至るものである。第十一願には正定聚に住し滅度に至ることが国中の人天に得られると説かれることからすれば、正定聚つまり不体失往生は、国中つまり浄土において得られることと考えられる。また、親鸞は『論註』の語を読み替えて、正定聚・不退転に住することを現生において真実信心を得れば直ちに得られる事と解釈する(663)。そうすれば正定聚すなわち不体失往生は親鸞においては現生において得られる往生と考えられていることになる、と。

しかし池田師のその推測は成立しない。なぜなら、親鸞が『論註』の語を読み替えて正定聚・不退転を現生の事としたことは、往生を現生の事とすることにはならないからである。池田師は、不体失往生を正定聚を意味するものと解し、親鸞は正定聚を現生における事とするので、不体失往生は現生において得られる往生を意味する語として使用されたのだ、と理解される。しかしそれは師が宗学の眼目として強調される「親鸞聖人によって開顕されたところの往生浄土を切り開く」ということからかけ離れた理解である。それは第十八願成就文の「即得往生」の語が、真実信心を得るとき直ちに得られるのは正定聚・不退転に住することを述べるものであり、往生が得られることを意味するものではないことを説明するのが、親鸞の『一念多念文意』の趣旨であることが、既に述べたように、金子・櫻部両師によって論証されていることからしても明らかである。

池田師は、親鸞にとっては、命終後の往生よりも、本願力廻向によって浄土の功徳を賜って生きるということに力点が置かれていると言われる。しかし師はその「本願力廻向によって浄土の功徳を賜って生きる」ことの意味を何ら説明されない。金子師は親鸞が「現生不退」を重視した理由を、「現生不退は来世の往生ということがあって成り立つ」という言葉によって述べておられるのである。つまり、親鸞にとって「現生不退」は正定聚の位に住することであり、それが池田師の言われる「本願力廻向によって賜る浄土の功徳」なのである。金子師は、「現生不退は来世に往生することが決定することを意味する。それゆえ現生不退は来世の往生ということがあって成り立つ」と言われているのである。金子師のように理解するときに初めて、親鸞が現生不退を重視した理由が、来世に往生することに定まる不退転の位に本願力のお陰で現生において就かせていただけることを喜ばれたことにあったことが明らかになる。

その親鸞の心が示された『一念多念文意』の趣旨を大谷派の近代教学を奉ずる人々は誤解してきた。それを櫻部博士は近代仏教学の方法論によって培われた読解力を用いて解明された。池田師は親鸞の浄土理解の核心を、本願力廻向によって浄土の功徳を賜って生きることである、と言われる。しかし「浄土の功徳を賜って生きること」と抽象的に述べられた内容は説明されない。幸いわれわれは金子師の示唆と櫻部師の検証のお陰で、親鸞の往生理解の核心が「正定聚・不退転に住すること」にあり、「いま真実の信心を得れば、命終われば間違いなく浄土に往生できること」を確信することができる。その確信が大切であることは、終末医療の様子を伝えるテレビ画面に映し出された、癌などの病気により死に直面したキリスト教徒の患者さんが天国に召されるという教えに安らぎを得ておられるお姿からも察知することができる。臨終往生の教説は、死に臨む者にとってだけでなく、元気な者にとっても大切な教えである。健康な者は元気な自分の上に都合の良いことのみを思い描き、その実現を求めることを中心にして人生を考える。しかしその考えが、いつかは現実化する厭わしい世界を、いま自己の根底に着々と準備していることに気づかない。ましてや自己を中心に思い描いた世界を離れた清らかな世界を希求すべきだなどとは思わない。「厭離穢土、欣求浄土」を現実逃避の思想としか考えることができない(664)。先に引用した金子師のお言葉は、われわれのそのような浮薄な考えをやさしく微笑みながら批判する。

先述のように、金子師は宗学の立場から、櫻部先生は近代仏教学の立場から親鸞が臨終往生を説くことを論証され、のみならず金子師は未来往生、臨終往生の教説の大切さを示してくださっている。にも拘わらず、未来往生か現世往生かと問うことそのことが問い返されなければならない、と言われる池田師のお考えは宗学を学ぶ者に相応しいものとは思えない。これらのことをご承知の上でなお同じことを言われるとすれば、その根拠が示されなければならない。根拠を示さずに他者を批評されるのは、批評ではなく誹謗中傷に過ぎず研究者のされることではない。

金子師は来世往生・未来往生というお考えを生涯維持されたと思われるが、一時期、曽我師の「即時往生」のお考えを考慮してご自分の考えを再考しようとされたことがあった。師は、

即得往生とは即時に往生するということではない。定得往生ということである。即時往生は、観念遊戯である。定得往生は生活根拠の獲得である(665)。

と「即得往生」が即時に往生することを意味する語でない、つまり「現世往生」を意味しない旨を述べつつ、その語に注記して、

近時、曽我師、即時往生を強調せらる。恐らくその体験ありてのことであろう、師説に反くべきではない。し

からば反省せねばならない(666)。

と述べて、曽我師の「即時往生説」つまり「現世往生説」に背いて「来世往生説」を主張すべきでないのではないかと躊躇する思いを記されている。ここには金子師の曽我師に対する畏敬の念が示されているが、師には祖師親鸞の言葉の真実への探求心がより強固であったために、曽我師の「現世往生説」によって自らの「来世往生説」を枉げはされなかった。師が「来世往生説」を枉げられなかったことは、曽我師が最晩年になって金子師の「未来往生説」を理解し、自らそれを受け入れられたことを記す伊東慧明師の手記によって確認される。そこでは金子師の「来世往生」「未来往生」のお考えを初めは理解されなかった曽我師が、最晩年になって理解されたことを金子師に次のように吐露しておられる。

わたしは金子先生のお話は長い間わかりませんでした。いま、やっと少しばかりわかりました。……まあ、金子先生からして、〝彼岸の世界〟ということ、ずっと昔からお聞きしておるのでありますけれども、それがなかなか、鈍根の機でありますからして、よくいただかれないで、それが、このごろ、やっと、いろいろ少しばかりわからしていただきまして、未来の安楽浄土、自然法爾の世界……南無阿弥陀仏(667)。

ここには、往生が現世であるか来世であるかを問題にすることを曽我師が、無意味なこととは考えられずに、ずっと思索し続けてこられたことと、その思索を継続させた真摯な求道心とが示されている。池田師は、曽我師の言葉遣いではなく、その真摯な求道心をこそ学ばれるべきであった(668)。しかし池田師のみを責めるべきでないのかも知れない。というのは、真宗学の研究者が「親鸞は著作の中で往生をあまり問題として取り上げていない。だからわれわれは往生が親鸞にとってさほど重要な課題だとは考えない」と言われるのをよく聞くことがあるからである。確かに親鸞にとって重要なことは、真実の信心を得ることによって現生において正定聚・不退転の位につくことができることを、『無量寿経』と『論註』の語によって論証することであった。しかしそれはひとえに正定聚・不退転の位につくことが、命終後に往生することを保証するものだからである。浄土教徒の誰にとっても重要であったように、親鸞にとっても命終後に往生するということは重要な事柄であった。なぜなら、仏教徒にとって最も重要な課題は仏になることであるが、先に述べたように、[669]浄土教徒にとっては浄土に往生することがそのための唯一の方法だからである。

「現世往生」という表現は信楽峻麿師によるもの[670]かと思うが、信楽説の基になったのは上田義文師の次のようなお考えだと考えられる。

現生において、生きているままで「往生をうる」ということは、インドから中国を経て、日本に至るまで、未だかって言われなかったことである。それを親鸞はあえて言おうとするのである。[671]

つまり上田師は、親鸞の往生観はそれ以前の往生観（命終往生という考え）とは異なり、現生での往生を説くものと主張された。しかし親鸞が双樹林下往生や難思往生と区別した難思議往生の特徴は、自力作善や自力の念仏により臨終に来迎されて往生して浄土で正定聚・不退転につくのではなく、他力の念仏により現生で正定聚・不退転に住して命終と共に往生するという点にある。あるいは『浄土三経往生文類』の広本で、親鸞は難思往生と難思議往生とを区別するために、前者には「じりきのねんぶちしやなり」、後者には「ほんぐわんたりきのわうじやうとまふす」と左訓を付して、難思議往生の特徴が「本願力他力による往生」にあることを示している。[672]これらのことからして、親鸞が、双樹林下往生・難思往生と難思議往生との違いを、前者は自力による往生、後者は他力による往生とする点に認めており、上田師の誤解されたように前者は命終後の往生、後者は現生での往生とする点に認めていないことは明らかである。

藤原師は、それが『口伝鈔』に前者が「体失往生」と呼ばれ後者が「不体失往生」と呼ばれて伝承された意図である、と言われるのである。ゆえに親鸞が「不体失往生」を説いたという伝承がもし正しいとすれば、不体失往生は曽我師が考えられるような、そして池田師の言われるような「体を失わずして得る往生」を意味するものではない。上田師も後には、親鸞の往生観の重要性が従来の死後往生の往生観とは異なる現生の往生を述べたことにあるのではなく、現生で正定聚・不退転につくことを教える点にあることに気づかれて次のように述べておられる。

この一文は嘗て伝統教学の学者たちからいわゆる異安心として非難・排斥されたものであり、その余燼は今日もまだ消えないでいるらしく見えるが、私自身この論文に根本的な欠陥があることを、その後の研究によって気づいた。……専門の学者たちは、信心獲得のときに不退の位に定まると説かれても、そのことはあまり問題にしないで、即得往生と説かれていることを非常に問題にしているが、親鸞の思想において、この場合重要なのは、むしろ往生よりも不退の位である。(傍線、小谷付記)[673]

さらに『浄土論』の往生に関する記述について、池田師は、三経には命終えて生まれる世界が浄土という色あいが濃く出ているが、『浄土論』には往生が命終えて後に生まれるという表現はまったく見られないから、世親にはこの世に死んで生まれるという観念が超えられていたと思われる、と言われる。そしてそこに親鸞は着眼したのではないかと思われる、と述べておられる。これはサンスクリットを解されない師には、致し方のない誤解かと思うが、既に筆者は別の箇所に[674]曇鸞が「往生」の語義を誤解していることを説明したので、詳細はそれを参照いただくこととして、ここではその要点のみを記す。

往生はサンスクリットでは upapatti という語である。これはもともと輪廻転生する場合に用いられた概念で、死んで生まれ変わることを意味する語として用いられる。曇鸞は往生の「生」を無生法忍（anutpattikadharmakṣānti）にヒントを得て、utpatti と間違って理解した。しかし utpatti は、往生の語 upapatti が有情の生まれ変わりを意味するのとは異なって、有情ではなく現象が生ずる場合に用いられる語である。したがってインドの学僧である世親が『浄土論』で用いた往生の語 upapatti は当然、一旦死んで命終えて生まれ変わることを意味する語として用いられている。それゆえ「命終えて」と殊更言われていなくても「往生」と言われておれば、そこには命終後であることが当然含意されている。

親鸞にサンスクリットの知識があったとは思えないが、三経を精読して浄土教の往生思想に精通し、そのことによって『浄土論』の往生をも正しく理解していたので、曇鸞の間違った往生理解は援用しなかった。『論註』の「亦得往生則入正定聚」の語を親鸞が読み替えて正定聚を現生の事としたとする伝承はよく知られているが、往生を現生の事とするために読み替えをしたという伝承はまったく残っていない。このことも親鸞が往生を命終後の事と考えていたことを示している。それゆえ大谷派宗学の大成者香月院深励（一七四九—一八一七）も親鸞の往生理解にしたがって、往生を常に命終後の事として当然の如くに述べるのである。香月院が往生を命終後の事と考えていた記述は師の『浄土論註講義』にも数多く見られる。(675) 香月院は現世往生を説く者を異解者と呼んで次のように厳しく批判している。

異解者はこゝで一益法門をいひたてるなり。身は娑婆にありながら信の一念に無量光明土に往生して浄土の菩薩になりておるゆへ、穢土の假名人と淨土の假名人とは異なることを得ず一つじゃと言ふ。（一四八頁）

異解者は眞實報土無量光明土と云ふ時はこの娑婆世界を淨土の内へ入れて、信心得たものゝ攝取の光明へおさめとられたものはこの世からはや無量光明土に往生して淨土國中の人天になりておる。（五一八頁）

このような香月院の言葉にも、往生を命終後の事として大切に考えられる金子師に通じる思いが窺える。もちろん世親もそう考えたことは、浄土経典に説かれる往生が般若経典に説かれるそれとは異なって、命終後の往生を説くことを特徴とするものであるとする仏教史学の成果からして極めて明らかな事実である。[676]

また師は近代仏教学の方法論について言及し、「近代仏教学の専門の先生方は、親鸞聖人は現世往生を説いたかどうか、来世往生はどうだったんだとかいうことはよくおっしゃいます。近代仏教学の方法論、科学的研究という上からはそういう発想というものは出てくるのでしょうが、しかし今、わたしたちは親鸞聖人によって開顕されたところの往生浄土を切り開くわけでしょう。だから眼目は真実の信に立つという一点にわたしたちが集中いたします時に、二つに割ってさあ右か左か、白か黒かというそういう分別そのものが間違っている、はっきり言えばそう言わねばならぬと私は思うんですね」と言われる。

これは近代仏教学を専門とするわたしたちには聞き捨てにすることのできない発言である。先に引用した金子師のお言葉からも「来世往生」ということが、金子師にとってのみならずわたしたち親鸞に学ぼうとする者にとって大切な教義であることが分かる。その教義を明らかにすることは、池田師の言葉を借りれば「親鸞聖人によって開顕されたところの往生浄土を切り開く」仕事である。金子・櫻部両師によって『一念多念文意』に親鸞が現世往生を述べていないこと、したがって来世往生が意図されていることが明らかにされたのは、正しくそういう仕事だと言わねばならない。櫻部博士が優れた近代仏教学の研究者であられたことは池田師もご承知のはずである。親鸞の言葉の意味を、右か左か、こういう趣旨であろうかああいう趣旨であろうと、文献学や歴史学等の方法を用いて正しく分別すること、それは近代仏教学のみならず宗学を学ぶ者すべてに求められることである。金子師は宗学の立場からそれを実践されたのである。

師は講義の後半で『大経』の「自然虚無の身、無極の体を受けたり」という語の意味を吟味しておられる。そして親鸞の著作中に出る「虚無・無極」の語の意味を金子師のお説に基づいて色々と考察されている。師がそのように吟味し親鸞の言葉の趣旨を考察されることと、近代仏教学の文献学的方法に基づいて櫻部博士が前記のように親鸞の即得往生の解釈の趣旨を考察され明確にしてくださったこととは、どのように異なるのであろうか。人間の考えることは唯識説からすれば、すべて虚妄分別の所産である。だとすれば池田師の「虚無・無極」の考察も、櫻部博士の「即得往生」の意味の考察も、分別であることに変わりはない。池田師は、近代仏教学の研究者の分別を殊更取り上げて、その分別そのものが間違っていると言われるが、その根拠が何であるかを明らかにされなければならない。

最後に、冒頭に述べたように、池田師の講義がなされたのは教化研究会という場であり、教学を研究する場である。真宗学であれ、仏教学であれ、他のいかなる研究分野からであれ、親鸞教学を研究する場に臨んでは、研究者は分野に係わる予定概念や信心に基づく偏見を極力取り除くように努めて共に学ぶことが求められるはずである。もし客観的に正当と認められる根拠なく前記のような発言をなされたとあれば、それは批評ではない。研究者である池田師のなされるべきことではない。この種の発言は池田師のみならず近代教学を奉ずる人々におうおうにして認められる。それゆえ近代仏教学に身を置く筆者としてはそれを聞き捨てにするわけにはいかず、失礼をも顧みず師の講義をここに敢えてその一例として論評し、近代教学を奉ずる人々に注意を喚起すべく一文を草した次第である。

註

(378) 中村元「極楽浄土にいつうまれるのか？――『岩波 仏教辞典』に対する西本願寺派（本願寺派、小谷訂正）からの訂正申し入れをめぐっての論争――」（『東方』第六号、一九九〇年）一八八―二二一頁。

(379) 『真宗聖教全書 二』六〇五頁。

(380) 上田博士は「経文の「即得往生」を親鸞は文字通りに受取って、正定聚の位につくことも亦「往生をう」と言ってよいと考えたのである」と述べ、「大経の「即得往生、住不退転」という言葉を解釈せねばならぬ必要から親鸞はやむなく正定聚の位につくことを「往生をう」と云ったのではなくして、却って積極的に、正定聚の位につくことを「往生をう」と言ってよいと親鸞は考えていたのである」と言われる(上田義文『親鸞の思想構造』春秋社、一九九三年、一〇三頁)。信楽教授も「即得往生」を親鸞は現世往生を説くものと理解したとしておられる。信楽峻麿「親鸞における現世往生の思想」(『龍谷大学論集』第四三〇号、一九八七年、二六—五四頁)。しかし親鸞が「即得往生」を文字通りに受け取っていないことは後に説明する通りである。

「親鸞は現世往生を説いた」と主張する多くの人々が上田博士や信楽教授と同様に誤解しているように、筆者も漠然とそのように考えてきたが、櫻部博士のこの文章を読み、『一念多念文意』の文章を本文中に述べるような仕方で改めて文脈を追って詳細に検討した結果、その文章が上田博士や信楽教授の言われるようなことを意味していないこと、櫻部博士のお考えの正しいことが判明した。近世仏教文学を専門とされる沙加戸弘博士に『一念多念文意』をお示ししてその趣旨をお尋ねしたところ、博士から「この文章には現生における往生は何も述べられていない」旨のご返事をいただき、櫻部博士の読み方の正しいことを確認することができた。改めて櫻部博士の長年の精密な文献研究によって磨かれた慧眼に接する思いがした。先生は平成二十四年六月九日に逝去された。先生のご生前のご指導に衷心よりお礼を申し上げます。

(381) 櫻部建『浄土と往生』(平楽寺書店、二〇〇三年)七二頁。

(382) 櫻部建「祖師聖人の往生観をめぐって——寺川説の検討——」(『真宗研究』第四三輯、真宗連合学会、一九九九年)一五四頁。櫻部博士によって批判されている寺川説とは、『印度学仏教学研究』通巻第九一号(一九九七年)に掲載された寺川俊昭博士の論文「親鸞と蓮如——往生理解をめぐって——」を指す。この論文において寺川博士は、親鸞の説く往生の特質を、如来の二種の廻向によって実現する往生と説くところにあるとされる。そして「如来の二種回向によって自然に実現する往生、より具体的にいえば、本願を信じ念仏する身となることによって、法爾自然に現生に正定聚のくらいに住し、涅槃無上道に立った生の歩み、これを親鸞は大経往生と呼ぶのである」と述べておられる。櫻部博士はこのような寺川博士の「生の歩み」を直ちに往生と理解する説を親鸞の往生理解とは異なるものとして批判される。

その批判の要点は、寺川博士が、「即得往生」の経言を説明する『一念多念文意』の「正定聚のくらゐにさだまるを往生をうとはのたまへるなり」を、「正定聚にさだまるのが直ちに往生だ」と説くものとされるのが誤解であることを明らかにすることにある。寺川博士の論文を読む限り、筆者には櫻部博士の批判は妥当だと思われる。寺川博士の誤解は、上田博士と同様、『文意』の読みを間違えられたことによるものであるが、それとともに博士が「即得往生」という経言に関わる「別時意説」の問題に注意を払われなかったことにも起因すると考えられる。

博士は『往生そして浄土の家族』（文栄堂、一九九六年）の中（一二五頁）で「別時意説」に触れて、それを「別時意の難」と呼び、念仏に対する誤解としておられる。しかし「別時意説」は本論でも考察するように、念仏に対する摂論家の誤解ではなく、「即得往生」の教説（発願―往生極楽の教説）を「現生での往生」を意味するかのように誤解した浄土教徒たちに対して、瑜伽行派がその教説の意図を明示した語である。親鸞もその教説の誤解される危険性を充分認識しており、それゆえ『一念多念文意』等で「即得往生」は言葉通りに「即時に往生を得る」ことを述べるものではなく、「即時に得られるのは正定聚のくらいにさだまる」ことを意味する語であることを繰り返し述べて注意を喚起したのである。もし寺川博士が親鸞の「別時意説」に対する危惧の念に気づかれておられれば、上記のような誤解は生じなかったであろう。

(383)　香月院深励『浄土三部経講義Ⅰ　無量寿経講義』（法藏館、二〇一一年）六〇〇頁。

(384)　香月院深励『浄土論註講義』（法藏館、一九八一年）八二頁。

(385)　『定本』第三巻一一八頁。

(386)　信楽教授は「現世今生においてすでに浄土に居し、往生をえておればこそ、来世死後においても、たしかに彼土往生をとげることができる」と奇妙なことを言われる。信楽前掲論文五三頁参照。

(387)　上田博士は『一念多念文意』や『唯信鈔文意』に「正定聚のくらゐにつきさだまるを往生をうとはのたまへるなり」「不退転に住するといふは、すなわち正定聚のくらゐにさだまるなり。これを即得往生といふなり」と説かれることについて、「往生するのではなく、往生することに定まるにすぎないところの正定聚について、親鸞はなぜ

「往生定まる」と云わないで、単に「往生をうる」と言ったのか、という疑問が生まれる（傍線、小谷付記）」と述べて、「即得往生」を「往生することに定まる」を意味するものと解する、香月院の「得はうべきことに定まりたこと」とするような、従来の伝統的な解釈に疑問を呈しておられる（上田前掲書一〇一頁）。しかし親鸞はそのような疑問のあることを考慮して「正定聚」に「往生すべき身と定まるなり」という左訓を付したのである。このように慎重に文言を読み進めるとき、われわれは親鸞の行き届いた配慮と、それを読み取る香月院の注意深さに気づかされる。本多弘之氏は近代教学の継承の重要性を言われる（同氏『一念多念文意』考究』東本願寺出版部、二〇〇五年、六頁）が、例えば本論に示したように、香月院の講義録には、上田博士や曽我師（師のお考えについては後に述べる）の論考には認められない厳密さと緻密さがしばしば看取されることからしても、われわれはむしろ江戸教学に、より多くの関心を寄せるべきである。上田博士と曽我師が最晩年になって自らの考えの過ちであったことに気づかれたことは、本章第十節「親鸞の説く「命終往生」の意義」に示す通りである。

(388) 『真宗聖教全書　二』（一九七八年再版）四六頁。早島・大谷本二三九頁参照。

(389) 『真宗聖教全書　二』六〇七頁。

(390) 香月院『浄土論註講義』五〇九頁。

(391) 香月院前掲書五〇九頁。

(392) 同書八〇頁参照。

(393) 『真宗聖教全書　二』三三三頁。

(394) 香月院前掲書八〇頁参照。

(395) 『真宗聖教全書　三』一二三五頁。

(396) 香月院前掲書八〇頁参照。

(397) 同書八一頁参照。

(398) 大正二六、二三二下五—八。本書九七頁参照。（『世親浄土論の諸問題』一二五頁）。

(399) 幡谷前掲『浄土三経往生文類試解』巻末対照表六七頁。広本。

(400) 同書一六〇頁参照。

（401）本多氏は、往生を不退転と理解し、不退転という位は因であるから「往生を果として表現することは許されない」と言う（本多前掲論文「現生正定聚」九〇頁参照）。

（402）前掲の櫻部論文は、「即得往生」が「真実信心をうれば即座に往生が得られる」ことを述べるものとする寺川博士の誤解を剔抉するものである。

（403）『真宗聖教全書　二』六四二頁。

（404）前掲の『東方』第六号には、『南御堂』（平成二年十月一日）に寄せられた本多恵教化センター主幹と延塚知道教授の「現世往生説」を妥当とする見解が採録されている。

本多氏は『唯信鈔文意』を引文し、曽我師の「往とは往〔ゆ〕くということです。生とは生まれる、生きるということです。ですから、往生ということは一言でいうと、本当の人間生活ということでしょう」という語を引用して、「往生は今はじまる。刻一刻が往生である」と述べ、現世往生説に相当する見解を述べておられる。しかしupapatti（生まれ変わり）を意味する「往生」の語を、「往って」と「生まれること」という二語に分ける曽我師の解釈が、意味的にも文法的にも過ちであることは言うまでもない（詳細は本書第一章第八節5c「無生の「生」を無生法忍の「生」とする解釈」の項を参照されたい）。本多氏の往生理解は、その間違った理解の上に、上田博士と同様の『文意』の不精確な読みに基づく誤解を積み重ねたものである。青木玲氏が、筆者の親鸞は命終後の往生を説いたという説に対して、往生を命終後と固定的に捉えることは問題であるとの批判を述べておられる（「果遂の誓い」『真宗教学研究』第三五号、二〇一四年、五八―七三頁）が、氏の難思議往生を「三界雑生の火の中でも無上菩提という方向を見失わずにあゆんでいくことである（傍線、小谷付記）」とする往生理解も、曽我師の「往って生まれること」とする往生理解と同趣旨の誤解である。「速やかに難思往生の心を離れて、難思議往生を遂げん」という「今」に立つことに親鸞の往生理解の核心があるとする氏の言葉は当然である。しかしそれは『一念多念文意』において、真実信心をうれば、すなわち、とき・日をもへだてず、正定聚のくらいにさだまる、と言われる意味の「今」であり、難思議往生を遂げた「今」を意味しないことは明らかである。両者を区別しないことが氏の誤解の原因である。

延塚教授は、『観経』散善義の「乗彼願力、定得往生」を「願力に乗ずれば、定んで往生を得」と読む親鸞の

『教行信証』信巻の語を引用して、「親鸞は往生を未来に読むのではなく、信の一念の現在に「往生を得る」と読む」と言い、「如来の大悲に生かされていく念仏生活の全体を、往生と捉えた」と言われる。しかし信巻のその箇所には親鸞が「信の一念の現在に「往生を得る」と読む」ことを意図する語は何も認められない。それは、延塚教授がその後に曽我師の「往生は心にあり、成仏は身にあり」という語を引用し「現在の只中で、如来の大悲に生かされる念仏生活を、往生という」と述べておられることから推測されるように、曽我師の往生理解に基づく解釈に過ぎない。これらの方々の誤解はすべて、曽我師を敬愛するあまり、その解釈を無批判に受け入れられたことから生じたものと思われる。教学に携わる者の犯しやすい過ちであり、われわれも以て自戒の例としなければならない。曽我師の往生理解の過ちは『口伝鈔』に伝えられる「不体失往生」に起因する。

(405) 『真宗聖典』四三〇頁。『真宗聖教全書　二』四六〇頁参照。

(406) 『六要鈔』(『真宗聖教全書　二』) 九六頁参照。香月院深励『愚禿鈔講義』巻五 (護法館、一八九四年) 二六右参照。

(407) 村上専精『愚禿鈔の愚禿草』(村上専精博士功績紀念会、一九二八年) 九八頁。藤原幸章『愚禿鈔講叢』(安居事務所、一九七八年) 一〇九頁参照。藤原教授も「即得往生」を文字通りに「現生において正定聚の位に住する」ことと理解し、「信心の現在の内包として信心を得ること」が「即ち往生を得ること」であると理解しておられる (同書一〇九―一一〇頁参照)。しかしそれは同教授がその直後に「信受本願の一念に即時に正定聚の位に即き、便同弥勒として、往生成仏するべき身として、未来成仏の確信に生かしめられる」と言われることと矛盾する。もし正定聚の位に即くことが直ちに往生することを意味するなら、その人がさらに「往生成仏するべき身として、未来成仏の確信に生かしめられる」のは、繰り返し往生することになるからである。それゆえ親鸞は先述のように「正定聚」につくことが直ちに往生することを意味するのでないことを示すために、その語に「往生すべき身と定まるなり」という左訓を付けたのである (『定本』第三巻『一念多念文意』一二八頁参照)。

(408) 信楽前掲論文三八頁参照。藤原前掲書一一〇頁参照。

(409) 『真宗聖教全書　三』一二一―一二三頁。曽我師の「往生は心にあり、成仏は身にある」という解釈 (曽我前掲書一九―二〇頁) はこの『口伝鈔』に基づくものである。その過ちは本書第二章第七節「近代教学の蹉跌」参照。

(410) 証空の思想を明らかにすることの困難さは、細川行信「証空の西山義と相伝（一）」（『親鸞教学』第二七号、一九七五年、二四―三七頁）によっても充分に推測される。
(411) 藤原幸章「体失往生と不体失往生」（『親鸞教學』第一六号、一九七〇年）六三―六四頁参照。本稿が講演録であり、それが後に論文「信心の現証」（『大谷学報』第四九巻三号、一九七〇年）として刊行されていることを田代俊孝同朋大学教授より教えられその論文をいただいた。この場を借りて教授のご好意に感謝申し上げます。
(412) 細川行信「真宗の証果論――平生業成を中心として――」（『親鸞教学』第四五号、一九八五年）一五頁。
(413) 藤原前掲論文「信心の現証」四頁。以下の引文はすべて同頁から。なお藤原博士が本論の末尾に親鸞の明らかにしたことを「往生浄土の未来的性格を尊重しつつ、しかもそれの確認があくまで信心の現在におかれる」こととしておられることは重要な指摘である。それは本書第二章第八節に引用する金子師の「死の帰するところを浄土にいくことによって、それが生の依るところとなって、浄土を憶う心があると、その心から光りがでてきて、私達に不安の只中にありながら、そこに安住の地を与えられるのであります」という言葉と共に、浄土教を理解する重要な言葉である。善導が『観経疏』序分義に「夫人信心徹到、厭苦娑婆、欣楽無為」と述べて、韋提希の厭苦欣浄する初心に信心徹到した金剛心の発現を見ているように（名畑應順『教行信証化身土巻講案』安居事務所、一九五九年、七一頁）、真の意味での「厭離穢土、欣求浄土」は、自らの浅はかな思慮分別によって自ら汚染しているこの世間（穢土）を厭わしく思い離れることが、そのような自己の厭わしい分別心を離れた清らかな世界（浄土）を欣求することと相関関係にあることを教える。厭離穢土しない者には欣求浄土することもなく、欣求浄土しない者には厭離穢土することもない。いまの此の身にはかなわない清浄な世界がその世界を切に願う心に応じて本願力によって廻向されることを「教え」として持つことができるということは、悩み多いこの世を逃避することなく生きて行く上で極めて有難いことである。本多氏（『近代親鸞教学論』第二章）のように「厭離穢土、欣求浄土」や「来世往生」を逃避的な思想とのみ見るのは短絡的で未熟な思考である。氏は信巻に大信心が「忻浄厭穢の妙術」と述べられているのをどう理解されるのか。
(414) 『真宗聖教全書　三』四二一―四三一頁。
(415) 『真宗聖教全書　三』五二一頁。

(416) 村上前掲書九八頁参照。
(417) 香月院『愚禿鈔講義』巻二、九左。これによれば、曽我師の「往生は心にあり、成仏は身にある」という解釈は、「摸象記抔の了簡」に類するものであり、それは「祖師の御定判ではない、當流相承の御釈にない解釈」とされる。また、曽我師の理解に準じて「即得往生」を「信心が開ければ、即、往生が成り立つ」ことを述べるものと理解し、現生での往生が「浄土真宗の往生」だなどと理解したり（仲野良俊『浄土真宗――往生と不退――』東本願寺出版部、二〇一二年、八七―九二頁参照）、往生を信仰生活の内容とすること（本多弘之『正信偈』第五巻、聖典学習会、二〇〇九年、二二二頁）が、聖人の往生理解に沿うものではないことは言うまでもない。この「摸象記抔の了簡」に直接相当するものを探し得ないが、「本願を信ずるものは、身は穢土に処すと雖も、而も已生浄土の人と為る。何を以ての故に。現生に摂取の益を蒙るが故なり」等の語がそれに相当するのであろうか（前掲『摸象記』上之下、七二頁上参照）。香月院は『浄土論註講義』では往生を「命終わりて浄土へ往生する」ことであると明了に述べる（巻三、一五二、一五三頁）。
(418) 香月院前掲書巻五、二七右。
(419) 真宗新辞典編纂会編『真宗新辞典』（法藏館、一九九二年、第六刷）「ぜんねん」の項。
(420) 専修寺本『愚禿鈔』は『影印高田古典』（第二巻）によって確認した。
(421) 藤原前掲『愚禿鈔講叢』九頁参照。
(422) 香月院前掲書巻五、二八左。泰通院『摸象記』上之下、七三頁。
(423) 村上前掲書一〇〇頁参照。
(424) 同書九七―九八頁参照。
(425) 『真宗聖教全書　二』四七八頁。
(426) 前掲『東方』第六号、二二一―二二五頁参照。
(427) 村上博士は「即往生とは『大経』の「即得往生」にして真実報土の往生を語る符号である。又便往生とは『観経』の「即便往生」より来たれるものにして、化土往生を示す時の符号である」と言われる（村上前掲書二三二頁参照）。藤元正樹『愚禿鈔講義』二二一（『藤元正樹愚禿鈔講義』刊行会、二〇一〇年）九四頁参照。藤元師は「往生というのは伝統的には阿毘跋致でしょう。不退転ということです」と述べて往生を不退転と同視し、それを伝統的な解釈とされる。師も親鸞の現世往生説を伝統的な理解と誤解しておられるようである。師は往生という概念を「なかなかわからない概念」であると言われる。師の往生の説明は錯綜していて分かりにくい。師の説明を錯綜させ分かりにくくしているのは、やはり櫻部博士の言われるように、「即得往生」を誤解して「正定聚に定まるのがそのまま往生であると聖人は考えていらっしゃる」とされる誤解に起因するものと思われる。

(428) 香月院前掲書巻一〇、三一左。

(429) 寺川『往生そして浄土の家族』一三六頁参照。

(430) 藤田宏達博士の〈無量寿経〉という表示法は、それらの諸異本のもとになった種々な原本の全体を総称して用いられており、例えば、康僧鎧（伝）訳を指すときは『無量寿経』と表示される。また博士はチベット訳をも含むそれらの諸異本を比較検討して、その成立順序を考察し、「初期無量寿経」と「後期無量寿経」とに分類し、成立順に、前者には『大阿弥陀経』、『平等覚経』を配し、後者には、三十六願経系の『荘厳経』を除外して、『無量寿経』、『如来会』、サンスクリット本・チベット訳を配しておられる。われわれも以下、博士の表示法を使用させていただく。藤田宏達『浄土三部経の研究』（岩波書店、二〇〇七年）八七―八九頁参照。

(431) 本書五五頁参照。拙著『世親浄土論の諸問題』（真宗大谷派宗務所教育部、二〇一二年）六三―六四頁参照。

(432) 長尾雅人『摂大乗論　和訳と注解　上』（講談社、一九八二年）三八九頁参照。同書巻末「チベット訳『摂大乗論』とその還元梵文」九四頁、II.31A. 向井亮「世親造『浄土論』の背景――「別時意」説との関連から――」（『日本佛教學會年報』第四二号、一九七六年）一六八頁。本書一八頁参照。前掲拙著六頁参照。

(433) 『定本』第九巻二二一―二二三頁。

(434) 『仏教大系』教行信証第二、五〇〇頁。

(435) 曽我師が根本本願と呼ばれたことは幡谷先生のご教示による。『曽我量深選集』第八巻一六頁参照。この稿を作成するに際して幡谷先生のご著書『浄土三経往生文類試解』に負うところが甚だ多かった。先生の電話による数々のご教示と共に深く感謝申し上げます。

(436) 『真宗聖教全書　二』一二二頁。

（437）『仏教大系』教行信証第二、五二一頁。

（438）山辺・赤沼前掲書二二七―二二八頁参照。

（439）『定本』第七巻二八一―二八五頁参照。本書が親鸞の吉水時代の修学の跡を窺わせるものと思われることを、本明義樹博士のご教示によって知った。そうすると親鸞は吉水時代より、善導の『観経疏』玄義分における別時意に関する解釈を通じて、別時意説に注意していたと考えられる。

（440）『教行信証』（『真宗聖教全書　二』）二〇二頁参照。

（441）宮崎円遵『真宗書誌学の研究』（宮崎円遵著作集第六巻、永田文昌堂、一九八八年）一五三頁参照。

（442）『定本』第九巻二八―二九頁。

（443）サンスクリット原典については、藤田宏達訳『梵文和訳　無量寿経・阿弥陀経』（法藏館、一九七九年、第二刷）一〇八頁、一六四頁参照。チベット訳については、寺本婉雅訳註『蔵漢和三体合壁仏説無量寿経・仏説阿弥陀経』（丙午出版社、一九二八年）五六頁、九九頁参照。

（444）『真宗聖教全書　二』二二頁。

（445）宣明『教行信証講義』（『仏教大系』教行信証第二）五二一頁参照。

（446）『定本』第七巻二八一―二八五頁参照。先に注記したように、本書は親鸞の吉水時代の修学の跡を窺わせるものと思われる。それゆえ親鸞は吉水時代より、善導の『観経疏』玄義分における別時意に関する解釈を通じて、別時意説に注意していたと考えられる。

（447）『真宗聖教全書　一』三二四頁。蓑輪秀邦編『解読浄土論註』巻下（東本願寺出版部、一九八八年、第二刷）、五八頁には親鸞の引文に基づく読み下し文が載せられている。講演会の原稿ではうかつにもそれを引用したため、一楽真教授から一般的な読み方で引用すべきとのご指摘を受けた。それによって蓑輪本に問題のあることに気づいた。蓑輪本の凡例には、読み下し文は、親鸞聖人全集「加点本2」および「真宗聖教全書　一」を台本に、可能なかぎり親鸞聖人の読み方に忠実に従った、との編集方針が述べられている。しかし曇鸞の『論註』の解読を志すのであれば、先ずは曇鸞の意図に忠実な読みを示すべきであり、今の場合のように親鸞の読みに従うときにその箇所でその旨を注記すべきである。「あとがき」に、福永光司・川勝義雄の二教授が本書のもとになった研究会に出席されたことが記され、「あなたがたが文献学的基礎を無視して、親鸞のこういう読み方を絶対として立てたら、もう勉強ではありません」と厳しい叱責のなされたことが記されている。われわれはむしろ、両教授のお示しになった文献学的な読み方を忠実に反映した『論註』のテキストがこの書の改訂版として刊行されることを切に願っている。

(448) 香月院『講義』五〇九頁。

(449) 『一念多念文意』（『真宗聖教全書　二』）六〇七頁。

(450) 同前。

(451) 早島・大谷本には、

　親鸞は「生ぜんと願ぜんものと、亦た往生を得るものとは」と読んで、生まれんと願うものと、既に往生を得たものとに分けている。それはこの土で生まれんと願うものが正定聚に入ることを示すためであろう。

との注記がなされている（二九三頁）。

(452) 本書第一章「六　別時意説再考」の項参照。

(453) 迦才『浄土論』巻中（大正四七）九一上。藤田『浄土三部経の研究』五二三頁注23参照。

(454) *Smaller Sukhāvatīvyūha*, ed.F. Max Müller and B. Nanjo, §. 17; p. 99, ll.7ff.『真宗教全書　一』七一頁参照。向井前掲論文では《発願―往生極楽》だけでなく《誦持名号（称名）―決定菩提》の教説も別時意説として論じられているが、本稿では「即得往生」との関連性の強い《発願―往生極楽》の教説のみを取り上げる。本書第一章「六　別時意説再考」の項参照。Kotatsu FUJITA ed., *The Larger and Smaller Sukhāvatīvyūha Sūtras*, 梵文無量寿経 梵文阿弥陀経 (Hozokan, 2011), p. 93, 7-11.

(455) 藤田『浄土三部経の研究』四二二頁参照。

(456) 『真宗聖教全書　二』七〇頁七―一二行。

(457) 『真宗聖教全書　二』七〇頁一行―七二頁三行。

(458) 藤田前掲書一五三頁。

(459) 同前。

(460) 『真宗聖教全書　二』六九頁七―一〇行。

(461) 向井前掲論文一七四頁参照。
(462) 同論文一七五頁参照。
(463) 藤田『浄土三部経の研究』四四四頁。
(464) 藤田前掲書四四四―四四五頁参照。
(465) 静谷正雄『初期大乗仏教の成立過程』(百華苑、一九七四年)五一―五九頁。辛嶋静志「阿弥陀浄土の原風景」(『佛教大学総合研究所紀要』第一七号、二〇一〇年)三八頁。
(466) 本書第一章第八節5bcの項参照。
(467) 曽我師は曇鸞の「無生の生」のさとりを無生法忍を悟ることと解し、それを往生の智慧と理解しておられる。そして「真実報土の往生」を「如来の本願、無生の生の心境が心の中に開けてくること」として受け取っておられる(曽我前掲書五二一―五三三頁参照)。しかしそれが親鸞の往生理解とは異なることは本論に述べる通りである。
(468) 藤田『原始浄土思想の研究』(岩波書店、一九七〇年)六四二頁参照。
(469) 安居都講の任をお引き受けくださった真宗大谷派教学研究所研究員の本明義樹博士には、講本の校正や講義の進行に多大のご助力をいただいた。博士には本節作成に際しても、聖人の真蹟や高田専修寺本『愚禿鈔』の影印本、および香月院の『愚禿鈔講義』等、筆者の不案内な宗学関係の典籍を参照するについて数々のご配慮を賜った。ただしご教示いただいた個々の典籍、参考文献に言及する折りには、最小限必要な事柄のみを記し、詳述すること、およびお礼を申し上げることを、煩を避けて割愛させていただいた。博士にはこの場をお借りして衷心よりお礼を申し上げます。
(470) 曽我量深・金子大栄『往生と成仏』(真宗大谷派岡崎教務所、一九六八年)一九―二〇頁。
(471)『曽我量深選集』第九巻(彌生書房、一九七二年)二七六頁。
(472) 曽我前掲書同頁。
(473) 細川行信「証空の西山義と相伝(一)」(『親鸞教学』第二七号、一九七五年、二四―三七頁)。
(474) 藤原幸章「体失往生と不体失往生」(『親鸞教學』第一五号、一九七〇年)七五頁参照。
(475)『真宗聖教全書　三』八七―八八頁。

(476) 同前。
(477) 『本願鈔』(『真宗聖教全書　三』) 五五頁。
(478) 本多弘之「現生正定聚――その核心と外延――」(『親鸞教学』第三四号、一九七九年) 八三頁。同『近代親鸞教学論』(草光舎、一九九五年) 九六―九七頁。
(479) 本多弘之『近代親鸞教学論』一〇一頁。
(480) 平川彰『平川彰著作集第七巻』「第七章　如来蔵としての法蔵菩薩　一　法蔵菩薩阿頼耶識論」(春秋社、一九九〇年) 一六二頁参照。
(481) 『曽我量深選集』第二巻所収『法蔵菩薩』(彌生書房、一九七二年) 一〇九頁。
(482) この偈は S.Lévi ed., *Trṃśikā*, p. 37, E.H. Johnston ed., *Ratnagotravibhāga*, p. 72 に引用され原梵文が回収できる。長尾雅人『摂大乗論和訳と注解　上』(講談社、一九八二年) 七七―七八頁参照。
(483) 拙著『摂大乗論講究』(東本願寺出版部、二〇〇一年) 四七―四八頁。
(484) 『曽我量深選集』第二巻二一六頁。
(485) 拙論「なぜ法蔵菩薩は阿頼耶識なのか」(『御山御坊』第二五九号、真宗大谷派金沢別院、二〇〇六年) 三頁、同「分からない言葉」(『追想鈴木大拙』財団法人松ヶ丘文庫、二〇〇六年) 一九四―一九七頁参照。
(486) 『曽我量深選集』第五巻所収 (彌生書房、一九七〇年)。
(487) 前掲拙著『摂大乗論講究』七四―七五頁参照。
(488) 『曽我量深選集』第五巻一六二―一六三頁。
(489) 同書一八五頁。
(490) 同書一六五―一六六頁。
(491) 同書一六〇頁参照。
(492) 金子大栄「本願三心の考察」(『佛教研究』第四巻第三、四合併号、大谷大学、一九二三年、四一九―四四一頁)。
(493) 金子前掲論文四三三頁。(以下、頁番号は合併号の通し頁番号)
(494) 同論文四三四―四三五頁参照。

(495) 同論文四三六頁。
(496) 同論文同頁参照。
(497) 同論文四三八頁参照。
(498) 同論文同頁参照。
(499) 同論文四四〇頁。
(500) 金子師の本願の三心がわれわれの阿頼耶識の穢悪汚染の三相を反顕するという考え方は、本願の智慧光に照らされて自己の愚癡が明らかにされ破られると説く親鸞の考え方によく相応する。親鸞は「反顕」の思考を『論註』の「第五善巧摂化」に仏の智慧が衆生の煩悩を滅する火に喩えられている譬喩などから学んだものと思われる。曇鸞の同趣旨の思考を、本明義樹博士は仏の智慧が衆生の分別心を「反照」し否定することとして次のように述べておられる。

智慧は、曇鸞によって一貫して衆生の「きわめ」る対象としてではなく、有漏にして不実なる衆生の分別心を反照し否定する仏の智慧として、さらには衆生の「無明の黒闇」を照破する如来の光明のはたらきとして繰り返し説かれている（「親鸞における曇鸞浄土教の受容と課題」『親鸞教学』第九七号、二〇一一年、四七頁）。

(501) 曽我前掲書一五九頁参照。
(502) 前掲拙著『摂大乗論講究』一四〇―一四七頁参照。
(503) 高崎直道「華厳教学と如来蔵思想」（川田熊太郎・中村元編『華厳思想』法藏館、一九六〇年）三〇四頁参照。
(504) Pradhan ed., Abhidharmakośabhāṣya, 13, 17. 櫻部『倶舎論の研究』一七四頁参照。
(505) 本多弘之「現生正定聚――その核心と外延――」（『親鸞教学』第三四号、一九七九年）八三頁。同『近代親鸞教学論』（草光舎、一九九五年）九六―九七頁。
(506) 本多弘之『近代親鸞教学論』一〇一頁。
(507) 本多前掲「現生正定聚」七九頁。
(508) 上田前掲書九九頁。
(509) 香月院『浄土論註講義』一四八頁参照。

(510) 大谷大学真宗総合研究所『研究所報』No.61、二〇一二年、一八頁。
(511) 本多弘之「現生正定聚――その核心と外延――」(『親鸞教学』第三四号、一九七九年)九〇頁参照。
(512) 藤原前掲論文六七頁参照。
(513) 本多前掲論文七四頁。
(514) 本多前掲論文七六頁。
(515) 本書第一章第八節5c「無生の「生」を無生法忍の「生」とする解釈」の項を参照。
(516) 曽我量深・金子大栄『往生と成仏』(真宗大谷派岡崎教務所、一九六八年)五二―五三頁。
(517) 山辺・赤沼前掲書八五八頁。
(518) 香月院前掲書八〇頁参照。
(519) 『真宗聖教全書　三』一三五頁。
(520) 拙著『法と行の思想としての仏教』(文栄堂、二〇〇〇年)第二章第六節、特に二〇二―二〇三頁参照。
(521) 山辺・赤沼前掲書八四五頁参照。
(522) 本書第一章第八節5b「無生の生」の項参照。
(523) 大正一一、巻八七、四九八上一―二。無生智。得無生忍故。
(524) 前掲拙著『法と行の思想としての仏教』第二章第八節「唯識説の導入――影像を所縁とする修習――」参照。
(525) 拙著『チベット倶舎学の研究』(文栄堂、一九九五年)二八頁参照。
(526) 同前書序説一六頁参照。
(527) 同前書序説一七頁参照。
(528) 石田瑞麿・章輝玉『浄土仏教の思想　六』第四章源信(講談社、一九九二年)二三二頁参照。
(529) 硲慈弘『日本佛教の開展とその基調(上)――日本天台と鎌倉佛教――』(三省堂、一九五三年再版)一六―一七頁。
(530) 櫻部・加治前掲書二一頁。
(531) 櫻部・小谷『賢聖品』一五八頁参照。

(532) 同書一五七―一六三頁参照。
(533) 玄奘訳『阿毘達磨倶舎論』(大正二九)一二一中四―五。
(534) 真諦訳『阿毘達磨倶舎釈論』(大正二九)二七三中一四―一五。
(535) P. Pradhan ed., *Abhidharmakośabhāṣya* (Patna, 1967), 350, 6-7. 櫻部・小谷前掲書一五八頁。
(536) P. Pradhan op.cit., 350, 1-6. 櫻部・小谷『賢聖品』一五八頁。
(537) 櫻部・小谷『賢聖品』二九八―二九九頁参照。
(538) 本書第一章第八節3「大乗経典に見える正定聚と不退転」の項参照。
(539) 大正五、三九中六―九。
(540) 本書第一章第八節3「大乗経典に見える正定聚と不退転」の項参照。
(541) 大正六、七八八中一五―二一。
(542) 深浦正文『倶舎学概論』(百華苑、一九六九年、第三版)二一三頁参照。
(543) Pradhan ed., *Abhidharmakośabhāṣya of Vasubahdhu*, 352, 13-15. 櫻部・小谷『賢聖品』一七七頁参照。
(544) ただし、見道以前の凡夫位において既に前以て断じた煩悩の種類の多少によって、この第十五心の位の行者は一来向であったり、不還向であったりもする。それは超越証と呼ばれる。深浦前掲書二一八頁参照。
(545) 深浦前掲書二一九頁参照。
(546) 藤原前掲論文六七頁参照。
(547) 本多弘之「浄土を求めさせたもの――『大無量寿経』を読む――(十五)」(『現代と親鸞』第二八号、二〇一四年)一九〇頁。
(548) 本多弘之『正信偈』(聖典学習会、二〇〇七年)第四巻一九八頁。
(549) 本多『正信偈』第四巻一九八頁。
(550) 同書一九八頁。
(551) 同書二〇二―二〇三頁。
(552) 同書二〇三頁。

(553) 同書二〇三頁。
(554) 同書二二三頁。
(555) 『総合佛教大辞典』(法藏館、二〇〇六年、初版第二刷)「因果」の項参照。
(556) 本多前掲『近代親鸞教学論』一五八―一五九頁。
(557) 『順正理論』(大正二九)巻五、三五八下二三―二八。
(558) 同論(大正二九)巻一八、四三七上一八―二三。
(559) 舟橋水哉『倶舎の教義及び其歴史』(法藏館、一九四〇年)七六頁。
(560) 舟橋一哉「原始佛教における出家道と在家道――往生思想の起源に関して――」(『印度学仏教学研究』第三巻第一号、一九五四年、三四―四三頁)。
(561) 上田義文「佛教における「彼岸」と「来世」」(上田義文他編『文学における彼岸表象の研究』中央公論社、一九五九年、三九七―四一四頁)。本論文の好論文であることを藤田宏達「他界」(『岩波講座・東洋思想第一〇巻 インド仏教3』一九八九年所収)一〇九頁の注1によって知った。本書は大谷大学図書館に蔵されておらず、論文の入手に際しては西本願寺宗学院主任研究員の宇野恵教先生のお手を煩わせた。この場を借りてお礼を申し上げます。
(562) 上田前掲論文三九九―四〇〇頁。
(563) 同論文四〇二頁。
(564) 同論文四〇七頁。
(565) 同論文四〇九頁。
(566) 同論文四一一頁。
(567) 同論文四一二頁。
(568) 同論文四一二頁。
(569) 舟橋前掲論文三九頁参照。
(570) 同論文三五頁参照。
(571) 同論文三六頁参照。

(572) 同論文三九頁。
(573) 藤田前掲書五三一—五三二頁参照。
(574) 同書五三三頁。
(575) 同書五三四頁。
(576) 同書五三四頁。
(577) 同書五三五頁。
(578) 藤田宏達『浄土三部経の研究』第二章第三節「往生と見仏」参照。
(579) 本書第二章第四節「別時意説と親鸞の「即得往生」理解」参照。
(580) 『真宗聖教全書 二』一二一頁。
(581) 静谷前掲書『初期大乗仏教の成立過程』五一—五九頁、藤田前掲書『浄土三部経の研究』八七—九〇頁、辛嶋前掲論文「阿弥陀浄土の原風景」三八頁等参照。
(582) 本書第一章第八節4d「「現生不退」「即得往生」の淵源」の項参照。
(583) 本書第二章第二節4『愚禿鈔』の項参照。信楽前掲論文三八頁、藤原前掲書一一〇頁参照。
(584) 本多前掲書一四四—一四五頁。
(585) 本書第二章第二節1『一念多念文意』の項参照。
(586) 香月院『講義』八〇頁参照。
(587) 本書第二章第二節2『浄土三経往生文類』の項参照。幡谷前掲書一六〇頁参照。
(588) 本書第一章第八節4a「信方便易行の信」の項参照。
(589) 本書第一章第八節4d「「現生不退」と「即得往生」の淵源」の項参照。
(590) 『真宗聖教全書 二』一九—二〇頁参照。
(591) 香月院前掲『無量寿経講義』四四九頁参照。
(592) 同書五五二頁。
(593) 同書五五三頁。

(594) 山辺・赤沼前掲『教行信証』一二五三頁の字解では、『浄影疏』には無生法忍は十地以上に配当されている、と記されているが、『玄一疏』のように七・八・九・十地に配当されている、とあるべきではないであろうか。『浄影疏』を確認していない。
(595) 香月院前掲『無量寿経講義』五五二頁。
(596) 山辺・赤沼前掲書八四五頁参照。『真宗聖教全書　二』七八頁参照。
(597) 前掲『金子大栄著作集　第七巻』二八一頁参照。
(598) 本多前掲『近代親鸞教学論』一五六頁。
(599) 同書一五九頁。
(600) 香月院前掲『無量寿経講義』五八四頁。常楽台を存覚とするのは、存覚の住坊がそう呼ばれたことによる。またこの文の直後に香月院が「蓮師は存師を尊敬遊ばされて大勢至の化身と宣えども、八十通帖外の御文迄二益を立て給う。これ今家の御相承なり。爾れば仮りにも一益を乱ぜぬように祖釈を定量とせねばならぬなり」と述べて、一益を存覚の説としていることにもよる。さらには『講義』中、成就文の一念を行の一念と信の一念とに釈するについて、『真要鈔』におそらくは一念多念を「修行の長短なり」などと記したことに対して「真要鈔さえ先輩は常楽台の一義とす」と述べていることもその証左となるであろう。このことから「常楽台」は香月院が存覚の説を批判的に述べる場合に用いた呼称であると考えられる。香月院には、憬興の説に異を唱える際にその名を上げずに、著書「述文讃」に因んで「義讃者」と呼んで「正風の学者とはみえず。ただかわりたることを云いたがる人なり」と批判する例もある（同書八八頁）。
(601) 香月院『浄土論註講義』八〇頁参照。
(602) 本書第二章第二節1『一念多念文意』の項参照。
(603) 大正二六、三二下五―八。本書九七頁参照。小谷『世親浄土論の諸問題』（東本願寺出版部、二〇一二年）一二五頁参照。
(604) 香月院前掲書八一頁参照。
(605) 大須賀秀道「宗祖の三願轉入に就いて」（『宗學研究』第三号、宗學研究會、一九三一年）四一頁。

(606) 『真宗聖教全書　二』一六六頁参照。
(607) 名畑應順『教行信証化身土巻講案』（安居事務所、一九五九年）一二九頁。
(608) 真門の念仏は屢々半自力半他力の念仏と言われる（山辺・赤沼前掲書九六七頁参照）が、自力の念仏としたのは、名畑前掲書九頁、稲葉秀賢『眞宗概論』（文栄堂、一九七三年、第二刷）三二八頁に依る。
(609) 名畑前掲書一二八—一二九頁参照。
(610) 山辺・赤沼前掲書一四〇四—一四〇五頁参照。
(611) 古田武彦『親鸞思想』（冨山房、一九七五年。後に二〇〇三年に明石書店より同じ書名で出版。ここでは明石書店本を使用）一四二一—一四三三頁、安富信哉『親鸞と危機意識』（文栄堂、一九九一年）。
(612) 古田前掲書一五二、一七七—一七八頁参照。
(613) 同書一七七—一七八頁参照。
(614) 『真宗聖教全書　二』二〇二頁。
(615) 稲葉前掲書三一五頁。大須賀前掲論文四六頁参照。
(616) 高木昭良『三帖和讃の意訳と解説』（永田文昌堂、一九九一年、第一〇刷）一三二頁。
(617) 三木照国『三帖和讃講義』（永田文昌堂、一九九三年、第三刷）一一六頁。
(618) 金子大栄『四十八願講義』（法藏館、二〇一〇年、第九刷）一二〇—一二一頁参照。
(619) 金子大栄『三経和讃講話』（彌生書房、一九八一年、第三版）一一七頁。
(620) 山辺・赤沼前掲書一四〇七頁。
(621) 大須賀前掲論文五二頁。
(622) 大須賀前掲論文五五頁参照。
(623) 同論文四六頁参照。
(624) 稲葉前掲書三一四頁参照。
(625) 同書三一八頁。「永遠の今」という語を何から援用されたかについて稲葉師は言及されていないが、西田哲学の用語であろうかと思われる（『西田幾多郎全集』岩波書店、一九六五年、第四巻所収「永遠の今の自己限定」参照）。

そうすれば「そのような永遠の今は、どこでも始まり、瞬間ごとに新たに、いつでも無限の過去、無限の未来を現在の一点に引き寄せることができる」今であることになる（中村雄二郎『西田哲学の脱構築』岩波書店、一九八七年、二三八頁参照）。

(626) 古田前掲書一五七頁。

(627) 同書一四三頁。

(628) 同書一六〇頁。『真宗聖教全書　二』六五一頁。

(629) 同書一六〇頁。

(630) 名畑師も「三願転入」の「今」の語を『法事讃』に「人身難得、今已得云々」と言われるのと「同じ語法」であると言われる。名畑前掲書一三四頁参照。

(631) 『真宗聖教全書　二』一六五頁参照。

(632) 同書一六五―一六六頁参照。

(633) 同書一六六頁参照。

(634) 同書四二頁。

(635) 山辺・赤沼前掲書四六二頁参照。

(636) 「今特に」を『真宗聖典』（三五六頁）は「いまままことに」と読み、『顯淨土眞實教行證文類　翻刻篇』（東本願寺、二〇一二年、五四二頁）は「イママコトニ（右訓）、ヒトリ（左訓）」と読む。古田氏は「今特」の二字は最初記された字の墨色を削り直してその上に書き込まれていることに注視し、『教行信証』中に他に「特」が十一箇所出る中、訓の明記された八箇がすべて「コトニ」とされ、左右に訓記する二箇の場合は「コトニ・ヒトリ」であり、「三願転入」はそれと同一のケースであるとされる。氏はまた坂東本の当該部分を検証した結果、「マコトニ」の「マ」の字と「コトニ」の字とは墨色濃度と筆跡状況を異にしていることが判明したと述べ、右の「マ」の部分は、削り落とす前の、最初の字（おそらくは、大きく書かれていた「今マ」の字）の右訓部分が削り残されたものであった、と言われる。氏の説が正しいと考えられるので、ここでは「ことに・ひとり」と読む。

(637) 名畑前掲書一二七―一二八頁参照。

(638) 金子大栄『口語訳　教行信証　附領解』（法藏館、一九八〇年、第七刷）四五〇頁。
(639) 稲葉前掲書三二五―三二七頁参照。
(640) 名畑前掲書七頁参照。
(641) 古田前掲書一六〇頁。『真宗聖教全書　二』六五一頁。
(642) 『真宗聖教全書　二』二一四―二一五頁参照。
(643) 同書七九頁。
(644) 幡谷前掲『浄土三経往生文類試解』一六六参照。ここで「同等」と述べた語を幡谷博士は「同じ」と表現される。博士は柏原祐泉博士によって、親鸞が弥勒については「同じ」と言い、如来については「等し」と言って、厳密に使い分けていることが指摘されていることを示しておられる。その用例として『末燈鈔』第三通の性信宛の消息が上げられている。その中に「弥勒に同じ」を示す用例として「光明寺の和尚の『般舟讃』には信心のひとは、この心すでにつねに浄土に居すと釈したまえり。居すというは、浄土に信心のひとのこころつねにいたりというこころなり。これは弥勒とおなじといふことをもうすなり」という語が示されている。弥勒は一生補処の菩薩であり、まだ浄土には往生していない。それゆえ「心は浄土に居す」人は弥勒と同じであって往生はしていない。このことからも「心が浄土に居ること」を往生していることと理解する曽我師の考えの過ちは明らかである。『曽我量深選集第九巻』（彌生書房、一九七二年）二七六頁参照。
(645) 山辺・赤沼前掲書八五九頁講義参照。
(646) 『教行信証』真仏土巻に引用される『法事讃』巻下（『真宗聖教全書　一』五九七頁）の語。『真宗聖教全書　二』一三九頁。
(647) 住田智見『教行信証之研究』（法藏館、一九八七年）一三三二―一三三四頁参照。
(648) 『真宗聖教全書　二』一三三一頁。
(649) 藤田前掲『浄土三部経の研究』九四―九五頁参照。
(650) 辛嶋静志「『大阿弥陀経』訳注（三）」（『佛教大学総合研究所紀要』第八号、二〇〇一年）一三七頁注39参照。
(651) 寺川俊昭『往生そして浄土の家族』（文栄堂、一九九六年）一二三五―一二三六頁参照。

(652)『歎異抄』第九条。
(653)『真宗聖教全書　二』六七三頁。
(654)同書六八九頁。
(655)本多前掲『近代親鸞教学論』一六頁参照。本多氏は金子師を近代教学に連なる人として挙げておられるが、師は香月院などの江戸教学の流れを汲みそれを尊重しておられ、曽我師たち他の人々とは異なるので、筆者は近代教学に連なる人々とは区別している。
(656)『山口益仏教学文集　下』（春秋社、一九七三年）八四一頁参照。
(657)曽我・金子前掲書一七一―一七三頁参照。
(658)『真宗聖典』（東本願寺出版部、一九八九年、九刷）六〇七頁。
(659)『金子大栄著作集　第七巻』（春秋社、一九八一年。一九二九年講述）二七〇―二七一頁。
(660)櫻部博士は次のように言われる。
「正定聚のくらゐにさだまるを往生をうとはのたまへるなり」とは、正定聚にさだまるのがただちに往生だというのではなく、往生を得ると経文にいわれているのは正定聚に定まるという意味なのだというに過ぎない。

（櫻部建「祖師聖人の往生観をめぐって――寺川説の検討――」『真宗研究』第四三輯、真宗連合学会、一九九九年、一五四頁）。
(661)本書二一四―二一九頁参照。
(662)本書第二章七1a「親鸞の説く往生を「不体失往生」とした過ち」の項参照。
(663)『一念多念文意』（『真宗聖教全書　二』）六〇五頁。本書第二章二1『一念多念文意』の項参照。
(664)本多弘之『近代親鸞教学論』第二章参照。
(665)『真宗領解集』（文栄堂、一九九五年。一九五三年講述）三〇二頁。
(666)同書三〇八頁注21。
(667)『金子大栄著作集　別巻三』（春秋社、一九八六年）三四五―三四六頁。伊東慧明師の「解説」中に記された、一九七一年に病気見舞いに訪れた金子師に対する九十六歳の曽我師の言葉。

（668）「不体失往生」のみならず、曽我師は思いつかれた言葉や事柄を、その言葉の本来の意味を充分考慮せずに、あるいは、思いつかれた事柄の意味を充分説明せずに発言されることがよくある。有名な「法蔵菩薩は阿頼耶識なり」がそうであったように、その言葉をそのまま受け取ると誤解や混乱を生ずることになる。かつて曽我師のこの種の意味不明な発言に苦言を呈した折りに、幡谷博士から、曽我師のその種の発言はそれがなされた著書全体、あるいは思想全体から考慮しなければ師の発言の意図を汲み取ることのできない場合がままある旨の注意をいただいたことがある。近代教学を信奉する人は幡谷博士のこの言葉に耳を傾けるべきである。したがって、曽我師は「近代人として生きるわれわれが親鸞の仏道に直参しようとするならば、清沢満之以前に帰ってはなりません」と言われたとのことであるが、それを言葉通りに解して「曽我量深に始まる『教行信証』研究の成果を踏まえなければ『教行信証』は読めないと感ずることである。近代以前のものに依るのではなく、近代教学の成果に立って『教行信証』を読み直す時期にきているのではなかろうか」（大谷大学真宗総合研究所『研究所報』No.61、二〇一二年、一八頁）などと短絡的に考えてはならない。この『研究所報』の歳若い執筆者（研究代表者は延塚知道教授であるが、教授がそのような未熟なお考えをされるとは思えない）にも池田師と同様、曽我師の言葉の表面上の意味に捉えられて、無益な研究に時間を空費されないことを切に念ずる。

曽我師の著作をふと読みたくなって、気がつけば味読してしまっていることがある。それについて思うことがある。かつて小林秀雄に傾倒していた頃、小林の「モオツアルト」を賞賛したときに、音楽理論を専攻したことのある友人から、そのモーツアルト論が如何に音楽理論にかなっていないダメなものであるかを教えられて驚いたことがある。それはおそらく小林の「ゴッホ」についても同様なのであろう。しかしそれでも小林文学への愛著は変わらず、その後も折りにふれてその「モオツアルト」や「ゴッホ」を読む。小林のモーツアルト論やゴッホ論を基礎にしてモーツアルトやゴッホを研究しようとしている訳ではない。言ってみれば小林秀雄の文学を楽しみたいのである。曽我師の思想についても同様のことが言えるのではないかと思う。

（669）本章第八節2a「仏教における二大思想の潮流」の項参照。

（670）「親鸞における現世往生の思想」（『龍谷大学論集』第四三〇号、一九八七年）。

（671）『親鸞の思想構造』（春秋社、一九九三年）一〇五頁。

（672）『定本』第三巻三四頁。幡谷前掲『浄土三経往生文類試解』二〇九頁参照。

（673）上田前掲書「一　「往生」の思想」の前に記された本論を収録するに際しての付記、九七頁。

（674）本書一〇六―一〇八頁参照。

（675）香月院『浄土論註講義』（法藏館、一九八一年）。七九、三九六、四二四、四二五、五五八頁等を参照。

（676）静谷正雄『初期大乗仏教の成立過程』（百華苑、一九七四年）一二二頁等。辛嶋静志「言葉の向こうに開ける大乗仏教の原風景――経文に見える大乗、一闡提、観音、浄土の本当の意味――」（『真宗文化』第二二号、京都光華女子大学、二〇一三年）四三頁等。本書、九七頁、二四一頁等参照。

小谷信千代（おだに　のぶちよ）

〔略歴〕
1944年兵庫県生まれ
1967年大谷大学文学部卒業
1975年京都大学大学院修士課程終了
1998年大谷大学教授
1999年大谷大学博士（文学）学位取得
現在　大谷大学名誉教授
〔主要著書〕
『法と行の思想としての仏教』（文栄堂）
『浄土仏教の思想 三』―共著―（講談社）
『倶舎論の原典解明 賢聖品』―共著―（法藏館）【鈴木学術財団特別賞受賞】
〔訳書〕
G.ショペン著『大乗仏教興起時代　インドの僧院生活』（春秋社）

真宗の往生論
――親鸞は「現世往生」を説いたか――

二〇一五年六月二〇日　初版第一刷発行
二〇一六年八月三〇日　初版第二刷発行

著　者　小谷信千代
発行者　西村明高
発行所　株式会社　法藏館
京都市下京区正面通烏丸東入
郵便番号　六〇〇-八一五三
電話　〇七五-三四三-〇〇三〇（編集）
〇七五-三四三-五六五六（営業）

装幀　山崎　登
印刷・製本　中村印刷株式会社

ISBN978-4-8318-8732-0 C3015

索　引

I　日本語索引

あ行——

か行——

や行——

Ⅱ　ローマ字索引